きものの基本

きもの文化検定公式教本 I

【九訂版】

一般社団法人 全日本きもの振興会 編

ハースト婦人画報社

きものの基本【九訂版】目次

凡例
◎ この本は、「きもの文化検定」の公式教本として編集したものです。
◎ この本は、歴史的なものと日常的なものを含む「きもの文化」の基本を掲載しています。
◎ きものにまつわる呼び名や習慣などは、地域によって異なることが多々あります。
◎ この本を通じて、きものの基本を踏まえ、各地の習慣や風土に合わせつつ、きものを楽しむことを前提として編集しました。

ごあいさつ

きもの文化検定審議会座長
裏千家大宗匠
千 玄室

きものは日本固有の衣装であり、
そのなかには日本人ならではの文化が凝縮されています。
四季折々に姿を変える豊かな自然に恵まれ、
その自然を慈しむ生活様式のなかで培われた我々の感性は
「花鳥風月(かちょうふうげつ)」、「侘(わ)び寂(さ)び」、「粋(いき)と雅(みやび)」などの言葉に代表される
独特の美意識を生み出しました。
きもののデザインにはまさに
その美意識が随所に表現されています。
また、きものを作る過程には
日本人の繊細で卓越した職人の心と技が生かされており、

きものは世界のどの民族衣装にも劣ることのない
誇るべき染織技術によって作り出されています。
昨年、世代を超えて多くの方々に「きもの」と「きもの文化」を知っていただき、
その素晴らしさを再認識していただければと、
一般社団法人全日本きもの振興会が主催し
「きもの文化検定」を創設いたしました。
この創設に伴い発刊した
『きもの文化検定公式教本Ⅰ　きものの基本』は、
きものを知っていただくうえでの基礎・基本となる事柄をまとめたものです。
「利休道歌」の中に
「規矩(きく)作法守り尽くして破るとも離るるとても本(もと)を忘るな」という
「守・破・離」についての一文があります。
「守」とは基本。
「破」は基本を踏まえたうえでの応用。
そして「離」は独自性・独創性と解釈できます。
この公式教本は、「守」にあたるもので、
きものの基本をご理解いただくためのものですが、
きものの基本を知っていただくことで、
その素晴らしさを再認識し、
基本に縛られることなく応用や個性も発揮していただき、
きものに親しみ、きものを大いに楽しんでいただくことを願ってやみません。

きものを楽しむ

きものが、ワードローブのひとつであるような
そんな毎日を楽しむことを提案します。
カジュアルなおしゃれにふさわしい小紋の着こなし。

気軽なお出掛けに着るおしゃれなきものとして……小紋

カジュアルなきものの代表ともいえる、
縞と水玉模様。
きれいな配色のきものは
着る人の気分も和らげます。
お稽古やショッピングに最適な
きものとしてまず、はじめの一枚に。

お稽古の帰りにショッピング、小紋はワンピース感覚で

季節を写す模様の小紋。
きものならではのこだわりで
楽しんでみたいものです。

きものを着てカフェに座るという、現代的なおしゃれの楽しみ

配色によって印象が違うきもの。
右は菊、左は紅葉柄の小紋。
くつろぎの時間を優雅に。

華やぎのあるデザインは、パーティの装いにも

古典的な模様の小紋は華やかで上品さが魅力。
さまざまな集いの場で美しく映えます。
小紋でドレスアップしたい日に。

優しい配色の小紋は帯で幅広く自在な楽しみ方を

カジュアルにもやや改まった席にも
重宝する飛び柄小紋。
清楚な印象のコーディネイトで。

第一章

きもの・帯・小物

きものの種類と着こなし

小紋(こもん)

さまざまな模様を一方方向に繰り返し型染したきものの種類を「小紋」とよびます。絵羽模様のきものに対して、小さな模様のくり返し型染のため、小紋と思われやすいのですが、模様の大小にかかわらず、型染くり返しの柄の場合は「小紋」です。模様の雰囲気によってお出掛けの場が変わり、軽やかに楽しめます。

華やかな席にもふさわしい小紋

古典模様の小紋

右は古典模様、上は大輪の菊。共に友禅調の華やかさが感じられるので、格調ある袋帯を合わせるとやや改まった席でも着られます。

観劇やコンサートなどに
ふさわしい、
おしゃれな小紋

帯合わせで気軽な雰囲気に
右は、黒地の飛び柄小紋に白地の袋帯ですっきりと。左は大小の橘模様の小紋に染めなごや帯の組み合わせ。観劇などにふさわしい小紋ならではの優雅な装い。

紬・御召・木綿

紬（つむぎ）

紬は絹織物の一種で、真綿糸（まわたいと）や玉糸などを用いた先染（さきぞめ）・平織（ひらおり）の織物を意味します。全国各地で織られており、結城紬、塩沢紬などのように産地名を付けたものが多くあります。無地もありますが、絣、縞、格子などが主で、絣で模様を織り出したものは技術的に手間がかかります。（→五章）

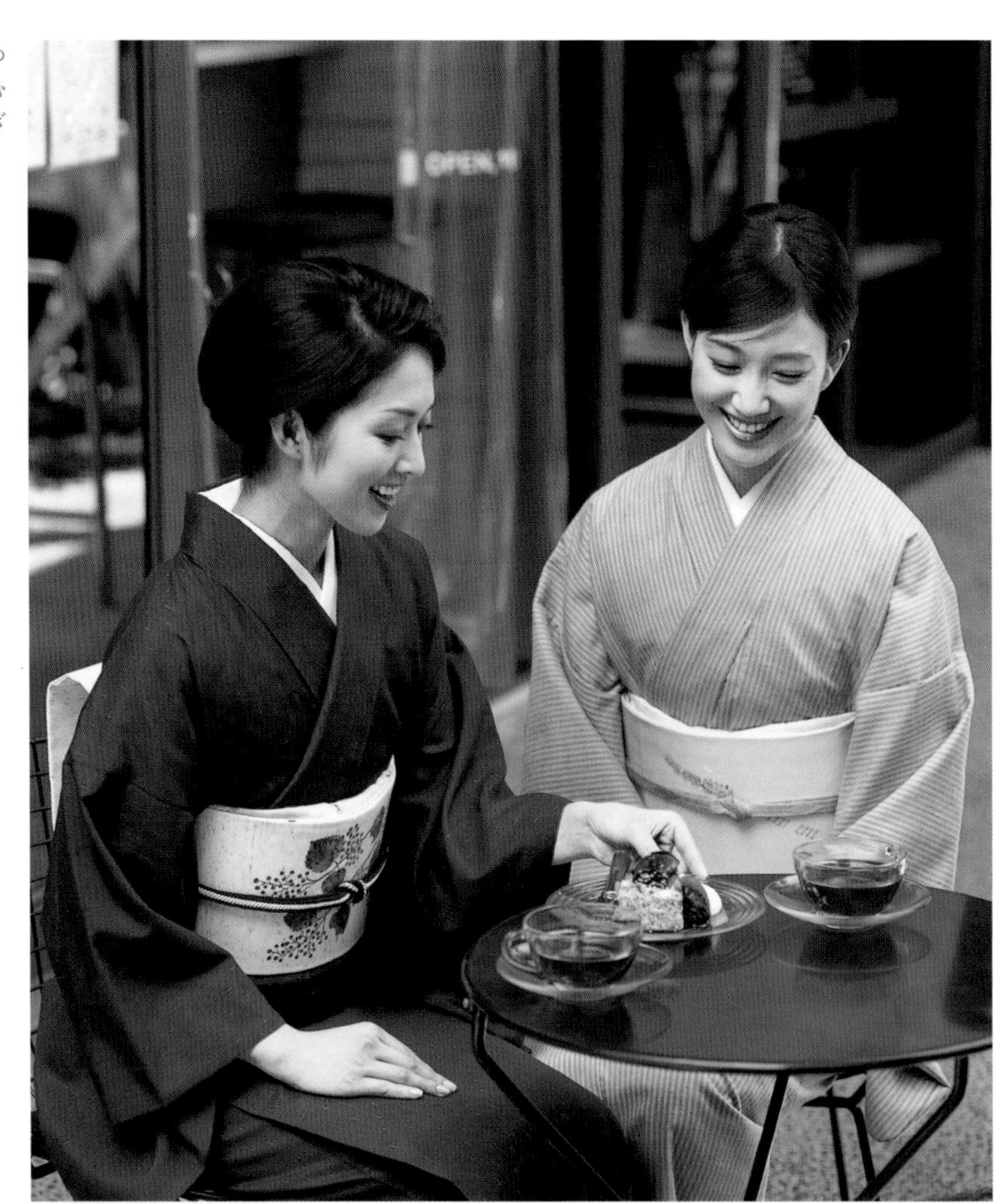

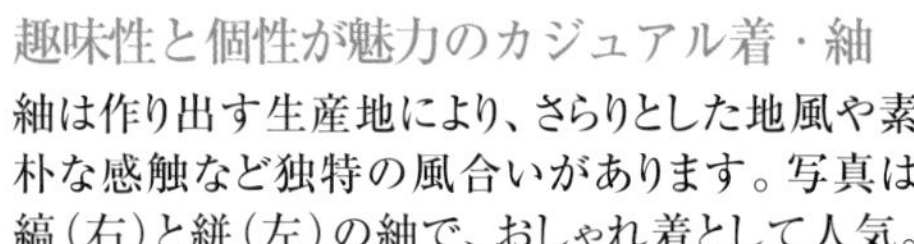

趣味性と個性が魅力のカジュアル着・紬

紬は作り出す生産地により、さらりとした地風や素朴な感触など独特の風合いがあります。写真は縞（右）と絣（左）の紬で、おしゃれ着として人気。

御召（おめし）

徳川将軍の御召物から、名が付けられたといわれる高級絹織物。織りの説明を専門的にしますと、左右に撚りの方向を変えた緯糸（よこ）を二本おきの交互に打ち込み、織り上げた後に温湯でもんで、撚りを戻し、シボを生じさせた高度な技術を要する織物です（→五章）。御召は京都、新潟、山形で生産され、さらに、刺繍のように見える縫い取り御召もあります。

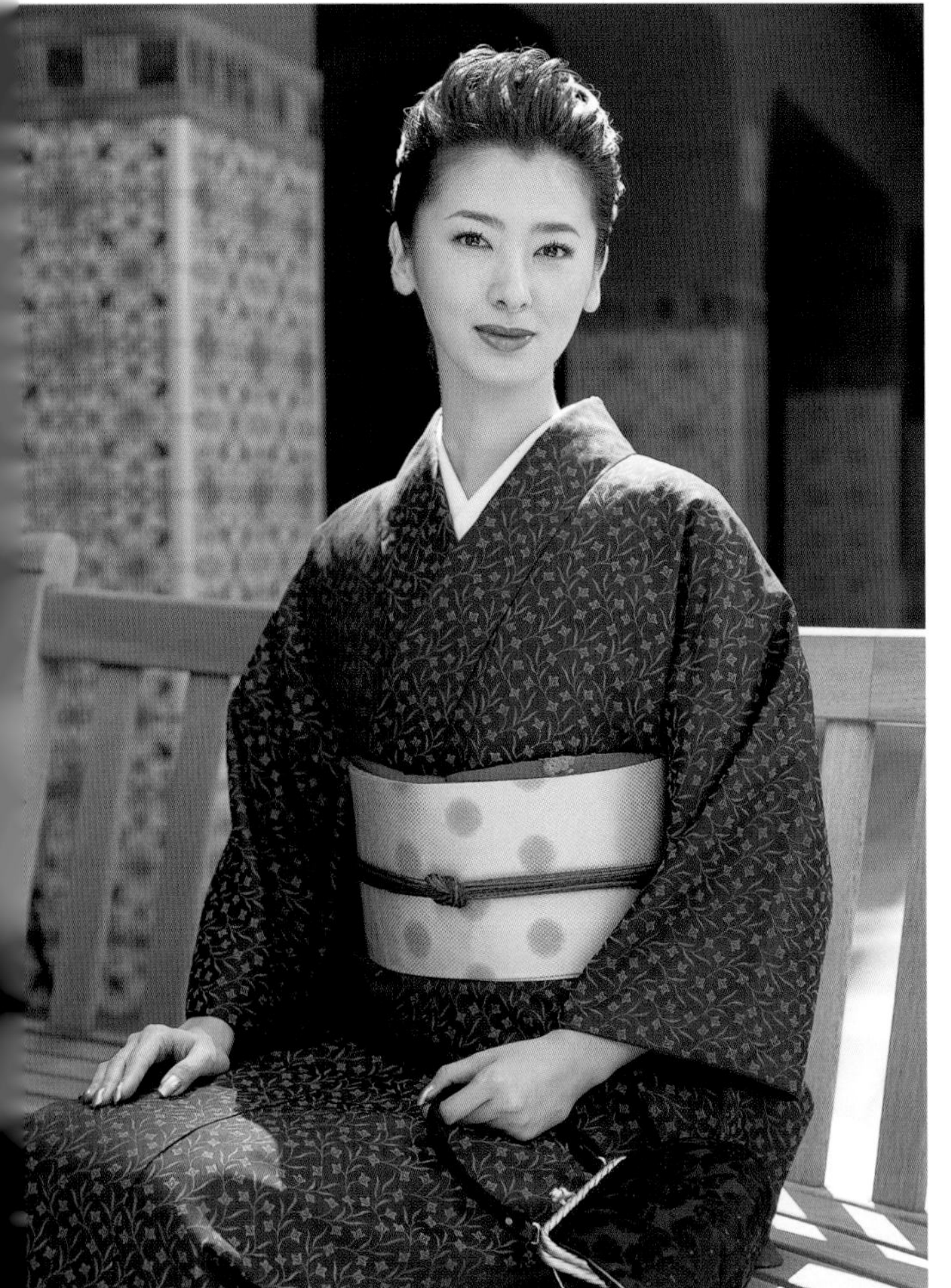

小花模様の現代的な雰囲気の御召

高級着尺らしい風格を感じさせる、光沢のある地風が特徴の御召です。同色濃淡ですっきりと小花模様を織り出したモダンな感覚が魅力。

木綿（もめん）

木綿は木綿糸を使用した織物です。日本各地には、さまざまな綿織物があり、なかでも絣織物で有名なのは久留米絣で、江戸時代後期に、井上伝（いのうえでん）という女性が木綿糸を使用して作り始めたといわれています。藍染に白絣が中心ですが、縞や格子のデザインも人気があります。

木綿の代表、久留米絣

絣のデザインによってさまざまな雰囲気を漂わせる久留米絣。藍染のきものにはシンプルな帯が調和します。

色無地

色無地は紋意匠縮緬や紋綸子などの素材の黒以外で一色染めにした無地のきものをいいますが、同色の裾ぼかしも色無地の一種です。代表的な着こなしとして三通り紹介します。袋帯を合わせてお茶席や記念式典に。黒共帯（黒なごや帯）を合わせて半喪（通夜、法事など）の装いに。また、調和のよい帯を合わせてコンサート、お茶会などにも着こなすことができます。

およばれの場にふさわしい色無地

地紋がくっきりと浮かび上がる華やかな紋意匠縮緬の色無地。七宝柄の袋帯で上品な装いに。

江戸小紋

江戸小紋は極小模様の型染で、主に一色染のきものです。江戸時代の武士の裃に、それぞれの藩が定めた小紋を用いたことから発展しました。模様の種類によって一つ紋を付けて略礼装にしたり、趣向を凝らしておしゃれ着にすることもできます。下段は代表的な江戸小紋の模様。

万筋の江戸小紋

一つ紋付の万筋の江戸小紋です。江戸小紋は細かな模様ほど格調が高いとされていますので、略礼装に。

菊模様の江戸小紋

優しい雰囲気の菊の模様の江戸小紋です。フォーマルな装いにもおしゃれ着としても重宝する江戸小紋です。

万筋小紋

筋とは縞を意味し、万筋は一幅に万もあるかと思う程細かな縞柄の意味の名前。ほかに千筋、毛万筋などもあります。

角通し小紋

細かい正方形を縦横正確に連ねた模様。型の精密さと染めの技が冴えます。

行儀小紋

江戸小紋の代表的な格調ある模様のひとつで、斜めに整然と行儀よく点が並ぶのでこの名が付きました。

鮫小紋

鮫皮のように一面に細かい点を白抜きに染めたもの。（鮫、行儀、通しは小紋三役とよばれ、江戸小紋の代表的な模様です）

訪問着・付下げ

訪問着は、主に胸、肩、袖、裾などに模様がつながるように染めたきものの名称。付下げは着尺を仕立てたときに模様が肩山、袖山を頂点にして前身頃、後身頃の両面に、上向きに配置されるように染め上げたきもののことをいいます。共に、古典模様から抽象模様までさまざまで、素材は、基本的には一越縮緬、紋意匠縮緬、夏には絽などがあります。また、最近は紬地の訪問着もあります。

付下げ（左）
軽い感じの絵羽模様が特徴です。仰々しくないので訪問着よりも着こなしの場が広いきもの。

訪問着（下）
模様を上半身、袖、上前から後身頃まで、絵羽模様に染め上げた豪華なデザインのきもの。

入学、卒業式の付き添いにもふさわしい付下げ

改まった席に着る古典的な訪問着

モダンな訪問着
「訪問着」には、デザインによって多くの種類があります。大胆な模様構成のこのきものも訪問着。パーティなどに向く個性的な装い。

織り絵羽の訪問着

紬を織るときに、胸、肩、裾の模様が繋がるようにデザインした熨斗目（のしめ）模様の訪問着。趣味性の高いおしゃれ着として注目されています。

紬地に友禅染の訪問着

二点共、紬地を染め下地にしている訪問着。フォーマルなお出掛け着としても、おしゃれ着として着こなせます。袋帯を合わせた装い。

振袖（ふりそで）

振袖は、未婚の女性が着る礼・正装用の袖丈が長いきものです。袖丈の長さによって大振袖、中振袖、小振袖があります。古典的な模様から、モダンな感覚のものまで豊富です。フォーマルなきものですから、重ね衿を合わせ、やや太組の帯締め、ボリューム感のある絞りの帯揚げなどで華やかに装います。

袖の長さ
・大振袖（一一五チセン以上）
・中振袖（九十五〜一一五チセンぐらい）
・小振袖（八十五〜九十五チセンぐらい）

豪華な振袖三種
未婚女性の第一礼装として、披露宴・パーティなどにふさわしい装い。友禅や絞り、摺（す）り箔などの技法で。

袴

振袖

ぼかし染小紋と袴

袴に合わせるきものは、小紋、色無地など自由に選べます。上はぼかしの小紋と袴の卒業式スタイルです。ぞうりに白足袋で上品に。

羽織着用のクラシックスタイル

近年、大学（短大）の卒業式での袴スタイルは定着しています。写真は小紋と袴の組み合わせに羽織とブーツを合わせた個性派。

古典模様の振袖

未婚女性の第一礼装としての振袖も、色調や模様によって雰囲気が異なります。写真は成人式にふさわしい優しさが漂う振袖です。

ふくら雀

太鼓結びの両肩に扇を乗せた形。吉祥柄のふくら雀をイメージした名称。振袖や若い女性の訪問着などにも応用できる上品な結び方。

立て矢結び

代表的な帯結びのひとつ。左肩から右脇まで斜めにすっきりと結びます。

重ね衿を合わせて華やかさを演出

きものの二枚重ねを略して、衿の見える部分だけを二枚に見せるように用いる衿が重ね衿。格調高く華やかな装いを演出します。

黒留袖・色留袖

黒留袖は、黒地に染め抜きの五つ紋を付けた絵羽裾模様で、現代では、既婚女性の慶事の第一礼装。黒留袖を着るときには、喜びを重ねたいという気持ちから必ず、白羽二重のものを重ねて着たものですが、現代では、それを簡略化した比翼仕立てにして着用しています。

色留袖は、黒地以外の色地の裾模様で、未婚者でも着用できます。五つ紋付のほか、三つ紋、一つ紋があり、紋の数によってきものの格が決まるといわれています。正式な席で、訪問着代わりに着る方もあります。

打掛と文金高島田

打掛は、室町期以降の女性の衣服の一種で、織りや染めで表現した豪華絢爛な衣裳。現代では主に花嫁の式服として着用しています。髪型は文金高島田です。

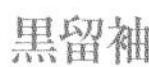

黒留袖

既婚女性の第一礼装、黒留袖は、両家の親族をはじめ、仲人夫人の正装です。風格のある装いです。

色留袖

既婚・未婚女性の礼・正装

一つ紋の色留袖は、訪問着よりもややフォーマルな装いとして着用。三つ紋付の場合は親族以外の知人の結婚式、又は正式の慶びの式典に出席する場合に。五つ紋付の色留袖は黒留袖と同格の第一礼装です。

黒留袖

既婚女性の第一礼装

結婚式に列席する母親、親族、仲人夫人が着用する装い。染め抜き五つ紋付が決まりで、現代では通常比翼仕立てにします。帯締め、帯揚げは白や金のものを合わせます。

喪服（もふく）

喪服は大きく分けて黒一色の喪服と色喪服があります。黒いきものに黒い帯（黒共帯）の喪服は喪の第一礼装で、告別式に着ます。通夜、一周忌、三回忌などの法事には色喪服に黒い帯や小物を合わせて装います。

色喪服
紫、紺、グレーなどの無地のきものに黒の帯、小物一式を合わせます。地紋がない無地のきものか、弔事に向く地紋でも構いません。染め抜き一つ紋を付けます。

喪服
喪の正装は既婚、未婚の区別なく、黒の一越縮緬などで、染め抜き五つ紋付のきものに、半衿、足袋以外はすべて黒で統一します。夏用としては生地に絽を用います。比翼や重ね衿は悲しみを重ねないという意味で付けません。

きものの部位と名称

きものの着姿での各部の名称を紹介します。きものを着た状態での名称を写真で確認してください。美しく着付けた基本の形を覚えておくと、着崩れたときに鏡に映し、直せますので、外出先でもきれいなきもの姿が保てます。訪問着に袋帯を合わせた装いで解説します。

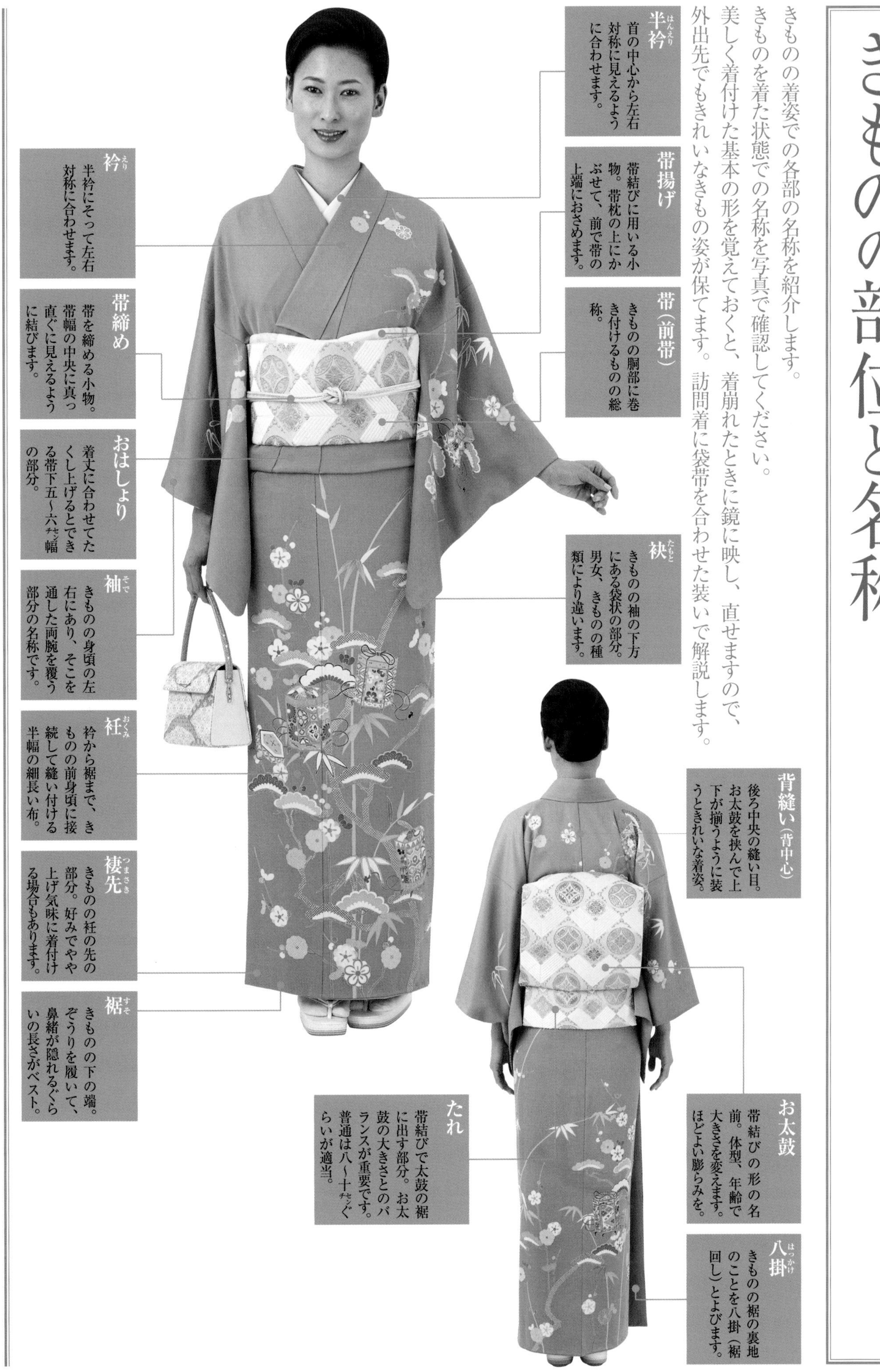

半衿（はんえり）
首の中心から左右対称に見えるように合わせます。
帯揚げ
帯結びに用いる小物。帯枕の上にかぶせて、前で帯の上端におさめます。
帯（前帯）
きものの胴部に巻き付けるものの総称。
袂（たもと）
きものの袖の下方にある袋状の部分。男女、きものの種類により違います。
衿（えり）
半衿にそって左右対称に合わせます。
帯締め
帯を締める小物。帯幅の中央に真っ直ぐに見えるように結びます。
おはしょり
着丈に合わせてたくし上げるとできる帯下五〜六㌢幅の部分。
袖（そで）
きものの身頃の左右にあり、そこを通した両腕を覆う部分の名称です。
衽（おくみ）
衿から裾まで、きものの前身頃に接続して縫い付ける半幅の細長い布。
褄先（つまさき）
きものの衽の先の部分。好みでやや上げ気味に着付ける場合もあります。
裾（すそ）
きものの下の端。ぞうりを履いて、鼻緒が隠れるぐらいの長さがベスト。
背縫い（背中心）
後ろ中央の縫い目。お太鼓を挟んで上下が揃うように装うときれいな着姿。
お太鼓
帯結びの形の名前。体型、年齢で大きさを変えます。ほどよい膨らみを。
たれ
帯結びで太鼓の裾に出す部分。お太鼓の大きさとのバランスが重要です。普通は八〜十㌢ぐらいが適当。
八掛（はっかけ）
きものの裾の裏地のことを八掛（裾回し）とよびます。

基本的な帯の種類

帯の種類には、形、素材、長さなどさまざまな違いがあります。その違いによってきものとの組み合わせ方も異なります。ここでは、まず、帯の種類を紹介し、代表的なきものとの合わせ方を紹介します。

帯の形

きものにも礼装や普段着があるように帯もきものに応じて選びます。格式の調和、材質の調和、色彩的な調和など正しく、美しい着こなしをするために帯の特徴を紹介します。

袋なごや帯(八寸帯)　なごや帯(九寸帯)　袋帯

代表的な帯の形三種類。仕立て上がり寸法は、幅はみな同じで、長さは袋なごや帯、なごや帯は同じ。袋帯が約75cm長くなります。

なごや帯(九寸帯・仕立て前)

たれ側は引き返しますが、両脇を裏に折り込んで裏地を縫い付けます。仕立て上がりのお太鼓の幅が約30cm、長さ3.6mぐらいになる帯。

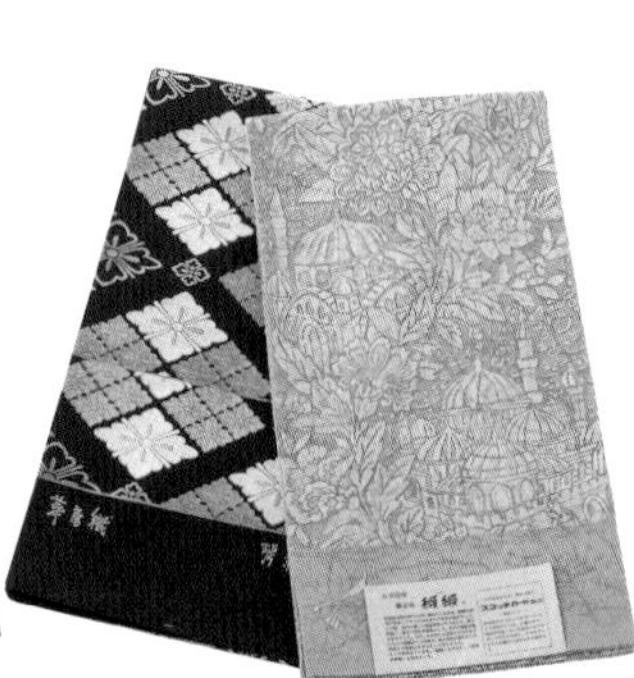

袋帯

一般的には表に柄があり、裏は無地。二枚を縫い合わせてあるのが一般的。長さは約4.35mより。

丸帯

最も格式の高い帯。広幅(約68cm)に織られた紋織の生地を二つ折りして仕立てます。長さは袋帯とほぼ同じ。

なごや帯(九寸帯)の幅

上の巻物状態が仕立て前の帯幅、下は仕立て上がりの帯の幅です。両脇を折り込んで、裏地を付けます。

開き仕立てのなごや帯(九寸帯)

開いたまま仕立てるので、前幅は体型に合わせて調節可能。背の高い方でも前幅が広くとれて、重宝。

なごや仕立てのなごや帯(九寸帯)

お太鼓部分を並幅に、胴周りを半幅帯に縫い合わせています。結びやすいのが魅力とされています。

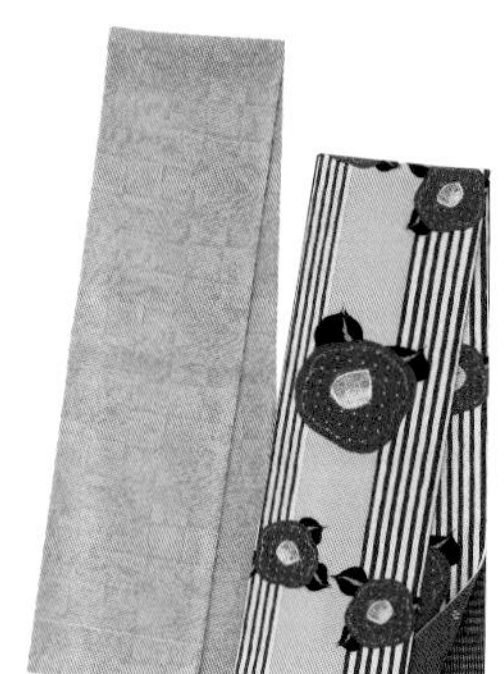

右・一重太鼓帯(京袋帯)

左の一般的な袋帯と比べるとお太鼓一重分が短くなります。長さは約3.6mです。

兵児帯

男性や子供用の帯として総絞りのものが代表的。写真は伝統的な絞りの子供用兵児帯です。

袋なごや帯(八寸帯)の仕立て前

全通の袋なごや帯。お太鼓になる部分を二重にしてかがって使用しますので、帯幅ははじめと同じ状態。

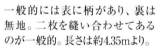

袋帯

丸帯はどのような結び方をしても柄が出て、豪華な印象ですが、現在では袋帯が主流になりました。丸帯は広幅一枚で幅広く織りますが、それに対して袋状で織るために「袋帯」とよばれています。表全体に柄があるものを「全通」、六割程度柄があるものを「六通」とよんでいます。長さは四メートル二五センチより。夏物には絽や紗があります。

江戸小紋に合わせた袋帯

帯結びは、二重太鼓

最も一般的な袋帯の結び方。お太鼓の部分が二重になっているのでこの名が付けられました。お太鼓の大きさや高さは年齢や体型に応じて変えます。写真は全通の袋帯。

振袖にふさわしい袋帯

帯結びは、ふくら雀

振袖には、豪華で格調の高い模様を織り出した袋帯を合わせます。帯結びによって模様の見え方が違いますので、柄のよい部分が出るような結び方を考えます。

なごや帯【九寸帯・織り】

大正時代に名古屋で考案されたものといわれているなごや帯。一般的に使用され始めたのは昭和に入ってからです。仕立て上がりの幅が太鼓部分で三〇センチ。長さは三メートル六〇センチぐらいです。この頁は織りのなごや帯で、結んだときのお太鼓部分が一重太鼓になります。前帯の仕立て方は二通りありますので、28頁を参照してください。

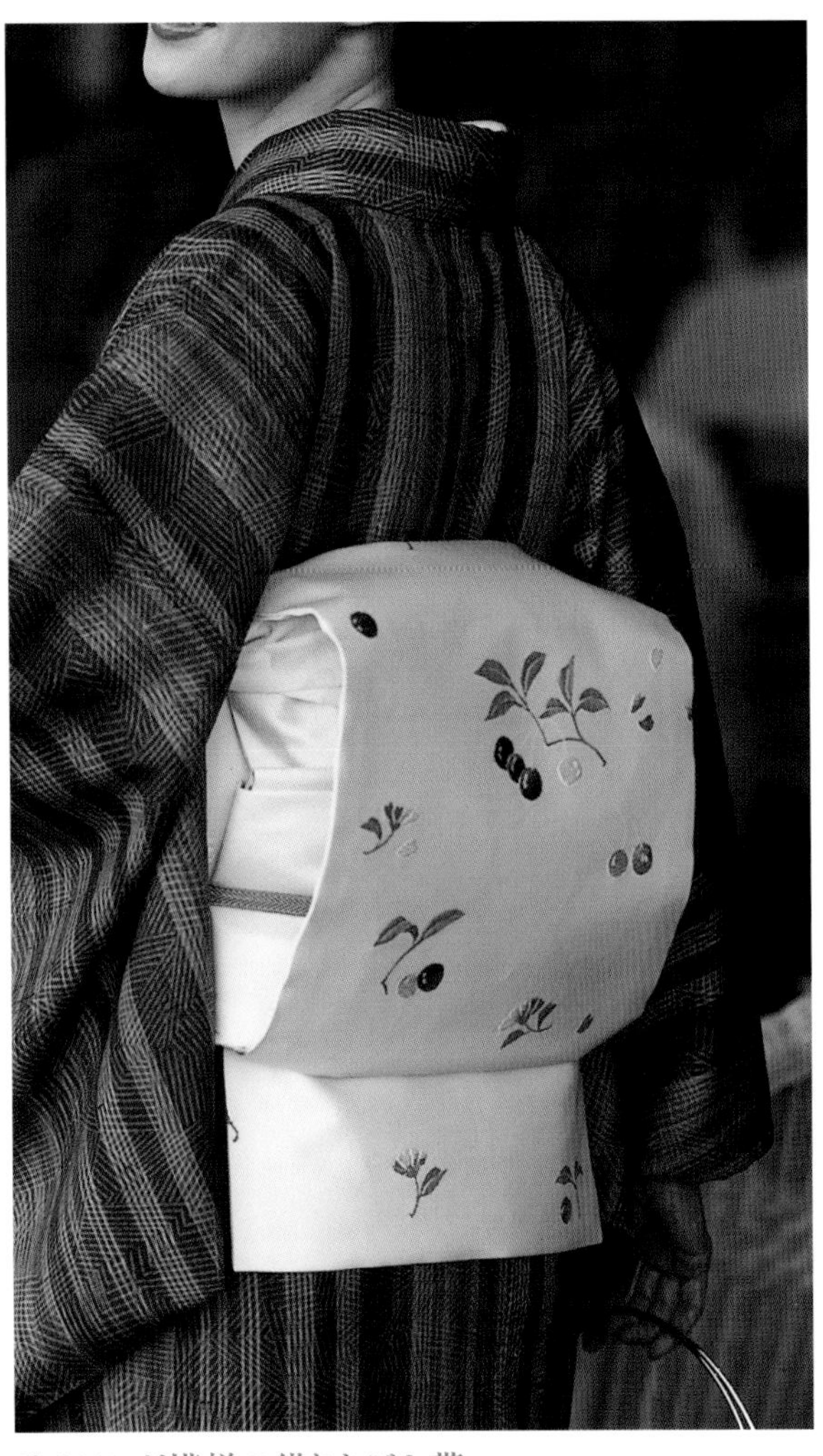

サクランボ模様の織りなごや帯(九寸帯)

織りなごや帯は、訪問着、付下げ、小紋、紬などきものの格と合わせて、帯を選び、幅広くコーディネイトします。この帯はカジュアルなデザインですので、紬に合わせています。

有職(ゆうそく)文様の織りなごや帯(九寸帯)

有職文様を織り出したなごや帯は、江戸小紋や色無地などに合わせてセミフォーマルに装うことができます。金銀糸を使用していなくても、文様そのものの歴史が重厚感を漂わせます。

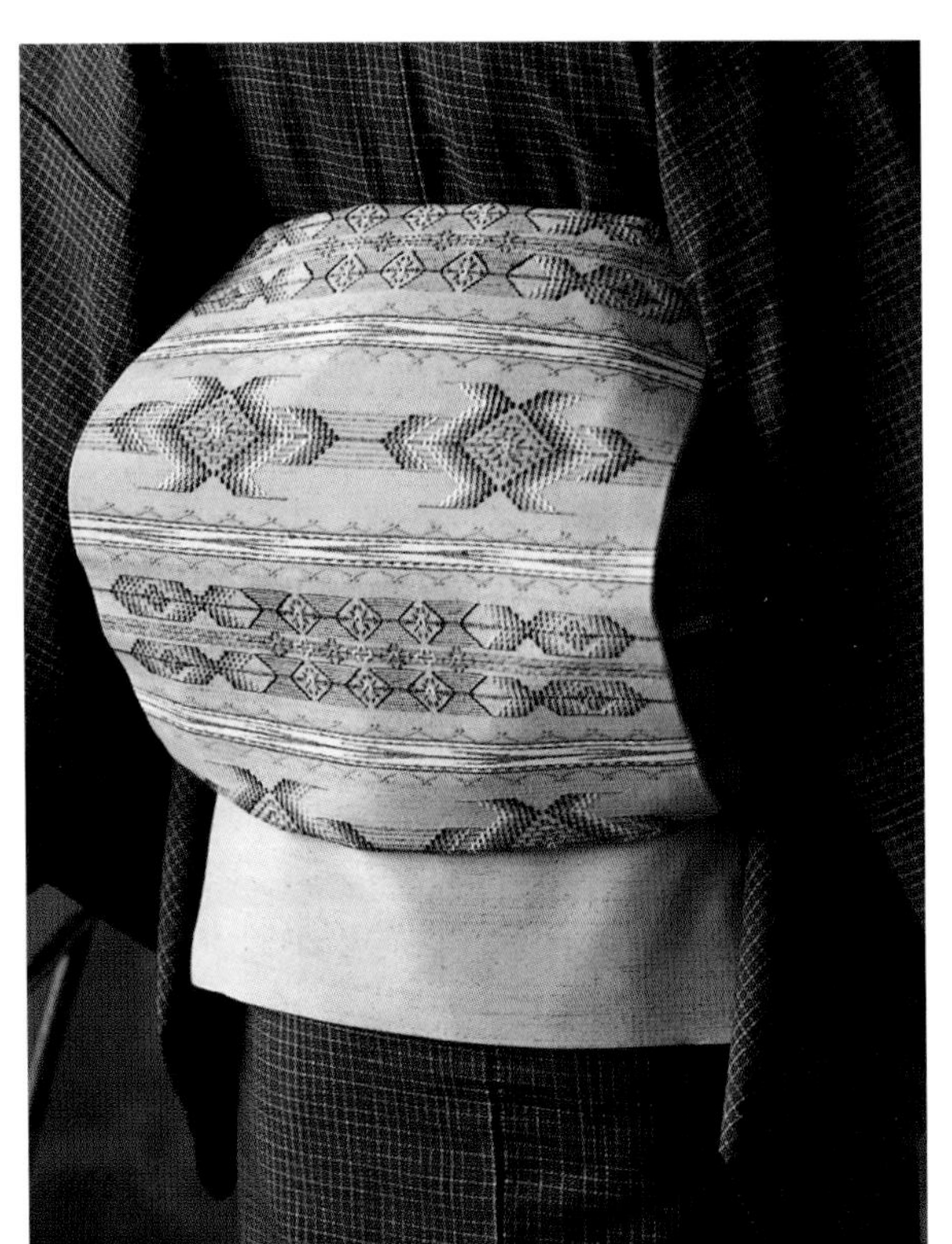

読谷山花織(よみたんざんはなおり)のなごや帯

沖縄の織物・読谷山花織のなごや帯です。きものの模様をアレンジした帯としておしゃれな装いを楽しめます。紬の帯は主になごや帯で、六通かお太鼓柄として織るのが一般的。

なごや帯【九寸帯・染め】

友禅、刺繍、型、絞りなどの技法で模様を表現したなごや帯を染めなごや帯といいます。形は織りなごや帯と同じですが、お太鼓柄といってお太鼓の部分と前帯に模様を付けた形態が多いです。仕立て方は、胴周りと手先の部分約二メートル一〇センチを十五センチ幅にして、芯を入れて仕立てます。お太鼓になる部分は、幅三〇センチ。28頁の写真参照。

友禅染めのなごや帯

染め特有の自由で優しい風情が楽しめるのが特徴です。写真の帯は銀糸を織り込んだ華やかな生地です。

友禅染のなごや帯

前帯は半幅に仕立てる（なごや仕立て）ことが多く、染め帯の場合は、前帯の表裏で模様や染め位置が異なるように工夫されているものもあります。

刺繍のなごや帯

刺繍のなごや帯は、繊細な模様をお太鼓と前帯、それぞれにポイント的に表現したものが多いです。

袋(ふくろ)なごや帯【八寸帯・かがり帯】

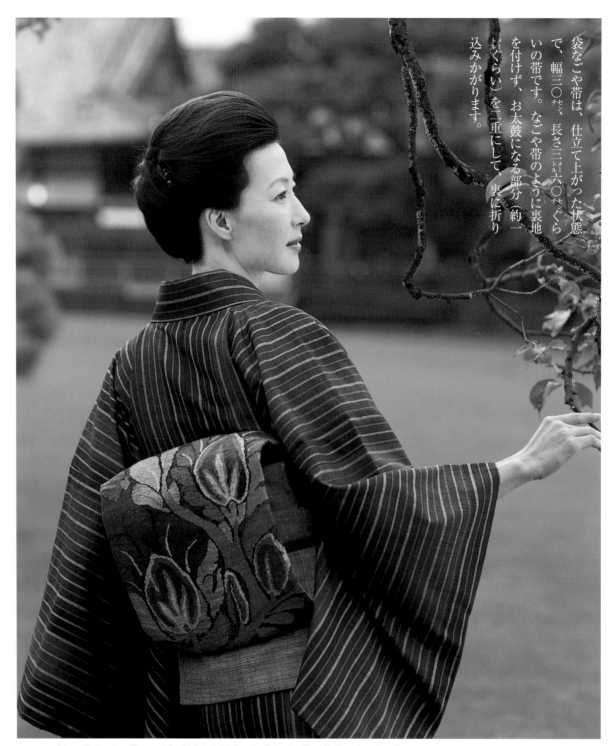

袋なごや帯は、仕立て上がった状態で、幅三〇センチ、長さ三メートル六〇センチぐらいの帯です。なごや帯のように裏地を付けず、お太鼓になる部分（約一メートルぐらい）を二重にして、裏に折り込みかがります。

紬の袋なごや帯　ざっくりとした風合いが袋なごや帯の特徴です。主に紬などカジュアルなきものに合わせて装います。

真綿紬の袋なごや帯
仕立ては、お太鼓になる部分をかがるだけですので、手軽に締められるのが特徴。きものとの素材感の調和を大切にして組み合わせます。

博多帯・半幅帯

博多帯

右は代表的な博多献上帯。中央が紋博多帯。左は縞博多帯。下は盛夏にふさわしい紗献上。この4点はすべて袋なごや帯です。

博多帯は、福岡県の博多を中心に生産される帯です。上の写真の右の帯が博多献上帯。仏具の独鈷、華皿の模様などが表現されています。博多献上帯の名の由来は、かつて黒田藩から幕府に献上したことによるといわれています。半幅帯は、並幅(三〇センチ)に対して半分の幅の帯です。主にゆかた用でしたが、最近は、種類も豊富になっています。

半幅帯をゆかたに合わせた装い

半幅帯や小袋帯は、ひとえのものと表裏別布を合わせたものなどがあり、リバーシブルで使用できるデザインも登場しています。

紗献上をゆかたに合わせた装い

独特の粋さがある献上帯の夏素材。盛夏のきものやゆかたに合わせます。袋なごや帯なので、お太鼓結びでも変わり結びでも自由に。

column コラム

帯の三知識

帯の産地として有名な京都・西陣では、伝統的な技法によって現在も多くの帯が生産されています。帯の組織はとても複雑で専門的ですので、ここですべてを紹介することはできませんが、代表的な織り組織の帯を紹介します。

綴れ織

独特の技法で精緻に綴っていく帯です。きつく張った経糸に緯糸を鋸の歯のように削った中指の爪で掻き寄せながら織っていく、伝統的な手技です。

唐織

「唐織」は立体的な模様表現が重厚な雰囲気を醸し出す、中国から伝わった有職織物の織り方。能装束に多用されており、その写しは帯としても好まれています。

錦織

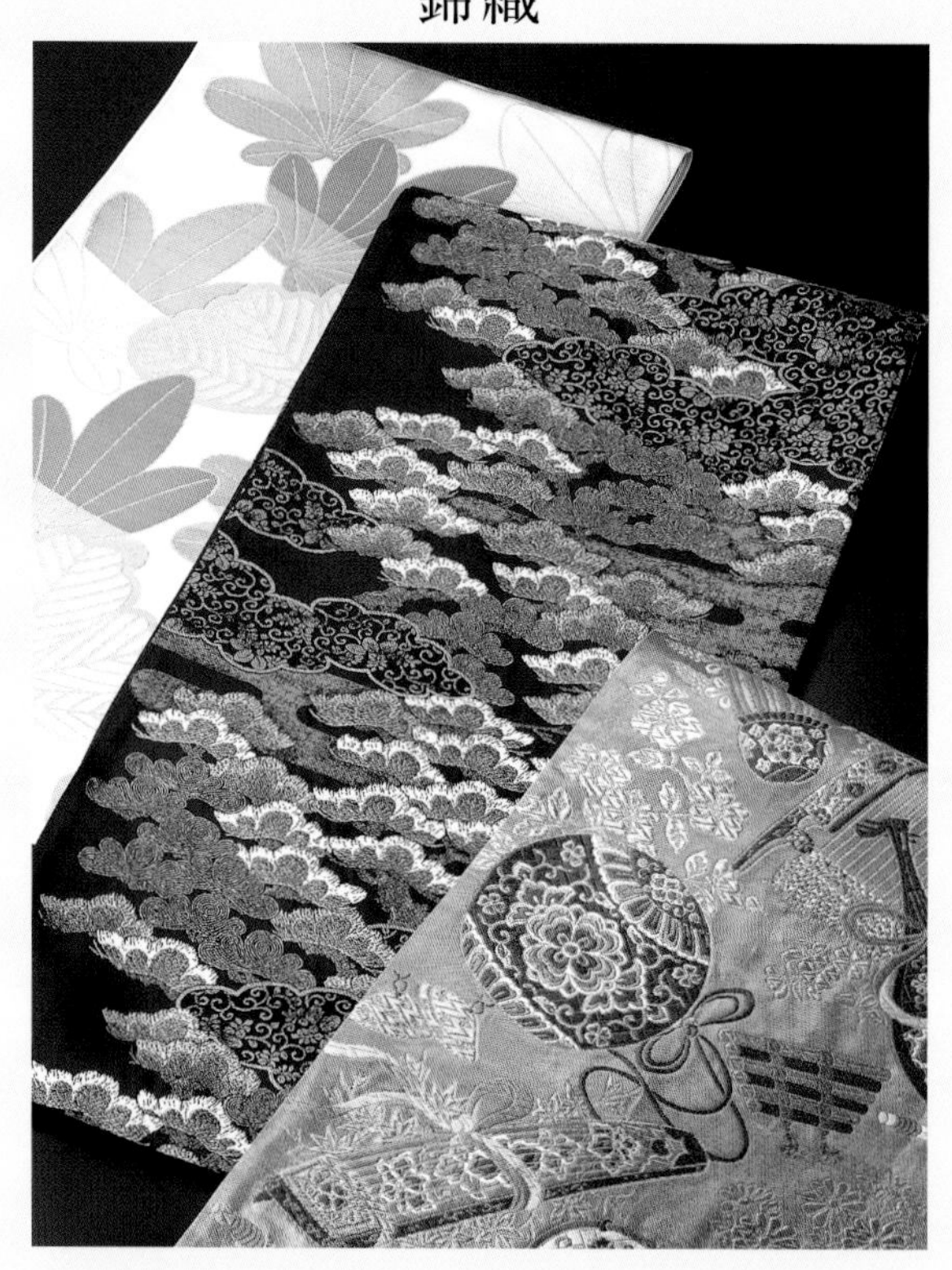

多色の色糸を緯糸に使用した錦織は、日本の代表的な袋帯の織り方です。さまざまな技法のある西陣帯の総称のような存在です。

小物編

きものの装いには、帯締めや帯揚げなどの小物合わせが重要です。ここでは、訪問着、付下げ、小紋、紬などにふさわしい小物を紹介します。素材、デザイン、技法などが同じでも、配色によって趣が異なりますので、装いによって使い分けることが必要です。それぞれの説明は十三章をご覧ください。

帯締めと帯揚げ

付下げや小紋に合わせたい小物

絞りの飛び柄や刺繍、部分絞りなどカジュアルなイメージの帯揚げ。おしゃれ着の場合は帯締めがアクセントになります。

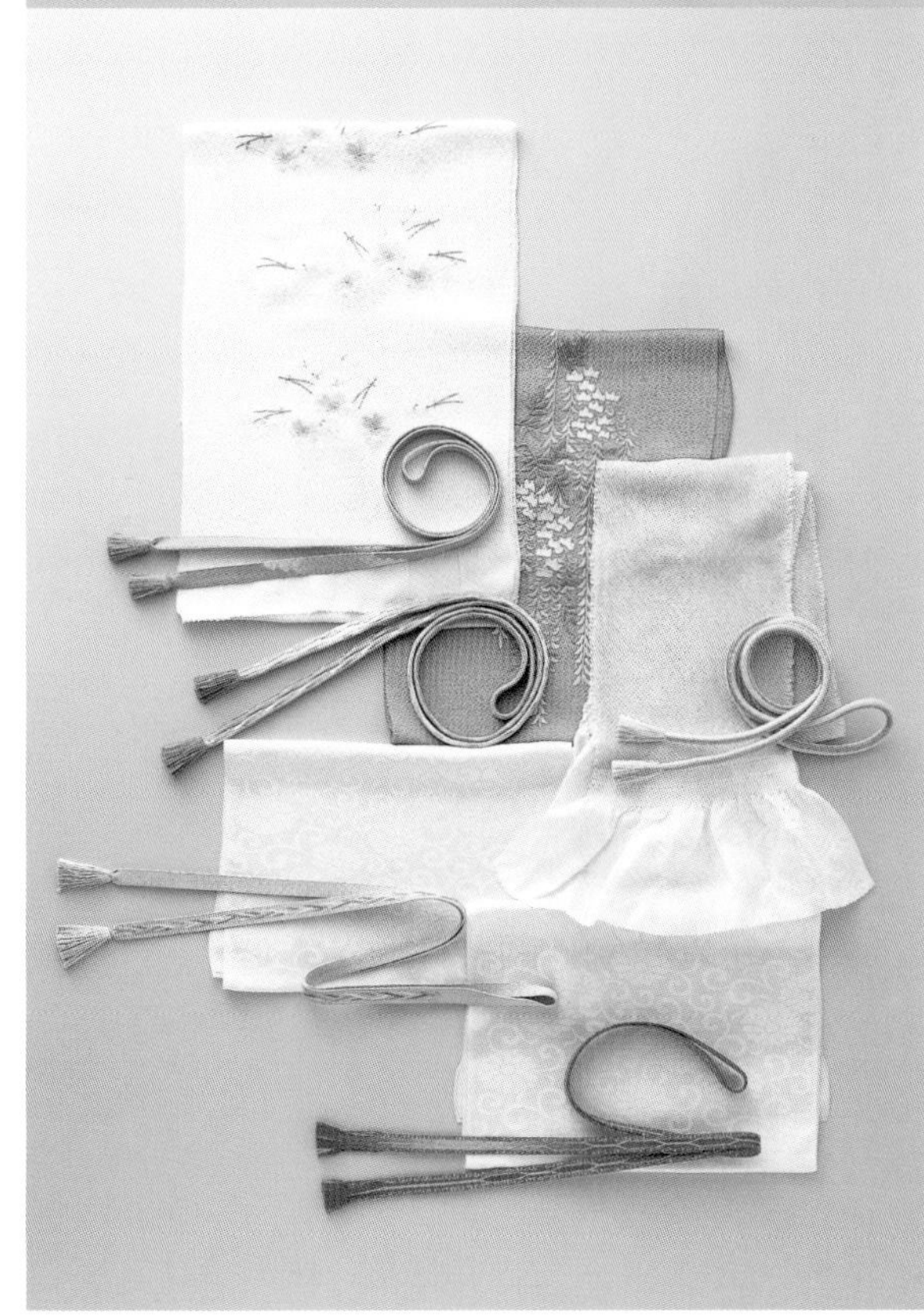

訪問着にふさわしいフォーマル感のある小物

上品で優しい色調の帯揚げや帯締めはフォーマルな装いにふさわしい雰囲気です。帯締めも金銀糸を使用しているほど、改まった華麗さが感じられます。

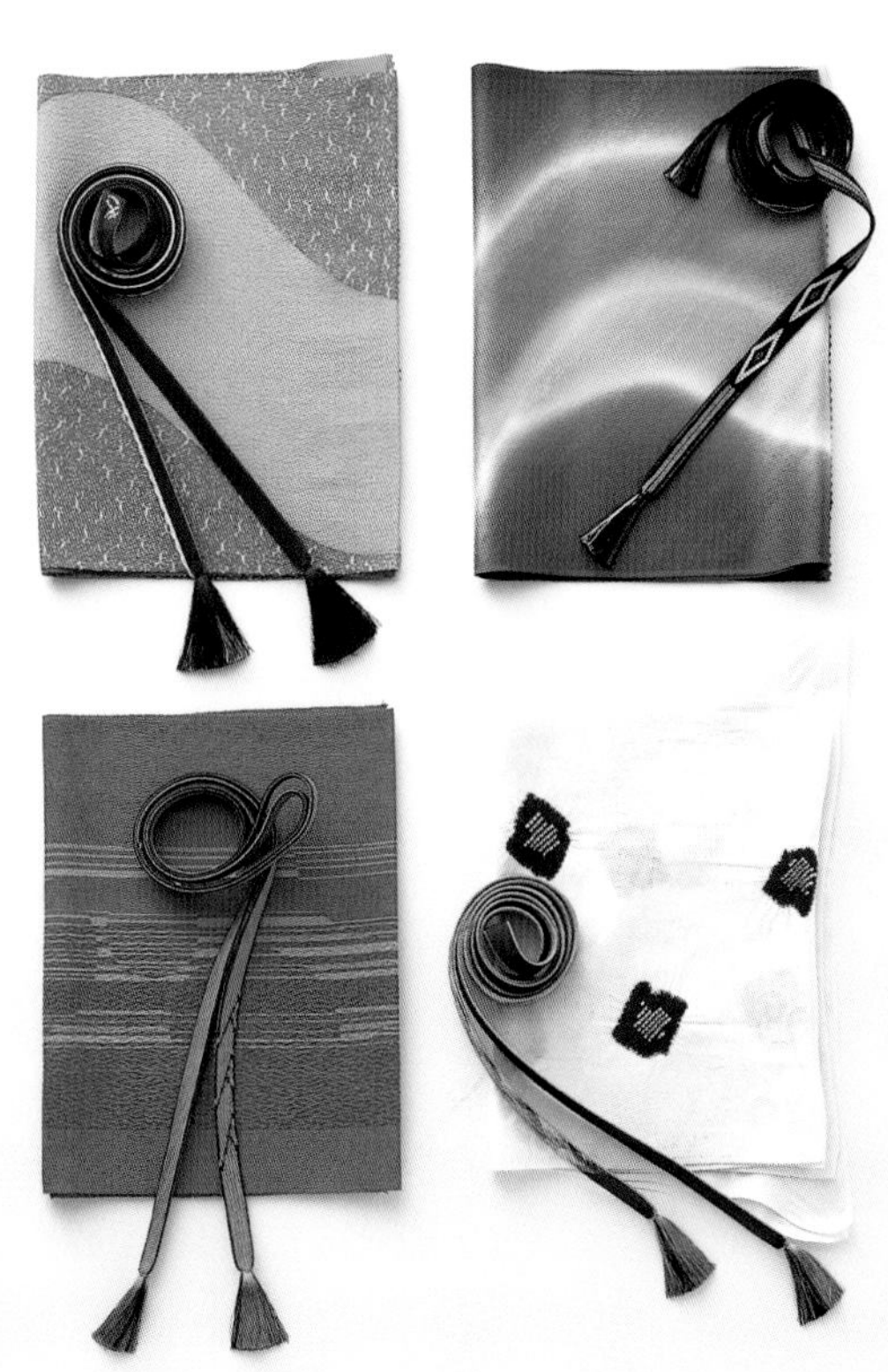

紬にふさわしい小物

ぼかしや小紋柄、濃地の絞りなど、個性的な帯揚げは紬に合わせるのが効果的。帯締めも帯揚げに合わせてはっきりとした色調にするとメリハリがつきます。

趣味的な型染や絞りの半衿

右の3点は織物に合わせたいカジュアルなデザイン。左は型染の個性的な半衿です。共に強い色調ですので、普段着感覚の装いに合わせたいものです。

豪華な刺繍の半衿

長襦袢の衿に縫い付けて使用する半衿。全体的に刺繍を施したものや部分的なものなど、さまざまです。ボリューム感がありますので、振袖など華やかな装いに。

やや衿もとをあけて

紬などに向く型染めの半衿。カジュアルな趣を楽しむ装いです。細かな模様の場合は、きものの色と揃えると、すっきりとまとまります。

衿もとを詰めて

白と金で刺繍を施した上品な半衿。衿もとが華やかな印象になります。色無地などに合わせると、フォーマルな席にふさわしい装いになります。

長襦袢（ながじゅばん）

地紋を生かしたぼかしの長襦袢

右は鱗地紋に虹ぼかしの優しい印象の長襦袢。左は小桜地紋を二色で染め分けています。共に、きものを選ばずに合わせせることができるオーソドックスな長襦袢。

一色染めの長襦袢

きものの下着として着る長襦袢は、無地やぼかしなどが一般的です。女性の長襦袢は、袖の振りから見えますので、きものとの調和を考えて淡い色調にするのが無難です。

八掛（はっかけ）（裾回し（すそまわし））

自由に選べる八掛

八掛は、裾回しともいいます。色柄はきものに合わせて選びます。写真右は、額縁にぼかした八掛。左は一色の八掛けです。きものとの調和を第一に、袖口にも付けますので、見えたときの印象を考慮して。

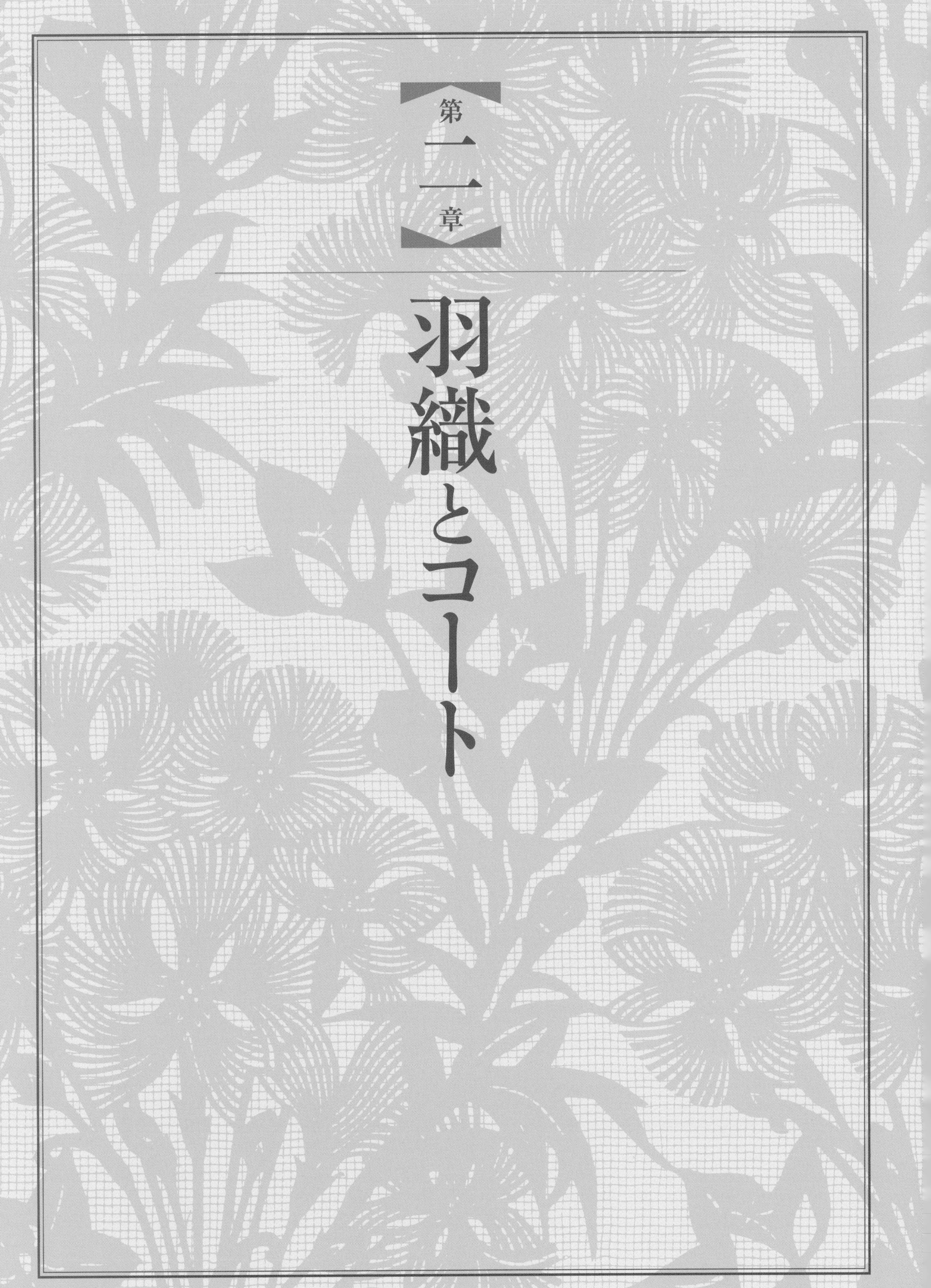

第二章

羽織とコート

羽織（はおり）

帯付き姿（きものと帯だけの装い）では肌寒いと感じる季節に、さりげなくはおることで、きもの姿をより優雅に表現する羽織。もみじが色付き始めた頃にはおり、桜が満開になれば帯付き姿で装うと言われています。また、最近のアンティークブームの影響で、おしゃれ羽織を中心に若い方々にも注目されています。

小紋羽織

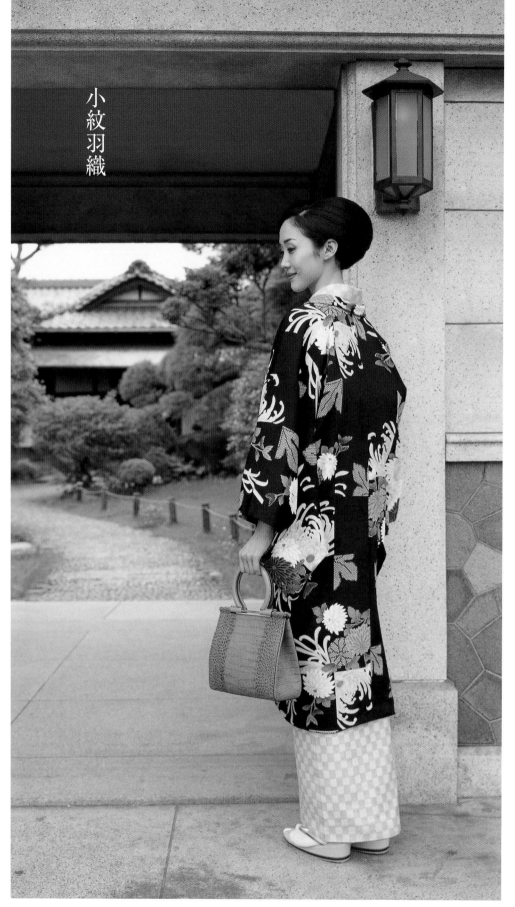

クラシックな感覚の小紋羽織

黒地にさまざまな大柄の菊の花を表現した型友禅の長羽織です。淡い色調のきものに合わせた、華やかな着こなし。

羽裏（はうら）

「羽裏」は羽織の裏地ですので外からは見えませんが、デザインや配色を自由に選んで楽しみます。

季節感を添える友禅の絵羽羽織

きものならではの絵画的な模様です。色付き始めた楓（かえで）が秋の風情を演出します。小紋や無地のきものに合わせて、後ろ姿を華やかに。

花唐草模様の刺繡の絵羽羽織

前身頃から後身頃まで模様が刺繡で表現されています。すっきりしたデザインの羽織は、幅広くコーディネイトが可能です。

羽織丈によって印象が異なります

好みで選べる羽織の長さ

右は一般的な膝上丈。丈が長くなるほどクラシックな雰囲気が強調されます。着る人の身長や年齢によって長さは自由に着こなせます。

column コラム

着こなし上手になるための羽織講座

かつて、紋付の黒羽織を準礼装として多く見かける時代がありました。その後、羽織を着る方が少なくなっていましたが、最近は若い方がおしゃれの演出として長羽織を着ている姿を見かけます。クラシックな趣が漂う羽織をもっとおしゃれに着こなすために羽織のミニ知識をご紹介します。

腰掛けるときのしぐさ

腰を落とすときに羽織の裾をはねて後ろに広げることがポイント。

丸ぐけの羽織紐

クラシックな趣が漂う丸ぐけの羽織紐。ボリューム感がありますので、縮緬素材の羽織などに合わせたほうが調和します。

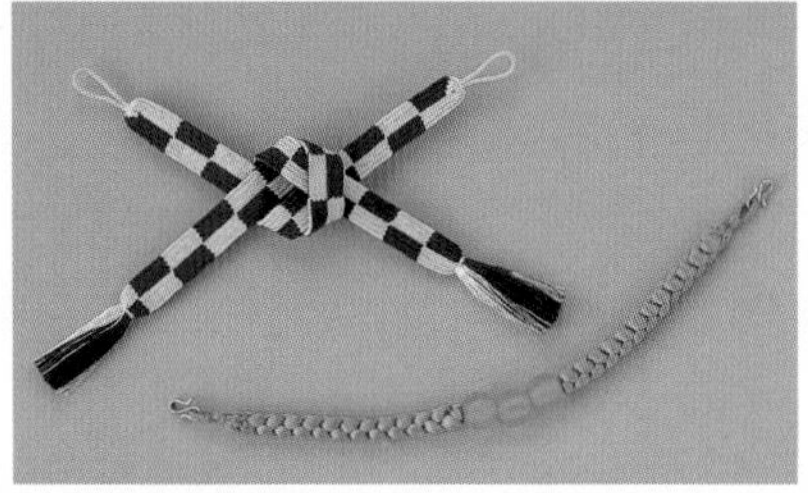

個性的な羽織紐

上は市松を表した羽織紐。下は「無双」とよばれる紐で、トンボ玉がポイント。輪に鐶という金具を付けて、羽織の乳に掛けます。

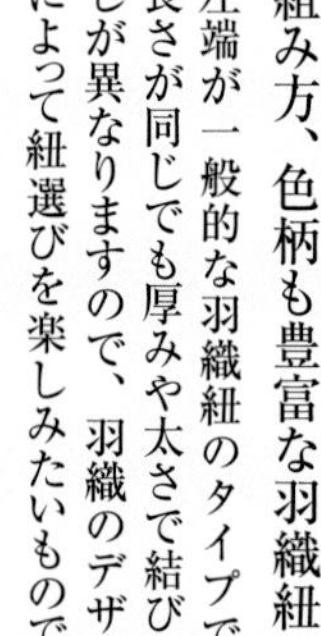

組み方、色柄も豊富な羽織紐

左端が一般的な羽織紐のタイプです。長さが同じでも厚みや太さで結びの感じが異なりますので、羽織のデザインによって紐選びを楽しみたいものです。

バランスのよい羽織紐の位置

羽織紐の結び目が帯締めと帯の上端の間にあると、安定感があります。また、紐は写真のように帯締めと同方向の結び目が一般的。

羽織紐の通し方

羽織紐を通す小さな紐を乳とよびます。①羽織紐の先の輪を乳の裏側から通します。このとき紐の表を表向きにすることがポイント。②房を輪に通します。③紐を引き抜きます。

コート

和装用のコートの素材は、絹が中心です。染めと織りなどの生地やデザインによって合わせるきものも異なりますので、おしゃれに着こなしたいものです。ここでは絹素材を中心に、ウール素材なども含めて基本的なコートを紹介します。

また、衿の形はこの二タイプが基本的なデザインです。

道中着

道行コート

代表的なきもののコート「道行コート」(左)と「道中着」(右)

右は「道中着」とよばれるデザインのコート。紐で結んで身幅の調整ができます。縦のぼかしがすっきりとしたラインを強調するデザインです。左は「道行コート」。このような衿の形を道行衿といいます。紋織ですので、やや改まった印象の装いにも重宝します。どちらもコートの素材によって合わせるきものも異なります。

ビロードコート

ビロードという素材のもつクラシックな趣が魅力のコートです。温もりのある風合いは防寒用のコートとして重宝します。

パステル調の配色がきれいな紬地のコートです。特に、薄い素材の織物のコートは軽い地風のため着やすくて重宝します。

紬地のコート

ウールコート

洋服地で仕立てたウール素材のシンプルな防寒コート。衿や袖の形はきものに合わせて仕立てましょう。小紋や紬などに調和します。

column コラム

羽織とコートのマナー

着用時期／「コートを着るのは、紅葉（もみじ）が色付き始めた頃で、桜が満開になったら帯付き姿になる」という着こなしのルールがあります。羽織の着用時期もほぼ同様です。このように考えると、南北に長い日本の気候に応じて自由に着用時期が考えられます。

室内でのマナー／女性のコートと羽織の大きな違いは、コートは外出時に着るもので、室内では脱ぐことです。羽織は茶室以外であれば、室内でも着ていて構いません。どちらも脱いだときは、折り畳んで、風呂敷などに小さくまとめると便利です。

薄物のコート

帯付き姿になる前のひとときに着る薄物コート。きものや帯が透けて見えます。

雨コート

雨の日に欠かせない雨コートは、きものの裾を隠す長さが一般的。撥水加工を施して、気軽に着られるように準備したいもの。

第二章

男のきもの

きものの種類

男性のきものについての基本的な種類を礼装から順に紹介しましょう。

◆第一礼装

結婚式に列席する花婿や仲人、新郎新婦の父親や親族などは、最も格式の高い第一礼装とよばれる種類のきものを着ます。男性の場合は黒紋付・羽織・袴を着ます。主賓であれば各種の記念式典などにもふさわしい装いです。羽二重とよばれる正絹生地のきものと羽織に、五つ紋を日向紋（紋形を布地に白く表す紋）に染め抜きます。羽裏は色羽二重か絵羽模様で装います。袴は米沢平・仙台平などとよばれる袴地の縞柄が最もフォーマルです。帯は博多織や紋織などの正絹の角帯、羽織紐は房付きの白、半衿や足袋も白に。履物は花婿は白い鼻緒の雪駄を履きます。

◆準礼装

披露宴などに招待された方がきもので出席する場合は、準礼装として色羽二重か色縮緬の染め抜き五つ紋

礼装

男性の第一礼装は黒紋付・羽織・袴

結婚式に列席する花婿と新郎の父親。五つ紋の黒羽二重のきものと羽織に縞袴を着けて。半衿、羽織紐、足袋は白で揃えるのが正式です。

準礼装

結婚披露宴から各種の祝賀会まで

品のよい整った着姿が必要な場面では、背に紋を付けた御召が適しています。上はきもの、羽織、袴とも西陣御召で揃えた幅広く着られるひと揃い。

付のきものと羽織に袴が適します。半衿は、結婚式では白半衿を合わせます。

特別の会合などで敬意を表すときにも準礼装にし、袴を着けます。こうした場合の最も多い取り合わせは、繡い(ぬい)の一つ(ひと)紋(もん)を付けたきものと羽織に袴(はかま)を合わせた装いです。袴地は紋(もん)袴(ばかま)か無地袴(むじばかま)でも、紬地(つむぎじ)でもかまいません。半衿は白でなく、配色を考えて選んでもかまいません。

◆外出や気軽なしゃれ着

男性のきものの場合、紬素材もパーティなどの集まりにふさわしいものとされています。紬の場合は羽織ときものを同系色にすると落ち着いた印象に。あえて色を変えればおしゃれな取り合わせになります。羽織も袴も着けない姿は「着流し(きなが)」といい、最も基本的なスタイルであると同時に気軽な装いとなります。

お出掛けのしゃれ着

染めのきものと御召のきもの

右は小千谷紬(おぢやつむぎ)地の無地染のきものと、縮緬(ちりめん)地に染めの羽織でエレガントに。左のきものと羽織は、共に本塩沢の御召(おめし)で揃えて。

くつろぎのしゃれ着

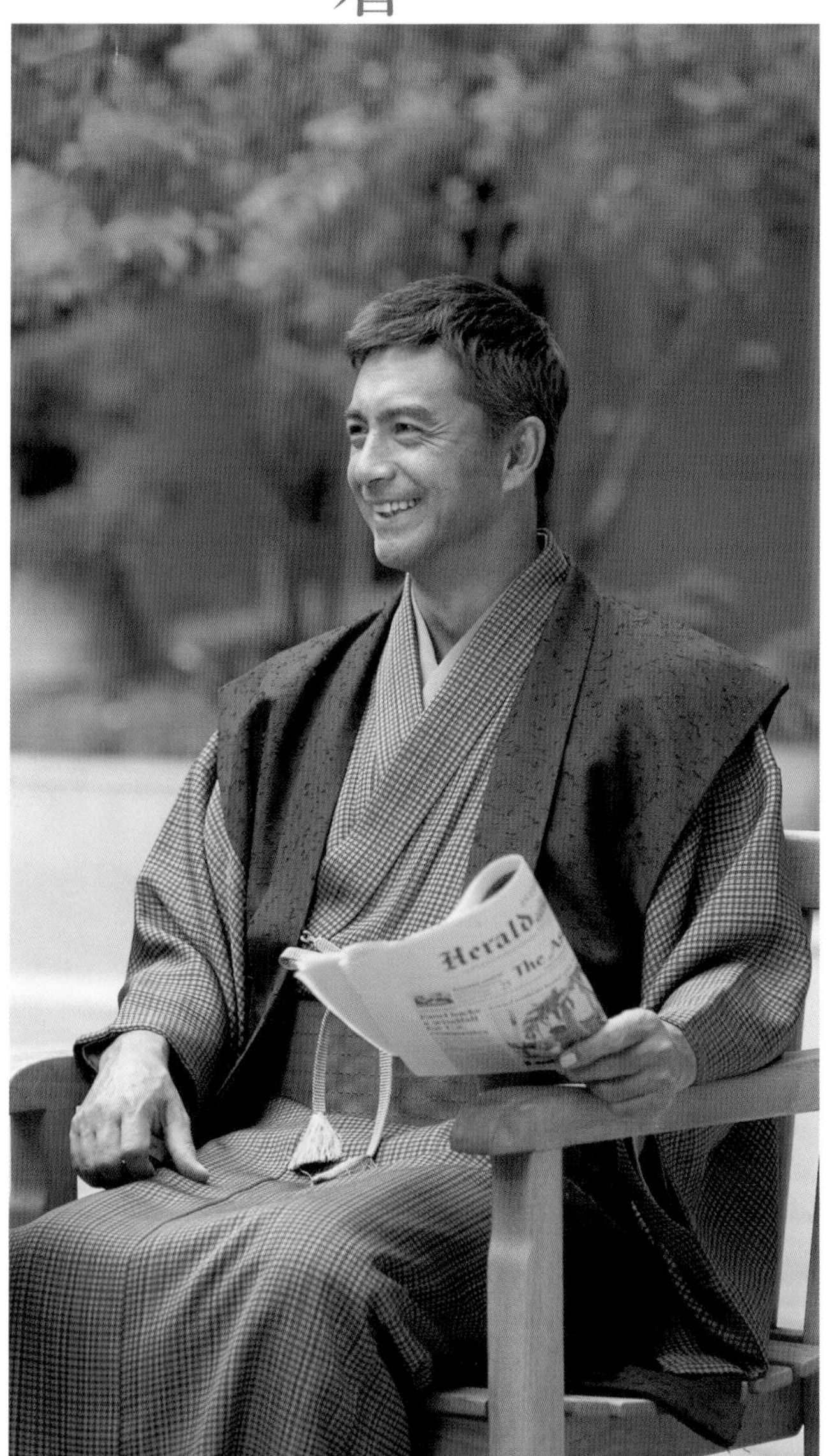

袖無し羽織でカジュアルに

格子柄の小紋に紋織の角帯を締め、袖無し羽織をはおった気軽なくつろぎの装いです。遊び感覚のリラックスした雰囲気に。

男のきものの名称

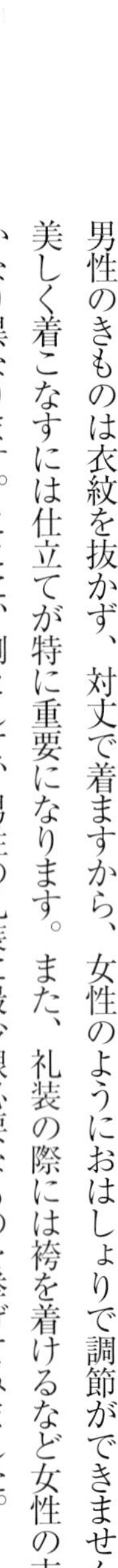

男性のきものは衣紋を抜かず、対丈で着ますから、女性のようにおはしょりで調節ができません。美しく着こなすには仕立てが特に重要になります。また、礼装の際には袴を着けるなど女性の支度とかなり異なります。ここに、例として、男性の礼装に最少限必要なものを挙げてみました。

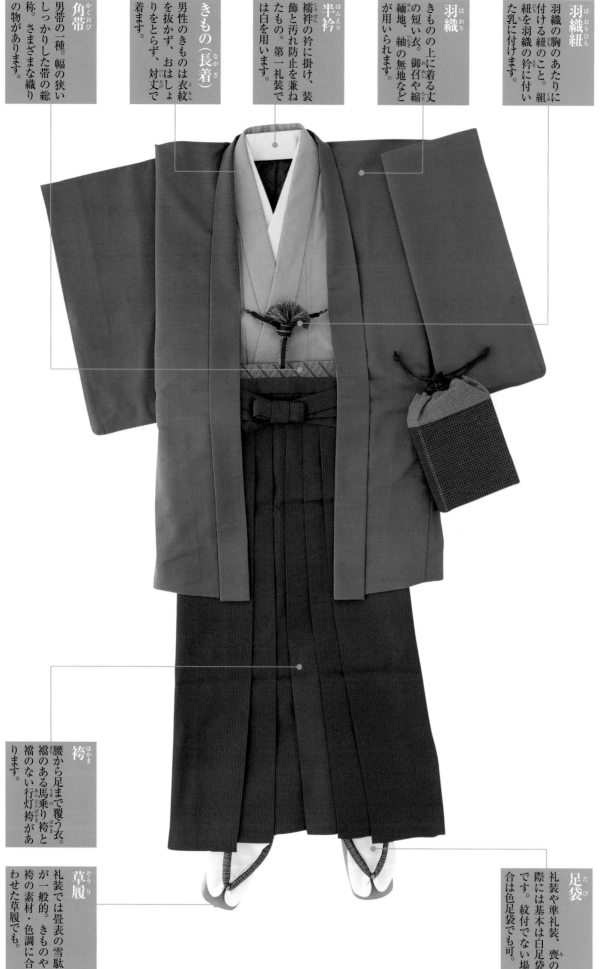

羽織紐
羽織の胸のあたりに付ける紐のこと。組紐を羽織の衿に付いた乳に付けます。

羽織
きものの上に着る丈の短い衣。御召や縮緬地、紬の無地などが用いられます。

半衿
襦袢の衿に掛け、装飾と汚れ防止を兼ねたもの。第一礼装では白を用います。

きもの（長着）
男性のきものは衣紋を抜かず、おはしょりをとらず、対丈で着ます。

角帯
男帯の一種。幅の狭いしっかりした帯の総称。さまざまな織りの物があります。

足袋
礼装や準礼装、喪の際には基本は白足袋です。紋付でない場合は色足袋でも可。

袴
腰から足まで覆う衣。襠のある馬乗り袴と襠のない行灯袴があります。

草履
礼装では畳表の雪駄が一般的。きものや袴の素材・色調に合わせた草履でも。

帯と羽織紐

帯と羽織紐は装いのアクセントです。帯は角帯が最も用いられるほか、家庭などで気軽に締める兵児帯があります。羽織紐は房付きや房なしのもの、中央に貴石などがあしらわれているもの、また、紐を鐶（S字状の金具）で羽織の乳に取り付けるもの、自分で結ぶものなど数種があります。

左上は兵児帯。その下は角帯のいろいろ。装いのポイントとして重要です。

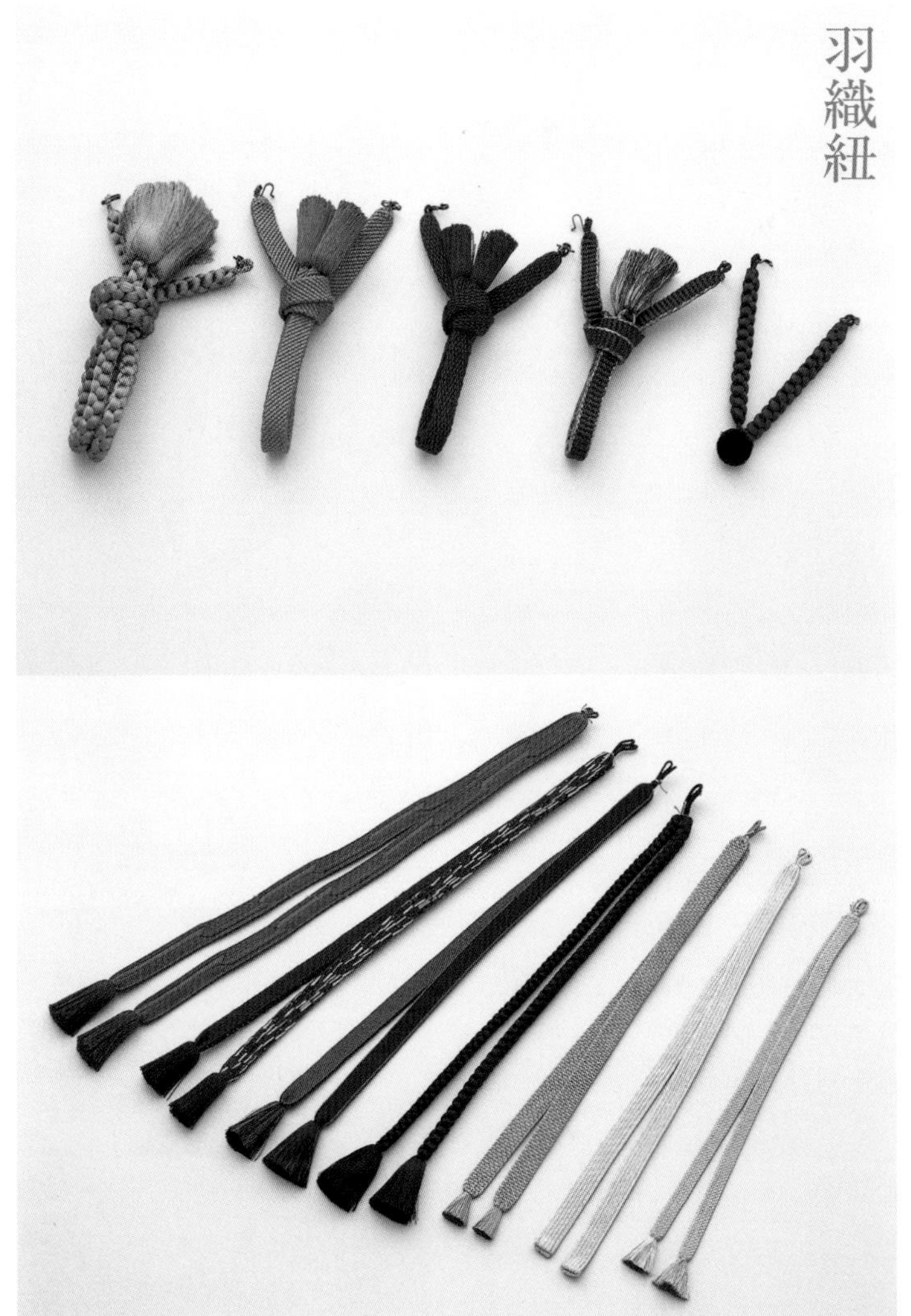

上／房付きの羽織紐。紐の太いもの、房の大きいものほどフォーマルな印象。下／今では初めから結んであり、羽織に鐶で付けるものが一般的ですが、本来は自分で結ぶ直付け紐が用いられていました。

column コラム

帯の結び方

「貝の口」は年齢を問わずどのようなきものにも似合います。「片ばさみ」は手元とたれ先を帯の下端から見えるように挟み込んだ結び方。「兵児帯の蝶結び」はくつろぎ着に最適です。

貝の口

帯の巻き方は好みで、上図のように右から巻く方法と左から巻く方法があります。

片ばさみ

兵児帯の蝶結び

下着と小物

ここでは下着や持ち物、履物について紹介します。肌襦袢の上に長襦袢を着用しますが、しゃれ着の場合は半襦袢とステテコでもよいでしょう。半衿は顔に映える色を、足袋は足もとが浮かないような色を選びます。

半衿

礼装には白半衿を使いますが、普段の装いには紺やグレー、ベージュ、茶色などの色半衿を用います。

長襦袢

無地の長襦袢から個性的な模様の長襦袢まで、きものの色柄に合わせて楽しみます。半衿を掛けて着付けます。

足袋

礼装には白足袋を履きますが、カジュアルな装いには紺やグレー、茶などの色足袋を履きます。

肌襦袢などの下着類

一般的に肌襦袢の上に長襦袢を用いますが、カジュアルなきものの場合は、肌襦袢の上に半襦袢とステテコなどでも可。

持ち物

上はこだわって持ちたい鮫皮製の煙草入れ型ケース。右は羽織を着たときなどに持ちたい巾着や合財袋。木綿や着流しであれば、手提げ袋のようなトートバッグでも似合うでしょう。

ぞうりと下駄

ぞうりの鼻緒は、迷ったら袴の色やきものの色に合わせると足もとが落ち着いた雰囲気に。上は台が酒袋地、鼻緒が真田紐、中が真綿入りのぞうり。右中と下は畳表（実際は竹皮）の雪駄。ほかにホースヘアやエナメルなどもあります。

着流しスタイルやゆかた姿に、涼しげな足元を演出する下駄。上は素足に履くと心地よい感触の白木の駒下駄。左は右近下駄。ほかに焼桐の木目を生かしたものもあります。

column コラム

羽裏にこだわる

きもの通は羽裏に凝るともいわれます。羽織を脱いだときに見える様を計算に入れ、後身頃を一枚の絵画風に染めたものなど趣向を凝らしたものが用いられることも多く、自然の風物からモダンなデザインまでさまざまです。

羽裏と襦袢を同じ柄や同じ色で揃えるのもおしゃれです。写真は富士山の柄で統一したもの。

柔らかな色の縮緬地の羽織の裏は淡い表地と濃度差を付け、濃地に桜花と流水模様をあしらった遊び心のある色柄に。

コーディネイトの楽しみ

きものと羽織のコーディネイトは素材や色の組み合わせをアレンジして楽しみます。きものと羽織は濃淡が定番のコーディネイト。

次に御召や紬などの素材の取り合わせ。

そして半衿や帯、羽織紐、足袋やぞうりで仕上げます。

御召のきものと羽織に縞袴を合わせたブルー系の着こなしです。濃色の半衿と羽織紐で装いを引き締めています。

きものと羽織を濃淡にしたお出掛け着です。ここではモスグリーンの袴を合わせて落ち着いた印象に。それぞれが微妙に異なる風合いをもつ紬で揃えています。

明るいベージュの紬の
きものに紋織の羽織を合わせ、
紺の角帯で引き締めています。
グレーの羽織紐を
合わせるなど色合わせの妙を
楽しむのも
和装のポイントです。

都会的な洋服感覚の
コーディネイト例です。
鮮やかな色調の紬の
きものを、抑えた地色の
同素材の羽織でシックに
まとめています。

男性のきものにも
さまざまな種類がありますが、
それらをいかに上手に
取り合わせるかが
着る人の感性の見せどころです。
格式ばらず、遊び心が表現できる
普段のちょっとした外出には
羽織を着ない気軽な着流し(きなが)も適します。

左／シャープな表情を意識したモノトーンの着流し姿です。大島紬の段変わり風のデザインが個性を感じさせます。シンプルな帯合わせは颯爽としたイメージを作ってくれます。

右／木綿のきものは、着心地のよさだけでなく気軽な外出着としても重宝します。無地調のきものは帯合わせがポイント。きものより濃色の帯なら着姿が引き締まり、逆にきものより帯を明るめにするとおしゃれな印象に。

シックな色で揃えた軽いお出掛けスタイル

黒地の小紋に袖無し羽織を
コーディネイトした
カジュアルな装い。
きものと羽織の色を濃淡にし、
羽織紐と帯にグレーを、
衿もとに山吹色を効かせた
スマートな着こなしです。

第四章

子供のきもの

子供の晴着

子供が誕生し、成人式を迎えるまでにはさまざまな行事があります。こうした人生行事の古来からの習わしと装いは、地域によって独自の呼び名や慣習をもつものもありますが、ここでは一般的に行われている「宮参り」、「七五三」、「十三参り」のそれぞれの晴着について、その由来から着こなし方まで、覚えておきたいことをまとめました。

宮参り

子供が誕生して、最初に行われるのが「宮参り」です。地方によって違いはありますが、男児は生後三十一日め、女児は三十三日めと言われますが、現在はほぼ一カ月後に行われています。子供の健康と幸福を祈り、氏神様への初めての挨拶として神社に詣でます。このとき抱いた赤ちゃんにお祝い着（女児は『初着』、男児は『のしめ』とよぶ）をかけます。背縫いを付けず、幅いっぱいを身頃に使い、幅の広い紐を付けます。

祖母が赤ちゃんを抱く風習は、産後の母体への思いやりから生まれたものといわれています。

上／男児はたくましく、女児は優しく育ってほしいとの願いを込めたお祝着です。男児の祝着は五つ紋付が一般的です。

七五三

毎年十一月十五日に三歳、五歳、七歳に達した子供に晴着を着せ、神社に幸運を祈願するために参拝する行事が「七五三（地域により『紐落とし』ともいう）」です。この祝いの原型は次のような儀式から受け継がれたものといわれています。三歳児の祝いの原型は、平安時代から行われていた「髪置き」「髪立ち祝い」といわれる男女とも髪を伸ばし始める儀式から。五歳の祝いの原型は、平安時代の公家階級で行われていた初めて袴を着ける「袴着」「着袴」の儀式から。七歳の祝いの原型は、室町時代頃から行われていた「帯解き」「紐落とし」と呼ばれる、初めて帯を締める儀式からとされています。

現在のように七五三という奇数を重ねて呼ぶようになったのは江戸時代からで、庶民の間で祝うようになったのは明治時代からです。

上／右の五歳の男児は大人の礼装と同様の、五つ紋付のきものに羽織、袴の最も一般的な装い。中央の三歳の女児は朱地のきものに白地の被布姿で愛らしく。左の七歳の女児は古典柄の長袖です。

三歳

鞠の模様の振袖に白地に貝桶模様の被布を重ねています。このほかきものと被布を同色同素材にしたり、長袖に袴を合わせる姿なども見られます。

五歳

男児のお祝着。きものは若葉色の江戸小紋、羽織は羽二重を小豆色に染めたもので、金茶色の袴を着けています。懐剣と白扇を忘れずに持ちます。

七歳

くっきりと地紋が浮かぶ綸子地に、花筏模様を染め上げた華やかな長袖姿。幅広にとった帯揚げや帯下のしごき、胸に筥迫を飾るなど、伝統を受け継ぐ愛らしい装いです。

七五三の装いに決まりはありませんが、子供の成長過程の大きな節目として、晴れやかな装いがふさわしいもの。次に伝統的な七五三の装いを紹介します。三歳の女児は四つ身裁ち（左頁コラム参照）のきものを。帯を結ぶには体が小さいので、軽いしごき（縮緬や綸子の帯）程度にし、上に被布（半コートのような外衣）を着せる装いが多くなっています。五歳の男児は初めて袴を着ける古来の儀式を受け継ぎ、五つ紋付の羽二重のきものに羽織と袴が一般的です。七歳の女児は、長袖に七五三用の帯を。帯下には、しごきを締めます。

十三参り

黒地に鎌倉文を絵羽模様にした、古典的なゆかしさのある振袖姿。きものの丸文には菊や桐などのおめでたい模様が詰められ、少女の祝いにふさわしい装いです。肩あげを取ると一歩大人へ近づきます。

大人の本裁ちのきものを肩あげし、おはしょりをした少女の装い。このときのきものは、成人の頃までお正月の晴着として着ることができます。十三参りはきものに親しむ機会を作る行事でもあります。

「十三参り」とは虚空蔵菩薩や全国各地の寺社に、陰暦三月十三日（現行四月十三日）に数えで十三歳になる男女がお参りする行事です。十三歳の厄難を払い、知恵を授かるように祈願します。女子は大人へと変化する区切りの時期として、十八世紀後半から始まったといわれています。初めて大人の本裁ちのきものを肩あげし、おはしょりをします。帯は大人の袋帯などを締めます。最近は行事の意義が認識され、関東各地でも行われるようになりました。

花や動物などをモチーフにした可愛い髪飾りは十三参りにぴったりです。写真のプラスチック製のほか、縮緬製の髪飾りや枝垂れ桜の花かんざしなども髪に映えます。

四つ身を卒業し大人の装いに

3歳から9歳くらいまでの子供用のきものの仕立て方を「四つ身」といいます。身丈の4倍の布地で身頃を裁つことから生まれた言葉で、十三参りは「四つ身」を卒業する儀式といえます。明治・大正では13歳までは一応肩あげをするのが慣習で、十三参りが済んだら肩あげを取りました。近年は子供の体格が向上し、肩あげをしない場合もあります。

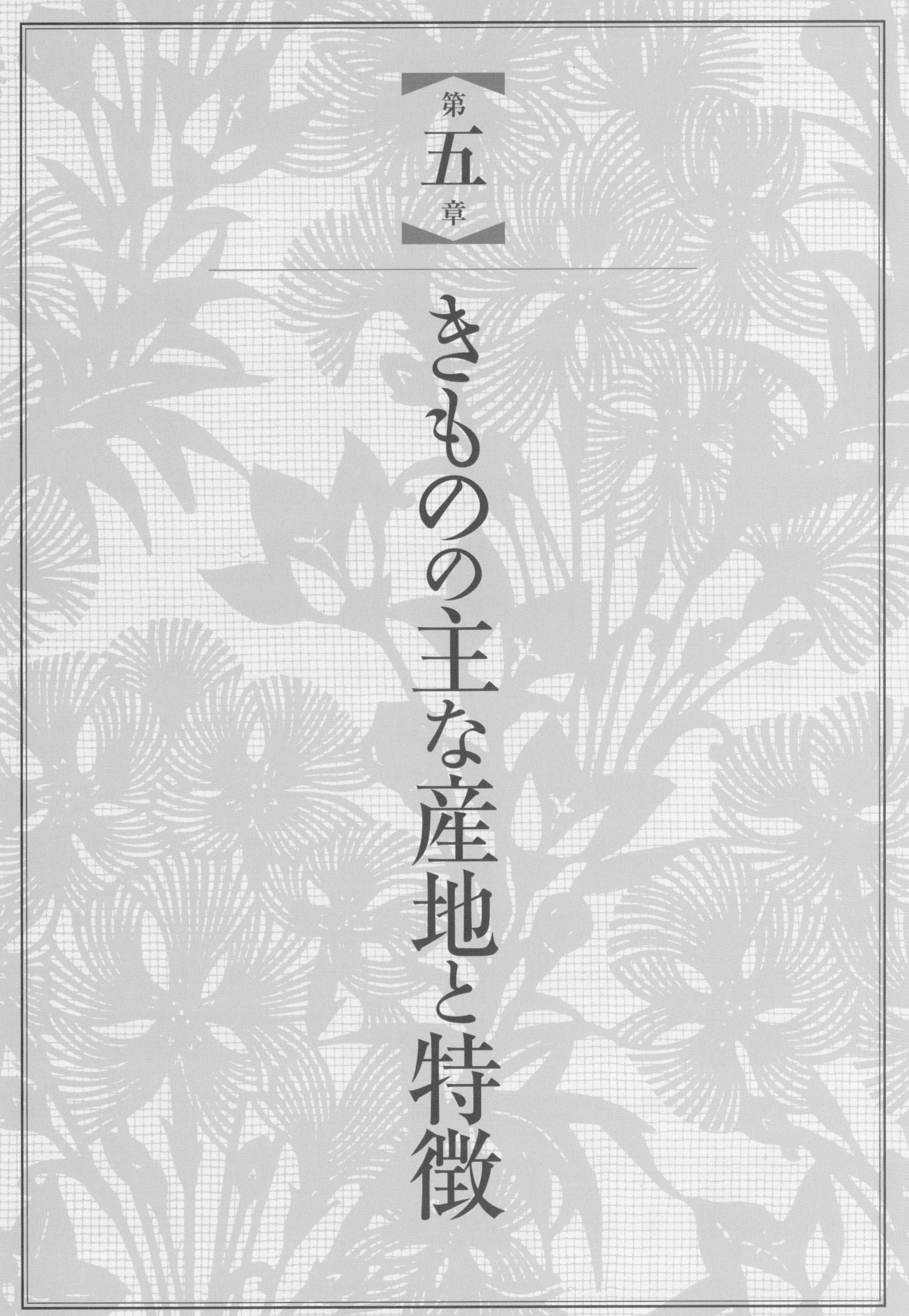

第五章

きものの主な産地と特徴

全国きものの主要産地マップ

日本では、古くから多くの地方で、さまざまな特徴のある染物や織物が作られてきました。ここでは、代表的なきものの産地を都道府県別に分けて紹介します。

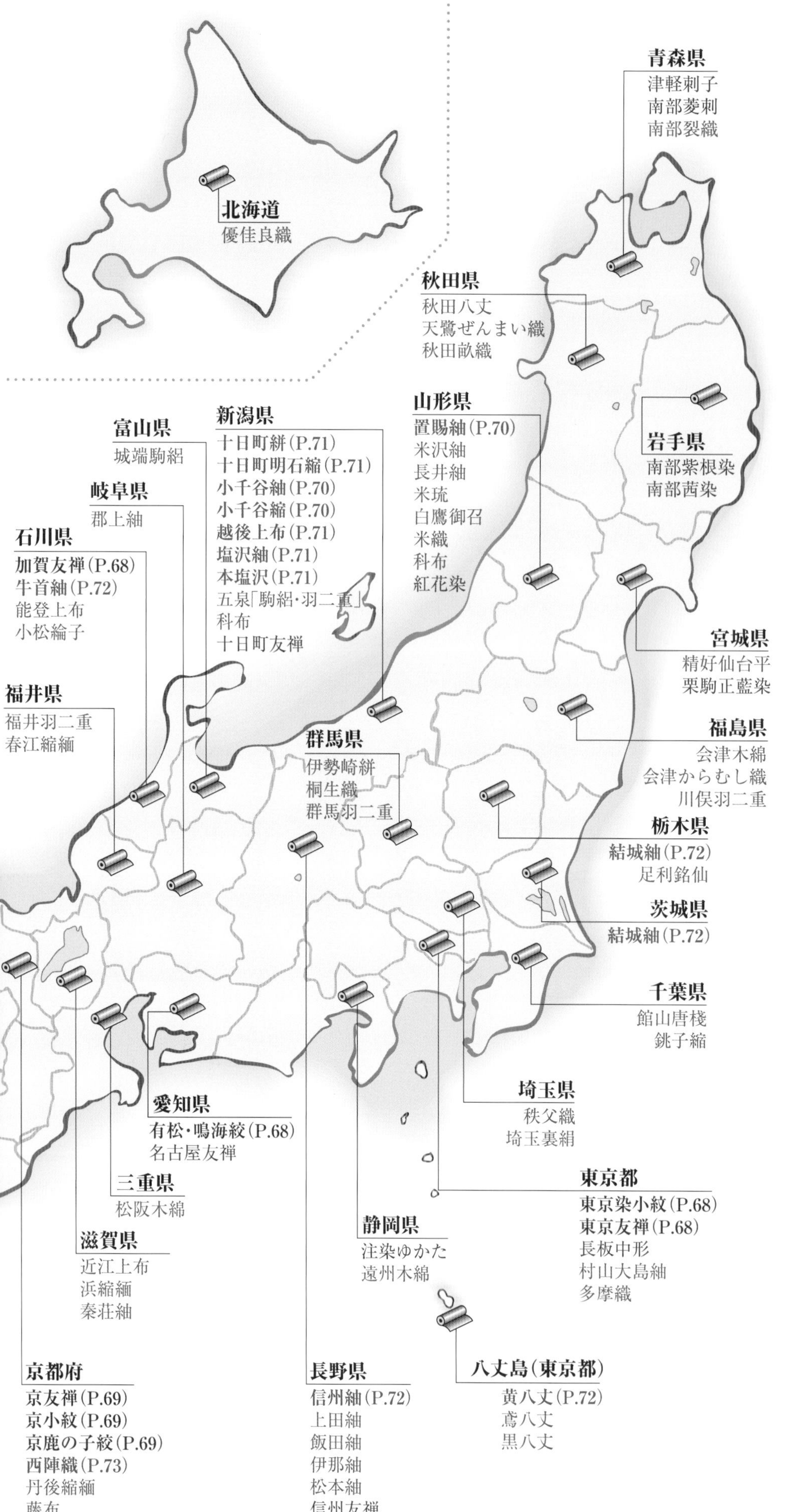

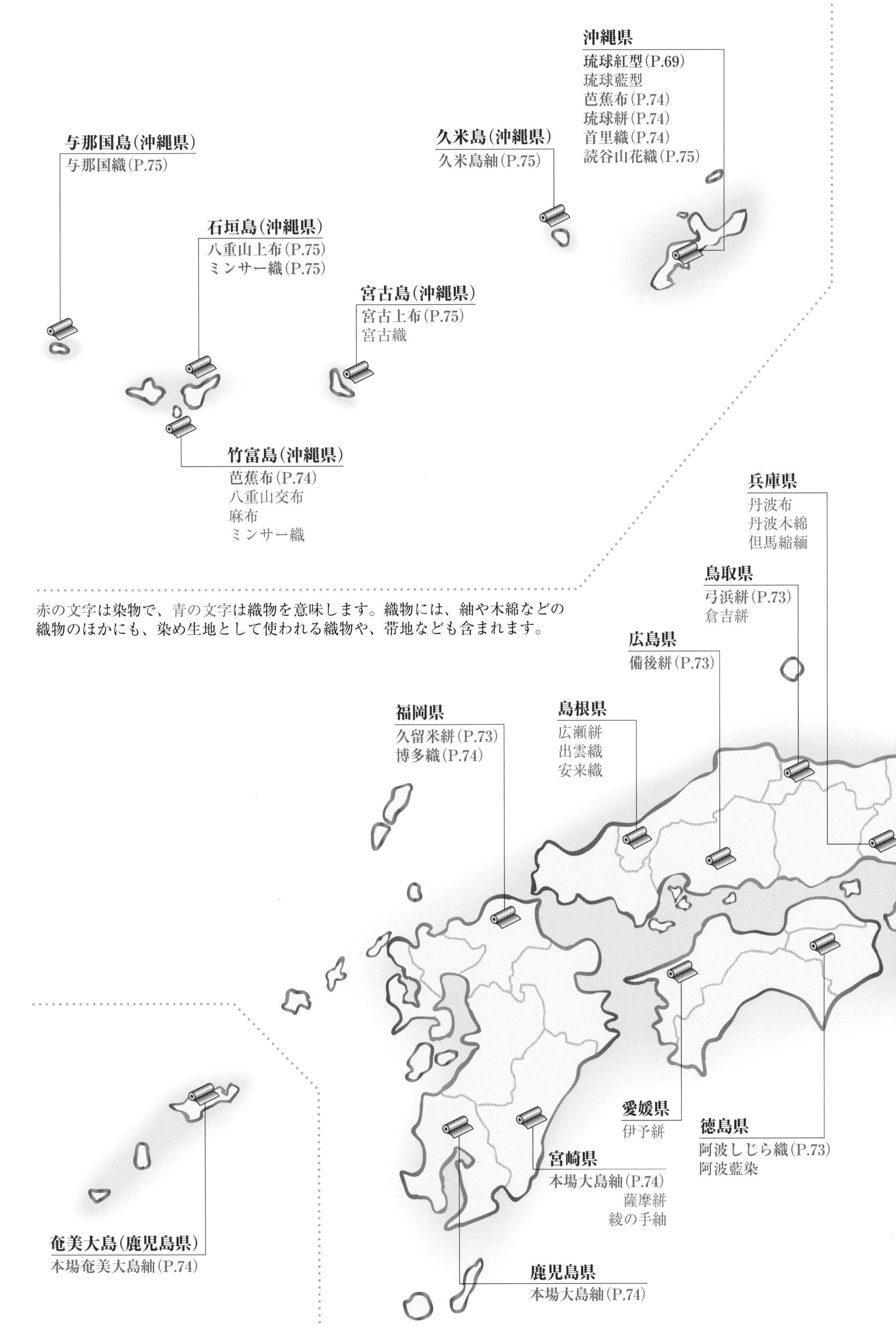

赤の文字は染物で、青の文字は織物を意味します。織物には、紬や木綿などの織物のほかにも、染め生地として使われる織物や、帯地なども含まれます。

染めの主な産地と特徴

白生地に模様を染めたものが「染物」です。生地は華やかな印象で柔らかい風合いをもちます。晴れやかな場を彩るきものの染めの技法と主な産地を知りましょう。

東京友禅

東京染小紋

東京友禅【とうきょうゆうぜん】

東京で染められている友禅染。多色多彩で華やかな京友禅に対して、渋く抑えた色調や、粋やモダンさのある意匠が特徴です。友禅の技法は京都や加賀と同じですが、京友禅と異なる点は染めの製作工程。京都のように分業制をとらず、構想図案、下絵、友禅挿し、仕上げに至るまでの工程が、模様師とよばれる技術者を中心に、多くは一貫作業で行われています。

東京染小紋【とうきょうそめこもん】

東京で染められている型染の小紋のこと。代表的なのは、小さな柄を一色で細かく染めた江戸小紋ですが、ほかにも、色彩豊かで現代的な型染も含まれます。多色染で華やかな京友禅にくらべると、どちらも色使いが少なくすっきりと染められていて、渋さや粋さが持ち味といえます。

加賀友禅【かがゆうぜん】

石川県の金沢で作られる友禅染。色に特徴があり、加賀五彩という、藍、黄土、臙脂、緑、古代紫を基調色としています。手描き友禅の方法は京都と同じですが、京友禅では模様の内側から外側へぼかすことが多いのに対し、加賀友禅では模様の外側から、内側へ向かって濃い色を薄い色にしていく、「先ぼかし」や、木の葉などの模様に墨色の点で描く、「虫喰い」の表現が独特です。また、加賀友禅は金箔・銀箔や刺繍などによる加飾をほとんど施しません。また、多くの場合は製作工程の大部分を一人で行なっています。最近の加賀友禅の作家ものは、写生風の草花やモダンなデザインで、配色も新しくなっています。

有松・鳴海絞【ありまつなるみしぼり】

愛知県名古屋市の有松、鳴海地区を中心に生産される絞り染の総称。江戸時代には数十種類に及ぶ技法が開発され、尾張徳川家の保護下で発展しました。東海道を往復する旅人の高級土産品として人気が高く、広く知られるようになりました。

かつては木綿の絞りが有名でしたが、近年は木綿だけでなく、正絹の振袖や訪問着、着尺も多く作られています。さまざまな絞り技法を駆使した多様な表現や大胆なデザインが特徴です。

加賀友禅

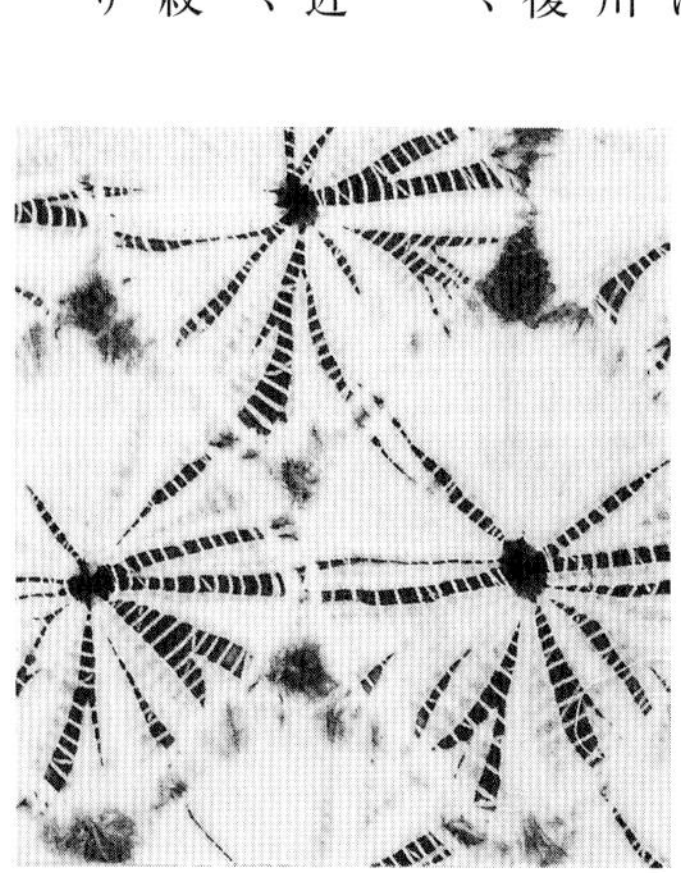
有松・鳴海絞

京友禅

京小紋

京友禅【きょうゆうぜん】

京都で生産される友禅染のこと。江戸期の元禄時代（一六八八～一七〇四）に、扇に絵を描く絵師として人気が高かった宮崎友禅斎に始まるといわれます。隣り合う色が混じり合わないように、糸目糊を用いて防染して模様を描き染めていきます。現代でも模様染の代表です。京友禅で描かれる模様は、多色使いで、花鳥風月などを優美にデザインするものも多く、金銀箔や刺繍もよく用いられます。たくさんの製作工程がありますが、染匠というプロデューサーのもとで、各分野ごとの専門職が分業制で仕上げていきます。

手で彩色する手描き友禅と、型紙を使う型友禅があり、前者は本友禅、後者は写し友禅ともよばれます。

京小紋【きょうこもん】

江戸小紋に対して、京都で型紙を用いて染める小紋のこと。京都の型友禅を京小紋とよんでいます。手描きの友禅染は一品製作で高価ですが、京友禅の美しさを量産の可能な型染で表現しようと、明治初期に合成染料を利用し、糊に染料を混ぜ合わせ、型紙で染め上げる方法が開発され、型友禅が生まれました。型ならではのさまざまな柄表現や、型紙を数多く用いてできる多彩な配色など、型染でしかできない美しさが魅力です。模様によって型紙の枚数はさまざまですが、染める色数が多いほど、また、模様が細かいほど型紙の枚数は増え、多いときには数十枚もの型紙を使うこともあります。

京鹿の子絞【きょうかのこしぼり】

京都で製作された鹿の子絞のこと。染め上がった模様が、子鹿の背の斑点に似ているのでこの名があります。代表的なのは疋田絞で、染め残りの四角の中に点が出るのが特徴です。ほかにも一目、帽子、傘巻きなど多彩な技法があります。

江戸時代には鹿の子の斑点模様に染め上げた絞り染が全盛となり、幕府から禁止令が出て取り締まりの対象になったこともありました。現在ではきもの、羽織、帯、帯揚げなどに用いられます。全体を絞りで埋めたものを総絞り、または総鹿の子とよび、最高にぜいたくなものとされています。

琉球紅型【りゅうきゅうびんがた】

沖縄で生産される南国色豊かな、多彩で華麗な型染の染物。染織品の宝庫である沖縄のなかでは、唯一の後染めです。もともとは琉球王朝のもとで、王家や身分の高い士族のみに許された衣服でした。

紅型は、日本本土の文様や、沖縄では見られないはずの草花、日本や中国の風物などを数多く模様に取り入れ、伸びやかに表現している点に特徴があります。文様は、中国の影響も見られますが、雪持ち笹、桜、梅、柳、あやめ、燕、蝶など、日本本土の友禅染と類似するものも多くみられます。しかし、その柄ゆきや色彩は南国特有のものです。また、藍一色で染めたものを藍型（えーがた）とよびます。

京鹿の子絞

琉球紅型

織りの主な産地と特徴

先に糸を染めてから織り上げたものが「先染織物」です。きものや帯に用いられる代表的な織りの種類と産地を勉強しましょう。

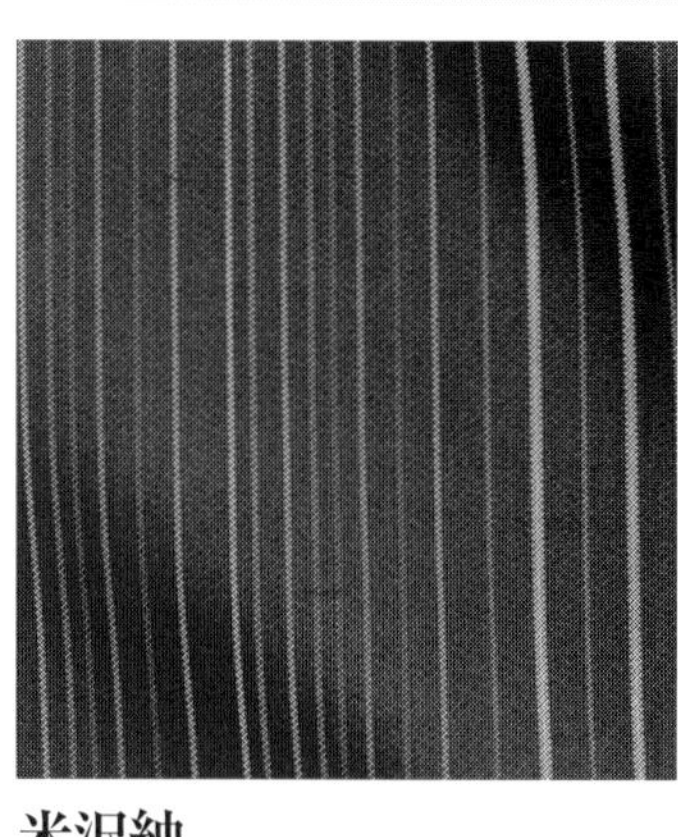

米沢紬

米琉

置賜紬【おいたまつむぎ】

山形県米沢市、長井市、白鷹町を中心に生産される織物の総称。米沢紬、長井紬、米琉、白鷹御召などがあります。江戸中期、米沢藩主の上杉鷹山が養蚕や織物を奨励したことにより、この地域に絹織物が発展。現在でも織物の一大産地となっています。

米沢紬は、植物染による素朴な味わいが有名。米沢周辺はもともと紅花の産地でもあり、特産の紅花で染めた紅花紬は人気があります。ほかにも藍、刈安などが染料として使われます。

長井紬は、緯絣、または経緯絣で織り表した絣模様が特徴。琉球産の織物に強い影響を受けた絣柄が発展したことでも知られます。特に井桁や鳥の絣模様を表した、琉球の影響がうかがえる織物は「米琉」（米沢琉球の略）とよばれます。

白鷹御召は、独特の板締め技法による小絣と、鬼シボといわれる大きな凹凸が特徴。小さな十字や亀甲柄で構成される絣模様には、精緻な美しさがあります。さらりとした特有の地風も魅力です。生産量が少ないため希少品として珍重されています。

小千谷縮【おぢやちぢみ】

新潟県小千谷地方周辺で、古くから生産されている麻縮。シボとよばれる布面の波状の凹凸が特徴です。模様は主に緯糸で表されます。緯糸に強い撚りを掛けて糊で固定し、織り上げてからぬるま湯に浸けて手もみをすることでシボができ、爽やかな感触の生地になります。

国の重要無形文化財指定の小千谷縮は、越後上布と同様に苧麻から糸を手績みし、地機で織られますが、近年では非常に少なくなりました。現在はラミー糸（麻の紡績糸）で織ったものが主流です。色柄が豊富で地風が爽やかなことから、夏の気軽な外出着として人気です。

小千谷紬【おぢやつむぎ】

新潟県小千谷周辺で生産される紬の総称。小千谷縮の基本的な技術・技法を生かして作られていて、小千谷縮と同様に模様は主に緯糸で表されます。

カラフルで優しい雰囲気のものをよく見かけますが、最近はシックなデザインも増えています。多彩な絣模様と軽く温かみの

白鷹御召

小千谷縮

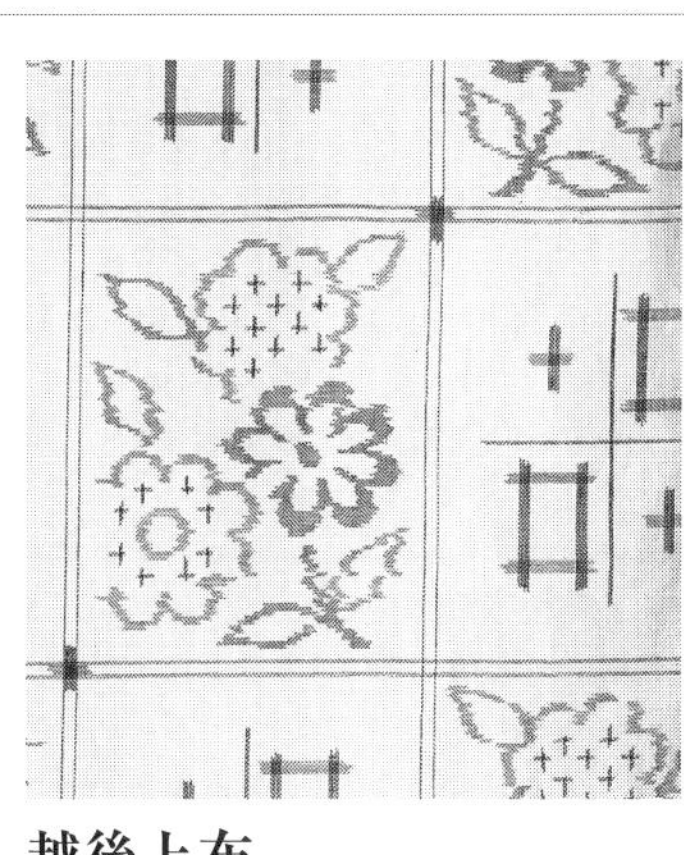
越後上布

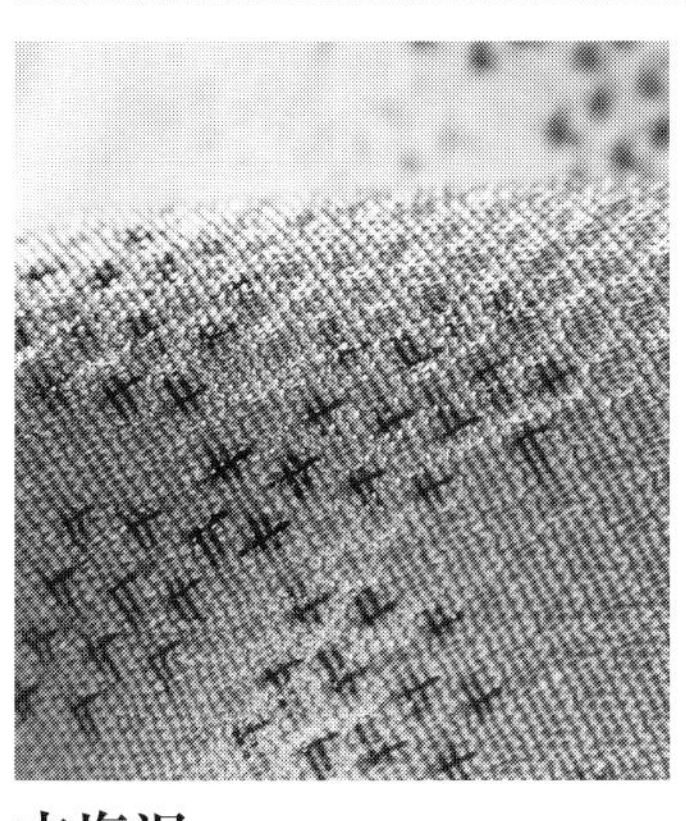
本塩沢

ある地風も特徴です。

越後上布【えちごじょうふ】

新潟県南魚沼市（旧塩沢町・六日町）に古くから伝わる平織の麻織物。盛夏用の高級着尺地で、麻織物の最上級品として有名です。柄は絣や縞が主で、ごく薄手でシャリ感のある地風が特徴。精緻な仕事のなかに漂う気品のある素朴さが魅力です。

糸はまず苧麻を爪で裂き、口に含みながらつないでいきますが、細く均一な糸を作るのは大変な作業で、一反分の糸を績むのに三カ月以上かかります。細くてデリケートな糸は、昔ながらの地機で手織りして、三カ月以上かけて織り上げます。織り上がった布は水洗い後、雪の上に布を広げて晒します。この雪晒しは越後上布独特の方法で、色目が落ち着き、白はより白くなる効果があります。また、越後上布の古来からの伝統技法は、国の重要無形文化財に指定されています。

本塩沢【ほんしおざわ】

新潟県南魚沼市（旧塩沢町・六日町）地方で織られる御召。塩沢御召ともいいます。緻密な絣模様と細かなシボが特徴です。緯糸に強い撚りを掛けた強撚糸を用いて、織り上げた後に湯もみをして作られます。こうすることで繊細なシボのある、シャキッとした感触の生地になります。十字絣や亀甲絣などの、まるで針の先で描いたように細かく鋭い模様も本塩沢の魅力のひとつです。

さらりとした肌触りから、袷のほか、ひとえとしても用いられます。

塩沢紬【しおざわつむぎ】

新潟県南魚沼市（旧塩沢町・六日町）周辺で織られている絹織物。越後上布の伝統技術を絣糸作りに取り入れた、蚊絣、十字絣、亀甲絣などの細かい絣模様が特色です。生地に独特の風合いがあり、色は渋い色調のものが多く見られます。夏用として薄く織った夏塩沢も生産されています。

十日町絣【とおかまちがすり】

新潟県十日町市を中心に生産されている先染の絹織物。十日町紬ともよばれます。経絣、緯絣などの技術を用いた、繊細で緻密な柄が特徴。縞、格子、伝統的な柄から現代的な柄まで、多様な色柄の織物を生産しています。

十日町は江戸時代から麻織物の産地として知られていました。幕末以降は絹織物が中心になり、明治時代に明石縮が作られて全国で有名になりました。現代でもきものの一大産地で、織物だけでなく、友禅染の産地としても知られます。

十日町明石縮【とおかまち あかしちぢみ】

新潟県十日町市で生産される盛夏用の高級絹縮。昔、兵庫県明石地方で生産されたのでこの名があります。かつては「セミの羽」に例えられたほど、薄地で張りのある布地で、清涼感のある肌触りが特徴です。柄は矢絣などの絣柄や縞柄がよく見られます。明治時代に作られるようになり、大正初期には爆発的な人気を博しました。戦

明石縮

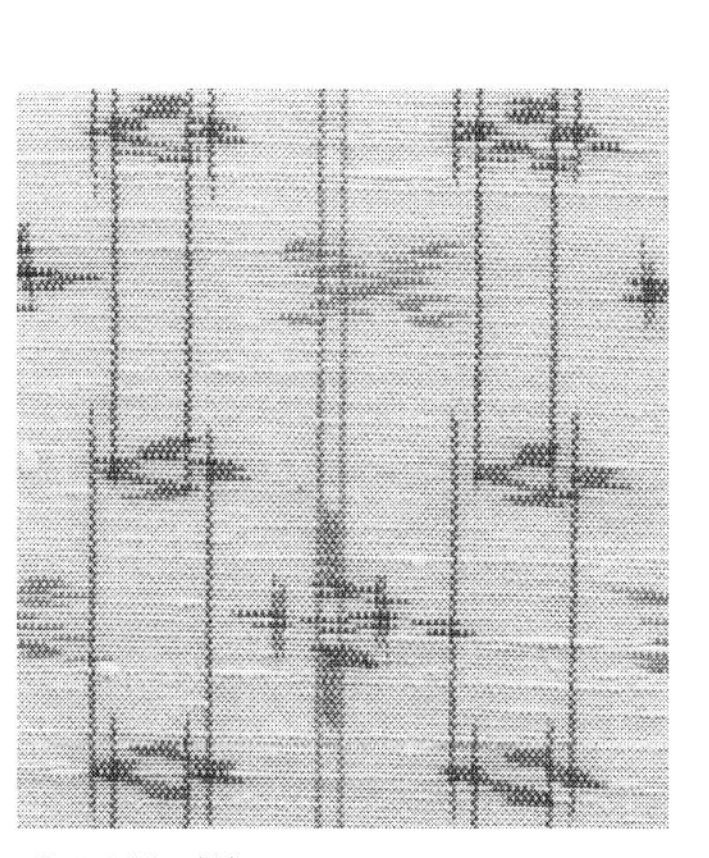
十日町絣

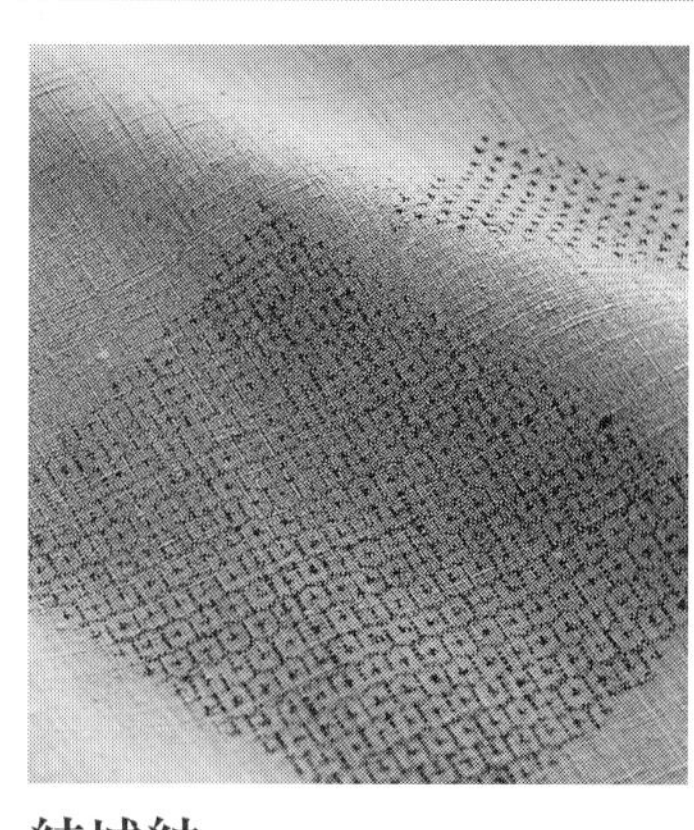

結城紬

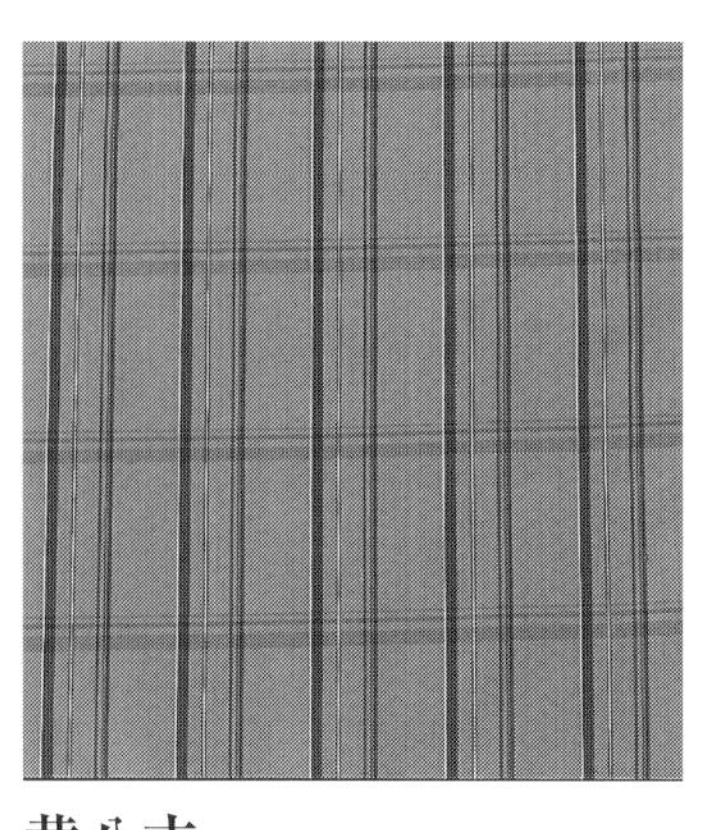

黄八丈

後、生産は減少しましたが、涼感とクラシカルな雰囲気が好まれ、きもの通には根強い人気があります。

結城紬【ゆうきつむぎ】

茨城県結城市、栃木県小山市一帯で織られている絹織物。経糸、緯糸ともに真綿から引き出す手つむぎ糸を用い、手括りなどで絣糸を作り、地機で織るという伝統的な技法で作られた結城紬は、国の重要無形文化財に指定されています。また、指定技法の地機で織られたもの以外に、高機で織られたものもあります。

結城紬の精巧な模様は、亀甲絣または蚊絣でできていて、絣が小さいほど工程は複雑になります。無地や縞の紬もあります。

黄八丈【きはちじょう】

東京都八丈島で古くから織られてきた手織りの絹織物。光沢のあるしなやかな地と鮮やかな黄色がいちばんの特徴です。

色は黄、茶、黒の三色が基本。染めに用いる染料は、すべて島内に自生する植物の天然染料三色に限られ、黄色はかりやす（こぶなぐさ）、茶色はまだみ（たぶ）の木の皮、黒は椎の木の皮から得られます。織りは手織り機による平織か綾織で、模様の多くは縞か格子です。地色を茶色にすると鳶八丈、黒だと黒八丈とよびます。基本は三色ですが、媒染や糸の組み合わせ、織り方で多様な色を表現できます。糸は紬糸ではなく生糸を使います。

八丈島は昔から絹織物が盛んでした。江戸時代当初は、大奥や大名など上流階級の専用でしたが、町人に着用が許されると江戸を中心に全国で流行。江戸末期には、富裕な町人女性が黒衿を掛けて着て人気を集めたといいます。

信州紬【しんしゅうつむぎ】

長野県の上田市、飯田市、松本市、岡谷市、駒ヶ根市周辺などで生産される絹織物の総称。信州は古くから養蚕が盛んで、農家で屑繭から糸を紡ぎ、自家用の衣類を織ってきたのが信州紬の起源です。産地ごとに豊かな個性をもちます。

縞や格子柄を基調とした上田紬、「繊維のダイヤモンド」といわれる天蚕糸で織る松本地方の山繭紬、素朴な手織りの紬の飯田紬、昔ながらの伝統を色濃く残す伊那紬などが主なものです。糸は身近に自生する植物染料で染めます。柄は縞や格子が中心で、素朴で温かな風合いが特徴です。

牛首紬【うしくびつむぎ】

石川県の白山山麓、旧白峰村牛首付近で織り継がれてきた紬。釘に引っ掛けても破れるどころか、釘を抜くほど丈夫といわれたことから「釘抜き紬」ともよばれました。一般的な紬は繭を真綿にしてから糸を紡ぐのに対して、牛首紬は玉繭を使い、繭から糸を直接引き出す方法で糸を採ります。玉繭とは二頭の蚕が一緒に作った繭のこと。糸が二本出て絡むので、調整しながら糸を引くのは高い技術を要し、節のある太い糸ができます。これを織ると、節の浮いた、強くしっかりとした独特の質感をもつ、光沢のある生地ができあがります。丈夫で軽く、すべりのよい生地質です。先染のほか、染め生地としても用いられています。

牛首紬

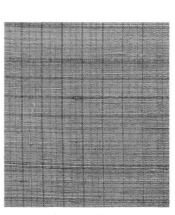

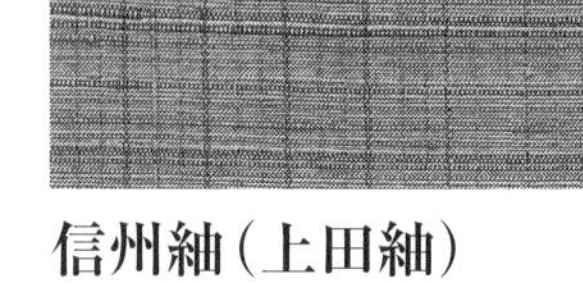

信州紬（上田紬）

西陣織

弓浜絣

西陣織【にしじんおり】

京都市中心部の北西部である西陣地域で生産される織物の総称。西陣は日本を代表する絹織物の生産地です。起源は平安時代以前にまでさかのぼりますが、西陣織の名は、応仁の乱で西軍が本陣とした場所に、乱の後、職人が集まって織物をしたことに由来し、それ以来、この付近で織られるものはすべて西陣織とよばれるようになりました。明治期にジャカードという機械を導入し、いちはやく紋織の機械化に乗り出すなど、技術革新を続ける一方、昔ながらに手機で織り続ける伝統も守っています。

西陣で作られている織物は綴、唐織、羅、錦、緞子、朱珍、金襴、御召、糸織、紬など、帯から着尺、法衣まで広範囲ですが、特に袋帯、なごや帯をはじめとする帯が有名です。また、織りの着尺地は御召、紗、絽など、多様な種類が織られています。

弓浜絣【ゆみはまがすり】

鳥取県米子市、境港市の弓ヶ浜半島で織られている藍染の綿織物。緯絣で模様を織り表すことが特色です。花鳥山水、鶴亀から風景まで多様で、温かみのある絣模様が持ち味。山陰地方にある多様な絵絣のなかでも、繊細かつ素朴な味わいが評価されています。現在の生産量はわずか。

備後絣【びんごがすり】

広島県福山市、新市町一帯で生産される木綿絣。藍色の地にはっきりした絣模様が特徴です。江戸末期にはじまり、明治時代には全国に出荷。機械や化学染料も導入し、安くて丈夫なうえ、鮮やかな色の絣が好まれて生産量を伸ばしました。木綿絣の代表的なものとして知られますが、絣の需要の減少とともに生産も減っています。

阿波しじら織【あわしじらおり】

シボのあるしじら組織の木綿織物。阿波(徳島県)で作られたのでこの名がつきました。シボがあり、さらりとした肌触りと藍染が特徴の夏用の着尺地。海部ハナという女性が、濡らしてしまった木綿の布を乾かしたところ、生地にシボができ、それから改良を重ねて現在のしじら織になったといわれています。最盛期には二百万反も織られていましたが、現在の生産は少量です。

久留米絣【くるめがすり】

福岡県久留米市周辺で生産される、代表的な木綿絣。井上伝という少女が、古着の白い斑点にヒントを得て、糸を括ってから染めて織ったところ、白い斑点状の柄ができ、その後改良を重ねて木綿絣として有名になりました。手括りや織り締めによって防染した絣糸を天然藍で染め、手織りして作る伝統的な手法によるものは、国の重要無形文化財に指定されています。素朴な木綿の風合いと深い藍色、明快な絣模様が特徴。十字絣や亀甲絣、吉祥模様の絵絣などを白や薄藍で表現しているものを多く見かけます。現在ではさまざまな柄のものが織られ、趣味性の高いきものとして愛好されています。

備後絣

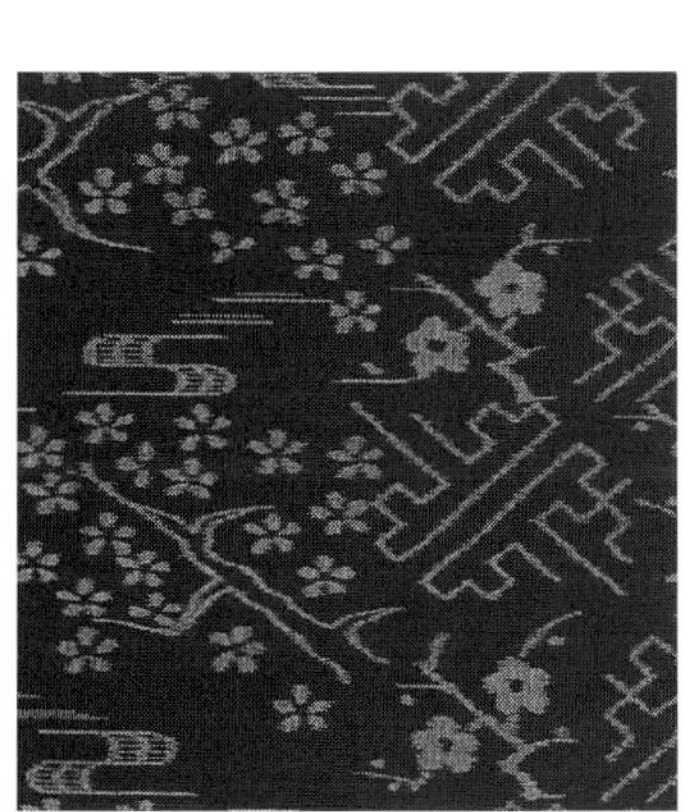
久留米絣

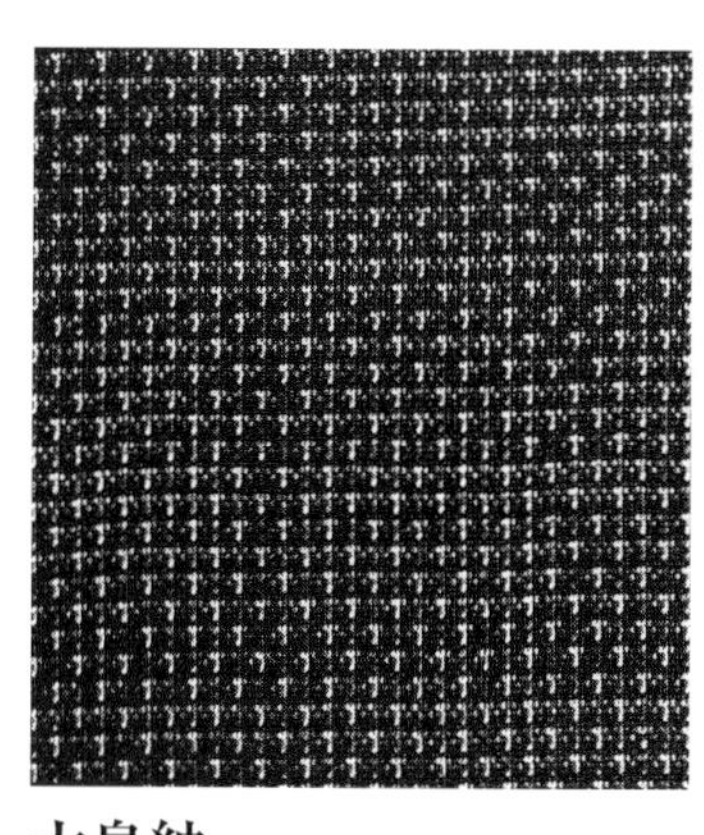
大島紬

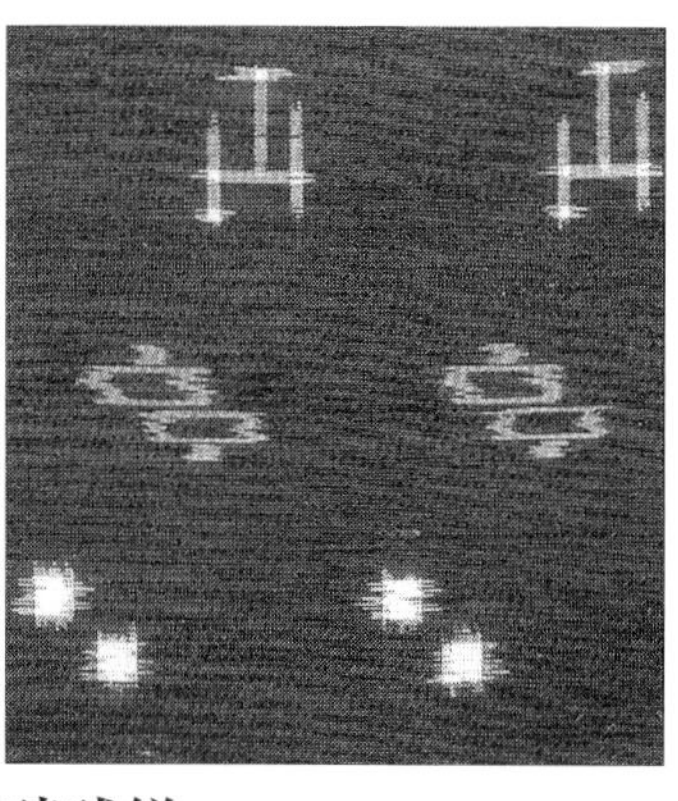
琉球絣

博多織【はかたおり】

福岡市の博多を中心に生産される織物の総称。代表的な織物である帯地を指すことが多く、特に、独鈷模様と、横畝の現れた堅い織り味が特徴である献上博多が有名です。献上のほかにも縞や紋織の帯、夏用には、地が紗の紗献上の帯も作られています。

大島紬【おおしまつむぎ】

鹿児島県奄美大島が発祥の絹織物。結城紬と並ぶ高級紬の代表。光沢のあるしなやかな地風が特徴です。

明治以降に鹿児島でも作られていましたが、第二次大戦中に島民が鹿児島に疎開するとさらに生産されるようになり、現在では奄美大島と鹿児島市が主産地。一部、宮崎県の都城でも生産されています。昔は、真綿から紡いだ紬糸で織られていましたが、現在では、生糸が用いられています。

大島紬は、島に自生する植物、テーチキ（車輪梅）を染料とし、泥で鉄媒染する糸染（一般に泥染といわれる）で知られ、独特の黒褐色の地色をもつ泥染の泥大島が有名です。ほかにも藍染の糸で織った藍大島、藍染と泥染併用の泥藍大島、多彩な色大島や白大島があります。また、薄地に織った夏大島もあります。

琉球絣【りゅうきゅうがすり】

かつては沖縄県の絣織物の総称でしたが、現在は主に沖縄本島の南風原地区を中心に織られている絣織物をさします。沖縄の織物のなかでは最も生産量が多いもの。今は絹織物が中心です。模様は生活道具や動物、自然などを図案化した沖縄独特の模様を織り出します。紬糸で織った袷用の着尺から、薄くシャリ感のある盛夏用の琉球上布まであります。通常「上布」といえば上質な麻織物をいいますが、琉球絣の上布は絹織物をさします。

首里織【しゅりおり】

沖縄が昔琉球王国であった時代の王府・首里で織られ、上流階級の衣料として発展してきた織物の総称。中国や東南アジアの影響を受け、洗練された意匠と多彩な技法をもつことに特徴があります。紋織や絣があり、首里花織、首里道屯織、首里花倉織などが代表的。きものや帯として作られているものは、絹糸で織られた花織がほとんどで、光沢や洗練された雰囲気が特徴です。

芭蕉布【ばしょうふ】

沖縄に産する糸芭蕉の繊維から採った糸で織った布。布地は軽く張りがあり、通気性がよいので、夏のきものに最適の織物です。沖縄のなかでいちばん古い織物とされ、かつては沖縄全土で生産されていましたが、近年は少なくなりました。わずかに沖縄本島の大宜味村の喜如嘉を中心に織り継がれており、「喜如嘉の芭蕉布」は国の重要無形文化財に指定されています。

約三年かけて成長した糸芭蕉の茎から繊維を取り出し、結びつなげて糸を績みますが、一反を織るのに二百本の糸芭蕉が必要。染料には藍色に染まる琉球藍や、茶褐色に染まる車輪梅という植物染料が用いられます。

首里道屯織

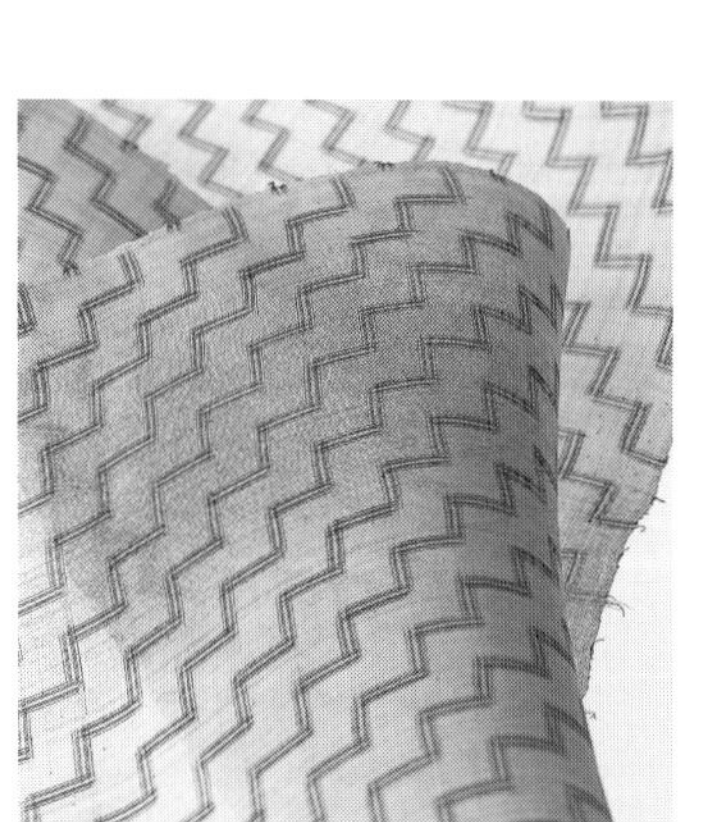
芭蕉布

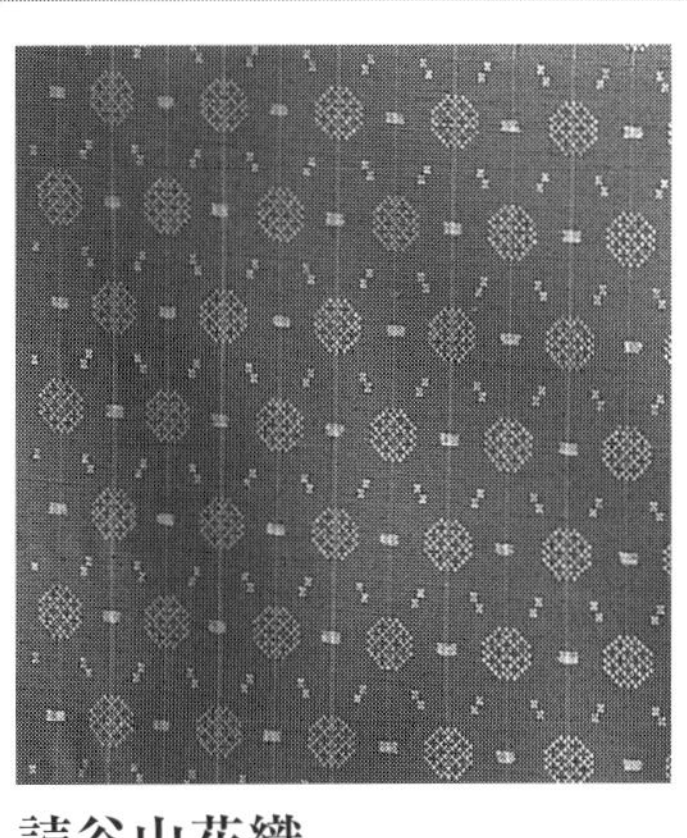

読谷山花織

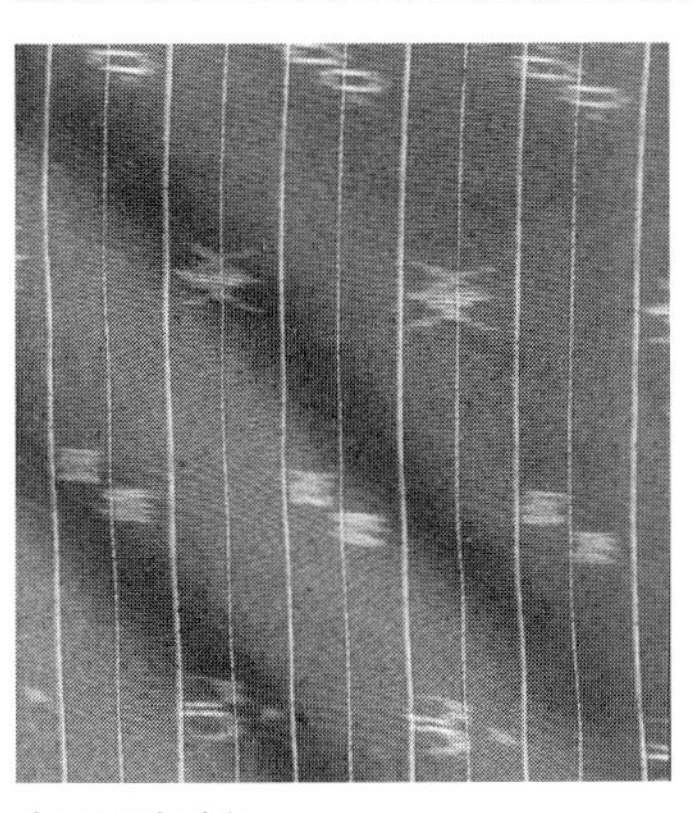

久米島紬

読谷山花織【よみたんざんはなおり】

沖縄本島にある読谷村で織られる花織の紬織物。首里花織に比べ、色や柄、技法にも南方色が強く見られます。紺や色地に白、赤、黄、緑、紫、藍などで、絣を併用し、花のような幾何学模様を浮き織にします。布の裏柄に糸が渡り、厚手なのも特徴です。

久米島紬【くめじまつむぎ】

沖縄県久米島で生産される紬。泥染による黒褐色や、沖縄特有の絣模様が有名。植物染料のみを使い、仕上げには木槌で布を叩き、光沢や風合いを出す砧打ちなど、今も古い技法を守っています。二〇〇四年に国の重要無形文化財に指定されました。

宮古上布【みやこじょうふ】

沖縄の宮古島で織られる麻織物。繊細な地風と精緻な絣柄などが特徴。苧麻の手績み糸を用い、植物染料で絣糸を染めて手織りし、仕上げに木槌で布を叩く砧打ちをします。このことでロウを引いたような独特の光沢感と軽く薄い地風が生まれます。国の重要無形文化財に指定されています。

八重山上布【やえやまじょうふ】

沖縄の琉球諸島の西部、八重山諸島の石垣島などで作られる麻織物の総称。海中に浸して色止めをする海晒しや、杵で布を叩いて光沢や風合いを出す杵叩きをして作ります。紅露という植物染料を用いて摺り込む、白地に赤褐色の茶絣上布で知られましたが、現在は藍染などの色上布も多くみられます。

ミンサー織【みんさーおり】

沖縄県の綿織物。ミンサーとは木綿の細帯のことをさします。畝のある厚手な地風と、市松状に配した四つ玉、五つ玉といわれる絣柄と縞の組み合わせが特徴。竹富島周辺で織られる八重山ミンサーが代表的。古くは、女性から意中の男性に贈られたといいます。現在では、男帯のほか、女物の半幅帯や袋なごや帯にも用いられます。

与那国織【よなぐにおり】

日本の最西端に位置する国境の島、与那国島で織られる織物の総称。数種類の織物がありますが、きものによく用いられるのは、格子縞の中に小さな花模様を表現した、絹の与那国花織。緯糸・経糸が組み合わさらずに浮く両面浮き織りで、表面は緯糸が、裏面は経糸が浮いています。程よい光沢感と整った趣で、本土の紋織物のような味わいがあります。

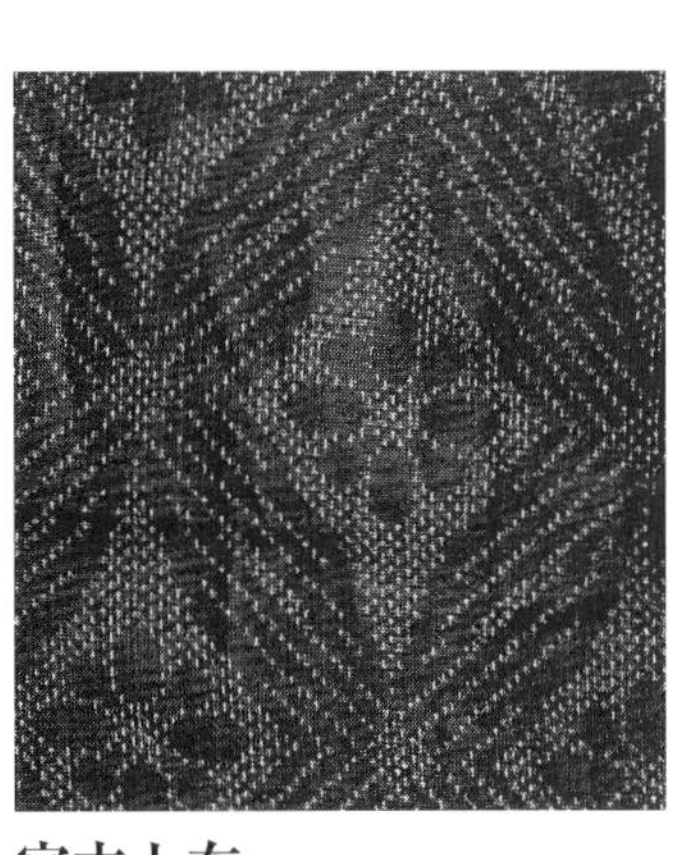

宮古上布

八重山上布

第六章

きものの歴史

古代から現代へのスタイル変遷を追って

高松塚古墳壁画西壁北側女子群像
飛鳥時代■国（文部科学省）所管

飛鳥·奈良時代、貴族たちは全ての範を中国に求め、服制も右前になるなど中国様式に倣って定められた。中国北方の要素を強く表したもので、細長い袖に深い襟合わせの長衣、男性は下に袴、女性はスカートのような裳をつけた。

身近な素材から衣服形態が分化

日本のきものは、世界でも特異な形態と装飾が見られる衣服だといえます。どうして、こんな独特な衣服様式が生まれたのでしょうか。またどのような歴史があるのでしょうか。

まず、世界の衣服の歴史をひもとけば、大きく北と南、西と東の別に考えることができます。寒い北は資源が乏しく、狩猟で得た獣皮や、放牧による羊の皮や毛を布やフェルトにして、それに首穴を開けて耐寒用の衣服を作りました。また、暑い南や少し緯度の高い温帯地方では、昼と夜や四季の温度差から身体を守るために、豊富にある植物繊維で織物を作って衣服を作りました。こうした織物は、西方で羊の毛糸を用いた毛織物を発達させ、東方で蚕の繭から得た絹糸で絹織物を発展させていきました。ただ、短繊維の毛糸を強い糸にするためには、高度な撚糸技術が必要であって、それが完成するまでに長い年月を要したのですが、反対に絹糸は長繊維で伸縮のよい素材だったために、毛や麻、木綿の繊維に先んじて高度な織物技術と織物機械を発達させたのです。

このように、環境に適った素材を用いて発達した各地の衣服は、寒い地では襟ぐりを詰めた形の盤領にし、袖丈を長く仕立てて、防寒や乗馬等の行動に便利な上下別々の服を完成させました。また暑い地方では、胸前で襟を打ち合わせる垂領にして、短袖を大きく開けて風通しのよい上下一体の衣服を作りました。とくに、東方の温帯地域に属し、南北に細長

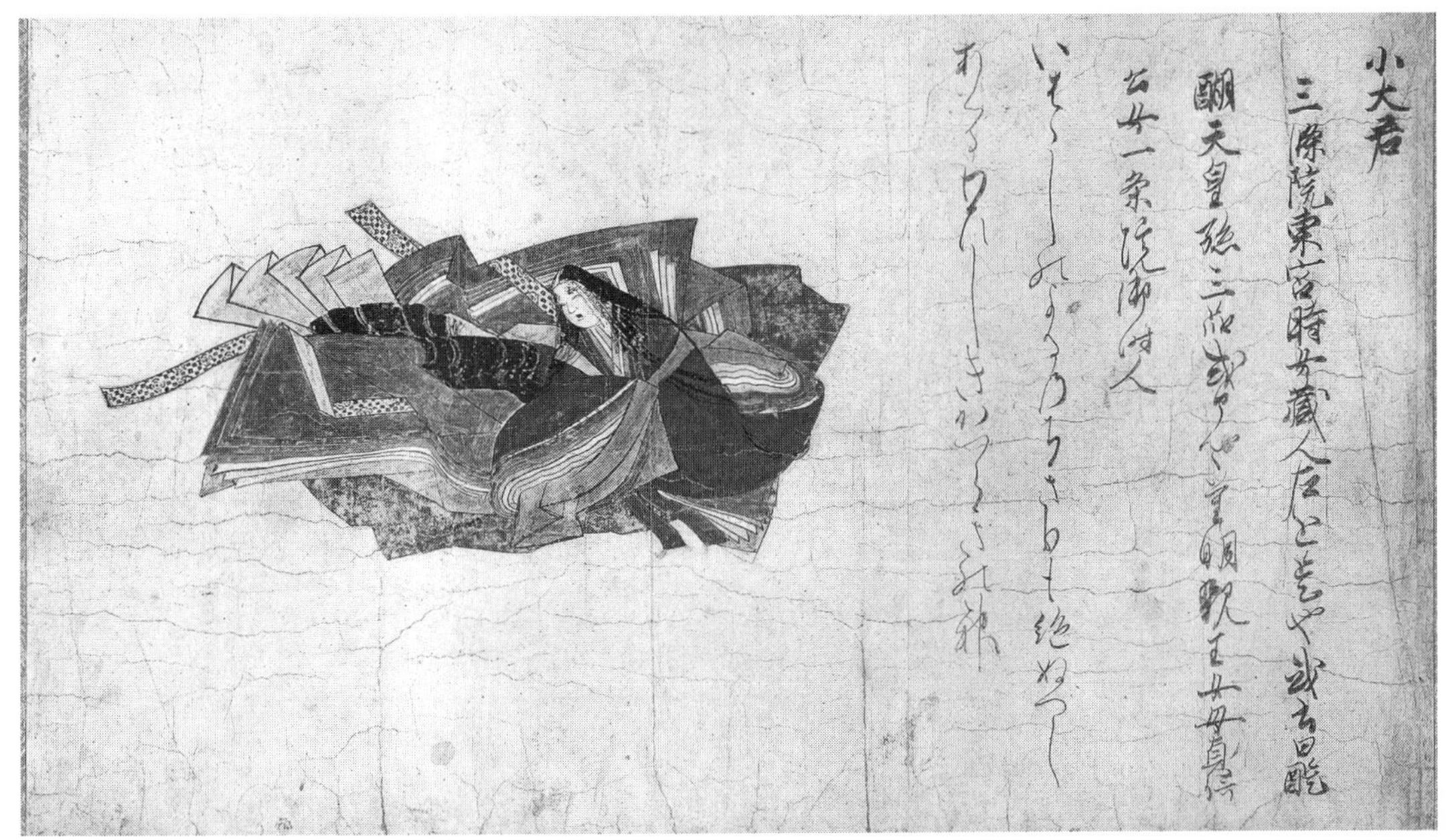

重要文化財
佐竹本三十六歌仙絵巻 断簡「小大君像」
鎌倉時代■大和文華館蔵

平安時代、宮中の女官たちは唐衣裳と呼ばれた服装が正装だった。上から錦織の唐衣と表着、そして地紋織の打衣に数枚の重ね着の袙(五衣)、単といった袖と形の大きい衣装を着重ね、その下に丈・裄ともに短い詰袖の対丈小袖を着込んだ。

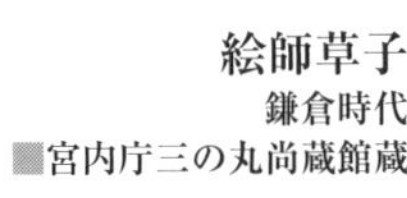

絵師草子
鎌倉時代
■宮内庁三の丸尚蔵館蔵

中世庶民や下級武士は、もっぱら麻製の衣服を用いた。布狩衣や直垂と呼ばれる簡易な形の衣服で、そこに摺り型染や版木による染め、また単純な絞り染や糊防染で模様をつけた。このような麻製衣服の形と染色技法や模様が、後の武士の衣服に引き継がれていった。

い島国の日本は、弥生時代以降は、四季という顕著な季節の特徴を持つ畿内を中心に、東方かつ南方系の衣服文化を形成していきます。

呉の国の衣服がきものの原型に

日本のきものは呉服とも呼ばれています。それは三世紀中頃に中国の揚子江南部にあった、胸元で襟合わせをする呉の国の衣服が日本に伝えられ、この垂領式の呉服を日本の衣服の起源とするからです。しかし、古墳時代、垂領式の衣服は、まだ右前と左前の双方の襟合わせが行われていて、それが右前（自分の右襟を先に合わせて左襟を重ねる、現在のような形）になったのは奈良時代のことだといわれます。また、それ以前の飛鳥時代から、儀式や官吏の服制が、文化の進んだ中国・隋の服制に倣って行われだしました。その形式とは、北の民族様式を主体としながら南の様式を混成したもので、下衣に南の垂領式衣服を着込んで、その上に北の威厳を示した大きな盤領式の長袖外衣と袴を着重ねたものです。ただ、袖口は閉じずに広く大きくして、南の権威の表現をも外衣に取りいれていました。また女性は、南の伝統的な垂領衣を誇張した大型衣服を、何枚も着重ねて威厳の象徴としました。このように、中国の南と北の衣服の折衷様式が、古代日本の衣服の基本形となっていました。

以来、日本では、この北と南の折衷様式の服装が続いて着用され、それが儀礼化と誇大化をして、平安時代の公家貴族が用いた、いわゆる有職装束が完成されていきました。男性の袍や直衣、狩衣、また女性の十二単と呼ばれる唐衣裳や小袿などの絹織物の紋織衣装がそうです。しかし、貴族以外の一般人は麻製の水干や下衣である小袖姿といった簡素な衣服で日常生活をしていましたし、また、貴族も公用時以外は、外衣を脱いで楽な小袖姿で過ごすことが多く、次第に儀礼用の格式張った衣服の着方が簡素化していきます。とくに、平安時代の貴族女性は、多くの枚数の衣装を着重ねて襲着をし

重要文化財
刺繍桐桜土筆文肩裾小袖
桃山時代■宇良神社蔵
武家の男女が用いて表着化した小袖は、次第に表着としての模様染が施されるようになる。しかし、上に胴服や打掛を着けたため、小袖には打掛などを羽織った時に覗いて見える肩部や前裾に重きを置いて模様が施されていた。それを肩裾小袖と呼んだ。

ていましたが、それが時代とともに簡略化されていくことになります。

武家社会で簡略化していく褻着

武家が中心となった鎌倉時代以降、武士達はそれまでの公家の格式張った形式的な盤領衣装から、垂領の直垂、素襖と呼ばれる行動的な衣服を公的なものとして昇格させました。また武家女性も留袖（袖口を小さく綴じたもの）で詰袖（袖丈を詰めたもの）の小袖を数枚重ね着て、その上に打掛の外衣を羽織って略式の礼装とするようになります。しかし、またもや男女共に、ふだんは外衣を着けずにいることが多くなり、次第に下衣であった小袖のみが表面に現れ、そこに外衣としての装飾が施されるようにもなりました。

最下衣だった小袖は、紋織や繍の施された外衣と違って平織や綾織の無地織物だったために、この小袖の装飾に絞り染や摺り絵、描き絵の模様染が施され、模様小袖が完成していきます。そんな武家の模様小袖の原形に、当時の庶民の生活着としての麻の模様染衣服があったり、また彼らが神事や芸能などの奉仕に用いた晴着の模様染衣装の存在があったのはいうまでもないでしょう。それらに特別な装飾加工が加えられ、しだいに派手な小袖が成立していくのです。室町後期の下剋上の時代では、武士も武芸という神業を担う一員を自負し、「婆娑羅」等と称して吉祥模様を施した華やかな晴着の胴服や小袖を、競って身に着けるようになります。さらにまた、その胴服や打掛を略する風潮が強くなり、男女ともに模様小袖姿が当たり前のものとして台頭していきます。

小袖が一般的な衣服として定着

こうして下衣だった小袖が桃山時代頃に急浮上して、あらゆる階級を通じて外衣化したため、初期の小袖はまだ旧態の寸胴形で胴回りが広く、裾が短くて、袖丈と袖幅も極めて短

右 重要文化財
浅井長政夫人像
桃山時代■高野山持明院蔵

近世初頭、身分の高い武家女性は、それまでの大仰な公家衣装を踏襲せず、下着であった小袖を表着化させて重ね着をし、行動的な服制を形作っていった。その上に、小袖と同形の豪華な打掛を着重ねて儀礼衣装に用いたのである。

左
寛文美人図
江戸時代前期■遠山記念館蔵

江戸時代では、武家も庶民も小袖のみを常用するようになり、そのために小袖全面に模様が付けられるようになった。太平の世を謳歌して大胆な大柄がはやり、また「後ろ映え」と称される美意識が発達して、後身を主とした派手な衣装様式が完成していく。それにつれて、袖や裾も長くなっていった。

い形のままのものでした。模様も、打掛の下から覗く首回りと肩や前裾部分に重きを置いた、肩裾模様と呼ばれるものでした。また、外出時はこの小袖の上に同じ形態の単衣を外衣の代わりに被衣と称して頭上に担ぐのが当時の姿でした。

桃山時代の奔放な気風が残っていた江戸時代初期は、身分の上下や職種の差を見るものの、まだ衣服の制に厳しい統制はなく、社会情勢に適応した各々のきものが発展した時代でもありました。環境や用途の違いによって、きものの形や模様付け、そして加工法が現れて、それが階級別に多様なきものの種類を生むこととなっていきます。

十七世紀後半頃に、幕府の体制が堅固なものとなるに従って、衣服の制も身分や職種に見合った厳格な体制が確立していきます。武家男子は熨斗目小袖に肩衣と袴の裃姿が一般的な礼装に、また平常は質素倹約の旨から、無地や縞織の長着(きもの)に羽織を着けて社交の衣服としました。武家女性は染め模様の小袖に織りや刺繍の打掛姿を礼装とし、一般人は模様のない木綿の縞柄などを用いるという風でした。ただ、遊里は芸道と神仏奉仕の模様小袖が発生した原処でもあり、武家女性の礼装と同様に華やかな衣装が着用されていました。年中行事や祭礼、社交の場もそれに見合った晴衣装が着用され、そうした武家婦女の奉仕服（城中などでの衣服）や儀礼の社交服がひいては一般人の儀礼服、社交服の模範として存在するようにもなります。今に伝わるきものの模様の多くが年中行事に関わる季節模様や、それを寿ぐ吉祥模様を題材にしていることの源泉が、こうしたところにあるのです。

江戸時代に一大発展を遂げた小袖と装飾技法

平穏な太平の世に生活を楽しみ、また儀式や儀礼が広く民間になじむにつれて、晴着である社交儀礼の模様小袖が、しだいに常の衣装と混同されて流通していきます。また、一方に公式としての儀礼服の模様小袖がさらなる分化をして、格

賀茂競馬模様友禅染小袖
江戸時代中期■京都国立博物館蔵

江戸中期に絵模様の友禅染技法が完成し、それが広く小袖模様として利用された。しかし、またもや小袖の袖や裾が誇張されだし、こまやかな模様染めが施されて多彩な表情をみせる。帯も太いものとなり、それに伴って小袖の模様も帯を境に上下に分れて表された。

紫色絽地松草花流水風景模様染縫小袖
江戸時代後期■国立歴史民俗博物館蔵

長い徳川の治世で、大奥など特別な女性世界で独特な様式の小袖模様が作られていった。公家風の折枝模様や有職模様を表したもの、また武家の式楽・能を主題とした文様小袖が多く作られ、それらは茶屋辻などと呼ばれ、後世には江戸解や御所解と称された。

式を高め、荘厳化するために重厚な襲着が再び踏襲されだします。対丈の下衣に襲ねの表衣と外衣の打掛を羽織って、裾を引き摺る様式が定着し、帯も威厳を表して次第に幅の広い丸帯が流行して重厚なものとなります。

きものの加工技法も、江戸時代初期は絞り染と刺繍が主でしたが、江戸前期は海外貿易による更紗染などの影響をうけ、正平染や友禅染のような多彩な描き絵染が生まれます。友禅染は、宮崎友禅斎が描いた扇絵が流行して衣装模様に取り上げられたことに由来し、やがては模様染の全てを一つにまとめる名称となります。他に、鹿の子絞りや刺繍、型染や小紋染、摺り染、摺り箔の模様染加工が、より高い装飾性を持って発達していきます。織物も、唐織に繻珍錦や金欄織、捩り織の各種技法が艶やかに行われ、今日あるきものの加工技法の全てが展開されていったといっても過言ではないでしょう。こうして、江戸時代の衣服は小袖という典型的な形式に統一され、なおも多様な装飾様式を生んでいったのです。

ところで、近世では綿入のものを小袖、そうでない袷と単衣とに縫製の仕様からはっきり呼び分けますが、ここでは仕様にかかわらず小袖形態そのものを総称する用語として「小袖」を用いていることを理解して下さい。

維新から現代へ、生活様式の変化とともに

維新を迎えた近代では、四民平等の建て前から誰もが自由な衣服を着られるようになりました。庶民は上位だった武家の衣服様式を競って取り入れ、格式ある婚礼衣装や儀礼服を手始めに、年中行事や社交の様式を生活の中に定着させ、吉祥文様の晴着が庶民を対象に多量に生産されることとなります。さらに、大正の経済発展期を迎えて、国民の間に社交や娯楽が盛んとなって派手な衣服が好まれ、礼装用だった模様染が一般外出の晴着として日常茶飯事のものとなっていきます。それと共に裾を引き摺っていた儀礼服や社交服も、行動

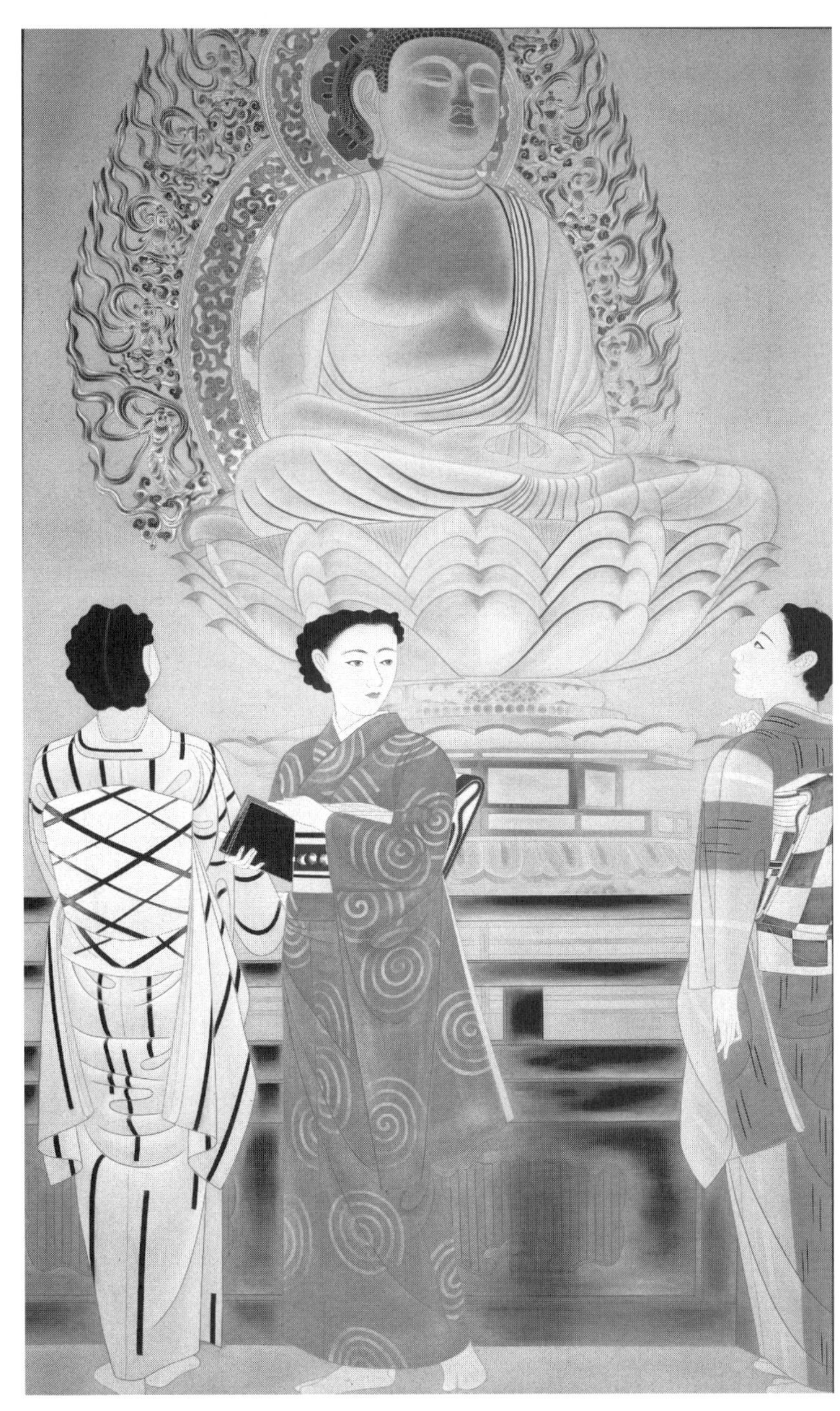

「浄心」橋本明治筆
昭和12年　京都市美術館蔵

近代では、綿入の小袖がほとんど着られなくなって、小袖という用語が使われなくなった。長着や呉服、きものと呼ばれるようになり、また形の上でも、西洋の影響を受けてより行動的な変化を見せ、舶載の図柄などを表して艶やかなきもののの流行が生まれていった。

に便利な抱え帯の様式が定着して、「おはしょり」をして着るのが通例となります。とくに、関東の遊里で用いられていた奴褄と呼ばれた模様付けのきものが社交界で色留袖としてはやり、それが西へ移ってヨーロッパ美術のアールヌーボーの流行柄などを描いてはやり、それが関西の裾模様や西洋の黒色尊重と相俟って黒留袖が成立していきました。

一方、縞模様や絣の小文様が主だった紬や絣の平織物も、近代意匠の進展につれて大柄の模様が作られるようになります。大正の震災後は、欧米のアールデコ意匠の流行がモダンな銘仙絣模様を誕生させて、お洒落な織り着尺が作られ、同時に夏の新柄流行を機に、襦袢など下着に用いられていた模様型染が、外衣に転用されて染め着尺が生まれました。帯も丸帯から袋帯、織物から染め帯へと自在なものとなり、着装の簡易なごや帯も生まれました。一般女性の略式の礼装用外衣として羽織が常用されるようになり、今日のきものの形がほぼこの頃に整ったといえます。ただ、格式ある婚礼衣装のみが旧態を伝えて引き摺りと打掛姿を守っています。

戦後、一時は戦前の様子を引き継いでいましたが、次第に洋装が国民の衣服として浸透し、きものは特別なお洒落用と社交や儀礼用とする傾向が強くなり、着付けや模様もそうしたものが中心となっていきました。年を経るに従って、染め、織りとも着尺が減少し、付下げ着尺が生まれて、絵羽付けきものが多くなって現代に至るのです。

さらに自由な発想で楽しむきものへ

近代以降のきものは江戸時代の武家衣装を手本として発展してきたため、織物の打掛、染め模様のきものと、織り帯および刺繍帯が儀礼用として認められ、平織のきものは高価であってもお洒落用にしか利用出来ないといわれてきました。しかし、近年はそんなことにとらわれず、日本国民の歴史ある自慢の民族衣装を、いつでもどこでも誇らしげに着られる衣装として、新しく変わりつつあるといえるでしょう。

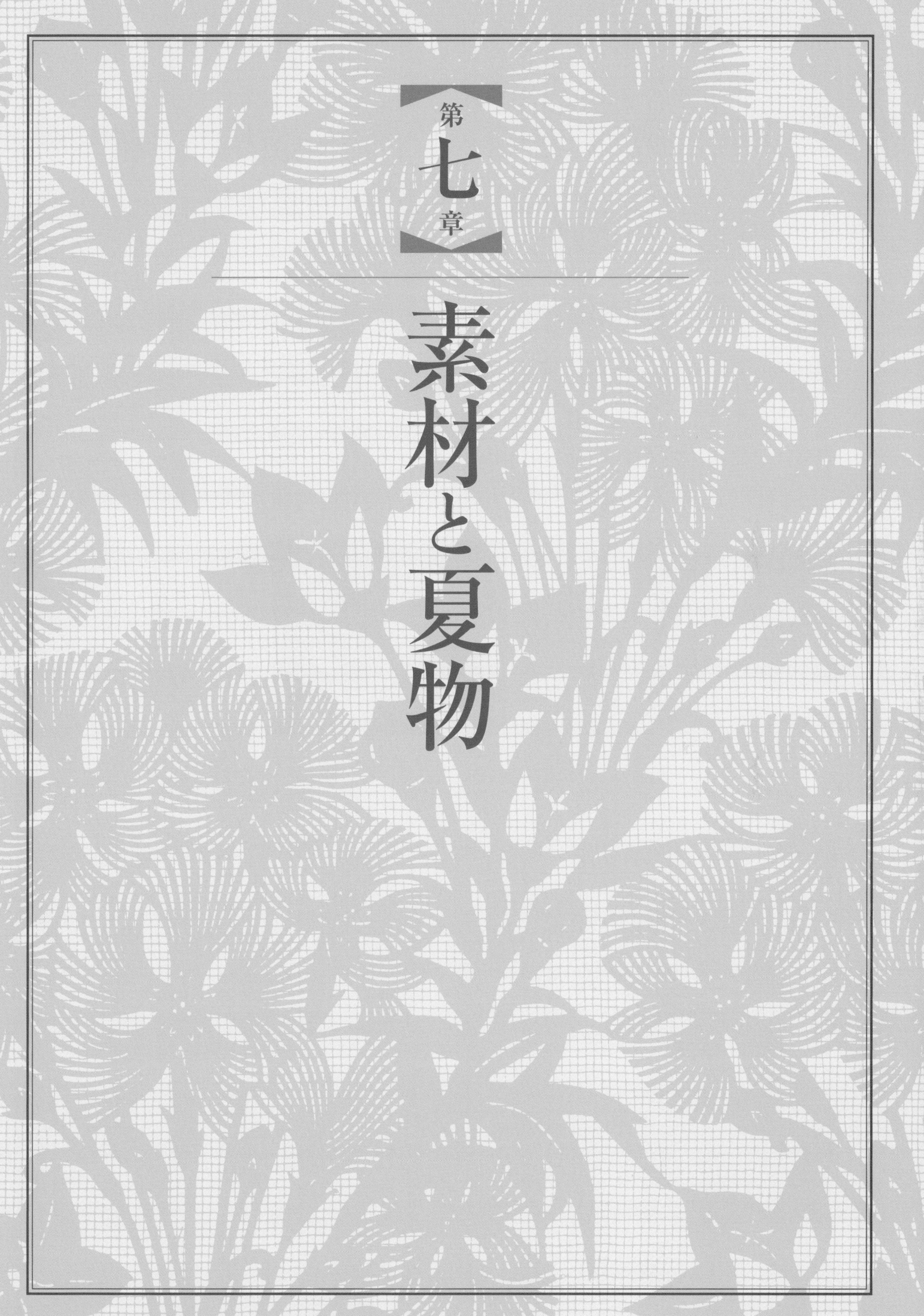

第七章

素材と夏物

きものの素材

きものに使われる素材としては、絹が代表的ですが、木綿、麻、ウールなど、さまざまな天然繊維が使われてきました。現在では化学繊維も使われています。素材それぞれの特徴や生地について知っておきましょう。

絹（きぬ）

きものに使われる代表的な素材は絹です。絹は、美しい光沢、軽く柔らかく滑らかな風合いを持つと同時に、吸湿と放湿、保温性に優れているなど、衣服の素材とするのに優れた性質をたくさんもっています。染料にも染まりやすいので、美しい染織品を作るのにも適しています。

絹が暖かいのは、絹の繊維そのものが熱を伝えにくいうえに、繊維の隙間に空気がたくさん含まれているので、肌に触れると温かみを感じ、薄くても保温性に優れるのです。

欠点としては、水に弱く濡れると縮んだりすること、摩擦に弱く毛羽立ちやすいこと、日光に当たったり時間の経過で色が変わりやすいこと、手入れに手間がかかることなどがあります。

きものを作る絹糸は、蚕の繭から作られます。蚕は桑の葉を食べて繭になり、その繭を煮て取り出したのが絹糸です。絹糸には、製糸方法により、主に生糸と紬糸とに分けられます。

人間と蚕とのかかわりは非常に長い歴史があります。絹の利用は今から五千年前の中国で始まったといいます。日本では弥生時代の遺跡から出土した絹織物がもっとも古いといわれています。大化の改新の頃には、高い技術をもった大陸からの渡来人が養蚕や製糸、機織の技術を伝え、平安時代には全国に広まったといいます。

桑の葉と蚕。蚕は数ミリの小さなときから桑の葉を食べて育ちます。写真は繭を作る直前の蚕。

蚕の繭。蚕は成長すると口から糸を吐き、自分の体を包み込む繭を作ります。

麻（あさ）

麻は通気性、吸湿性、即乾性に優れた素材です。生地には独特の張りがあり、サラリとした肌触りがあります。風通しがよいので汗をかきにくく、汗をかいてもすぐ吸い取って乾きます。また、水に強く、多くのものは家庭で洗濯できるのも利点です。張りがある反面、シワになりやすいのが欠点ですが、このように、夏のきものとするのに最適な特徴を数多くもっています。細い糸で織った上等な麻織物を上布とよびます。

江戸時代に木綿が一般的になるまで、麻は季節を問わず庶民が着ていた素材でした。

代表的な麻織物のひとつ、小千谷縮のきものに麻の染め帯の夏姿。

木綿

紺地に白い絣模様が映えるおしゃれな久留米絣。気軽な街着として楽しめます。

木綿は、肌触りが柔らかく、吸湿性に富み、水に強く、さらに洗濯に耐える丈夫さを備えた実用性に富む繊維です。染料にも染まりやすく、さまざまな色に染められます。

欠点としては、しわになりやすいこと、縮みやすいことなどがあり、きものにした場合、絹に比べると若干すべりが悪いことがあげられます。

木綿は室町時代に伝わり、日本の風土に適していたため全国に広まり、江戸時代中期頃には庶民の素材として普及しました。

ウール

家庭着はもちろん、着慣れない人の練習用や、買い物などの軽い外出に。

羊の毛から作られた繊維がウールです。ウールの長所は高い保温性です。また適度な吸湿性があり、型崩れしにくいのも特徴です。家庭で洗濯ができて手入れが楽なこと、安価なことから普及しました。

欠点としては虫の害にあいやすいことがあげられます。保管の際には防虫剤を入れるとよいでしょう。

ウールには夏用に作られた薄手のポーラのような、シルクを混ぜたシルクウールもあります。モスリン（メリンス）もウールを使った生地です。

化学繊維

ポリエステルの小紋。自宅で洗濯ができるので、汚れを気にせず着られます。

天然素材から作られる繊維に対して、化学的に合成して作る人造の繊維を化学繊維（化繊）とよんでいます。化繊は家庭で洗濯ができるなど手入れが楽で、価格が安価です。化繊の代表的なものにはナイロン、レーヨン、ポリエステルなどがあります。絹に比べて水や摩擦に強いのが利点である反面、吸湿性が小さく、静電気が起きやすいのが欠点です。絹に比べると、風合いも劣ります。

技術の発達で、欠点を克服したハイテク繊維も登場して定着しています。

染めのきものの生地

縮緬（ちりめん）

シルクの染めのきものの代表的な白生地は縮緬です。生地全体に細かい凹凸が平均してあり、この特有の凹凸を「シボ」といいます。

縮緬にはさまざまな種類があります。大別すると、模様のない無地縮緬と、生地に模様を織り出した紋縮緬があります。いずれも経糸に生糸を、緯糸に強い撚りをかけた生糸（強撚糸）を使って織ります。

無地縮緬の代表格であるのがシボの小さい一越縮緬。現在では、縮みにくいように改良されたシボの小さい三越縮緬が、幅広く使われています。これよりシボが大きい古代縮緬や、鬼シボ縮緬などもあります。

文様を織り出したのが紋縮緬です。代表的なのは紋意匠縮緬。振袖や訪問着、小紋などによく使われています。つややかな光沢のある紋綸子縮緬は、きものに使われるほか、軽めのものは長襦袢にも用いられます。

また、別の糸を使って文様を織り込んだ縫取り縮緬もあります。

縮緬の産地は京都府の丹後縮緬と、滋賀県の浜（長浜）縮緬が有名です。

羽二重（はぶたえ）

羽二重は撚らない生糸を使うため、きめが細かく光沢があり、滑らかで肌触りのよい生地なのが特徴です。現在は喪服や男性の式服に多く使われています。帯地や半衿によく使われる塩瀬羽二重も羽二重の一種です。北陸などの日本海側の地方で多く生産されています。

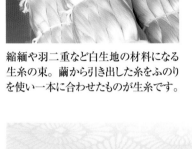

縮緬や羽二重など白生地の材料になる生糸の束。繭から引き出した糸をふのりを使い一本に合わせたものが生糸です。

紋綸子縮緬

美しい輝きがあり、高級感のある生地。つるりとした手触りがあります。

古代縮緬

大きなシボのある縮緬。きもののほか、染め帯や半衿に使われます。

三越縮緬

湿気で縮みにくいように改良された現在の三越縮緬。さまざまなきものに使用。

羽二重

きめが細かく滑らかな生地質で、上品な光沢があるのが特徴です。

縫取り縮緬

地とは別の糸で文様を織り込んだ縮緬。打掛や礼装で使われます。

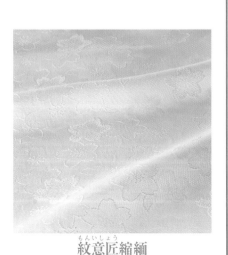

紋意匠縮緬

緯糸を二重にしてはっきりと地紋を織り出した生地。色無地のきものに多く使われます。

織りのきもの

紬

紬糸を使った先染めの織物が紬です。太さの不均一な紬糸を使った織物なので、ざっくりとした独特な味わいのある生地になるのが特徴です。素朴で温かみがあり、やや固めの風合いです。

繭を煮て柔らかく広げた真綿から、手で引き出して作られた紬糸を、手織り機で織ったものが紬です。本場結城紬では、今でも手作業で糸を引き出して紬糸を作り、昔ながらの地機で織られています。現在では手紡ぎで糸を作ることが非常に高価なため、一部に機械を用いて作られた紬糸を使った紬もあります。また、大島紬のように、紬糸を使っていないものでも紬とよばれているものもあります。

紬は、縞や格子柄のほか、糸を部分的に染め分けた絣の柄を組み合わせて、模様を織り出すものがあります。糸は、化学染料や、藍、紅花、刈安などの植物染料を使って染めています。

紬は全国各地で作られていて、それぞれにローカルな特色を持っています。有名なものに結城紬と大島紬がありますが、ほかにも山形の置賜紬、新潟の小千谷紬、塩沢紬、十日町絣、長野の信州紬、沖縄の久米島紬など、さまざまな紬があります。

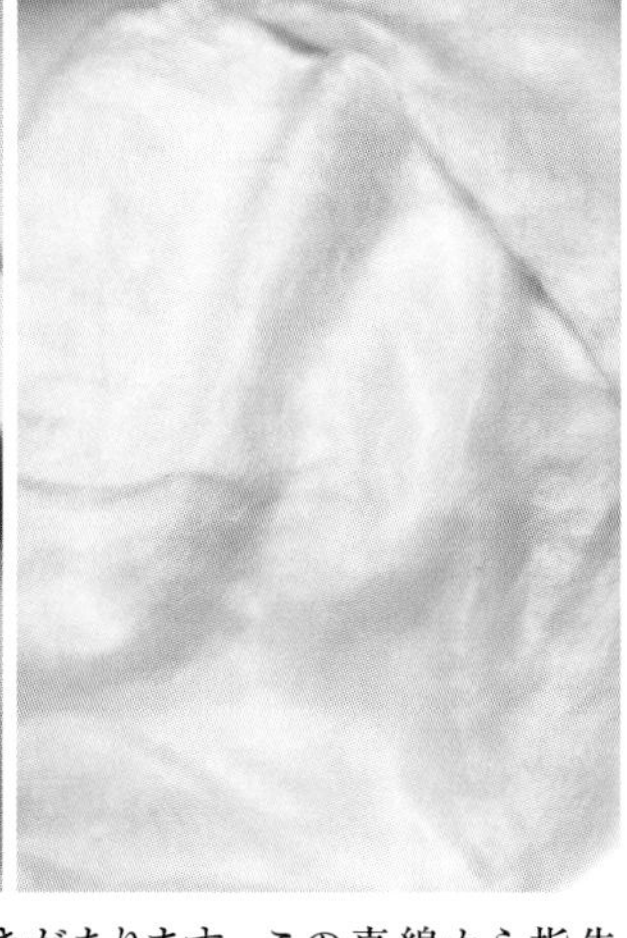

右が真綿。絹特有の光沢と輝きがあります。この真綿から指先で糸を引き出して紬糸を作ります。

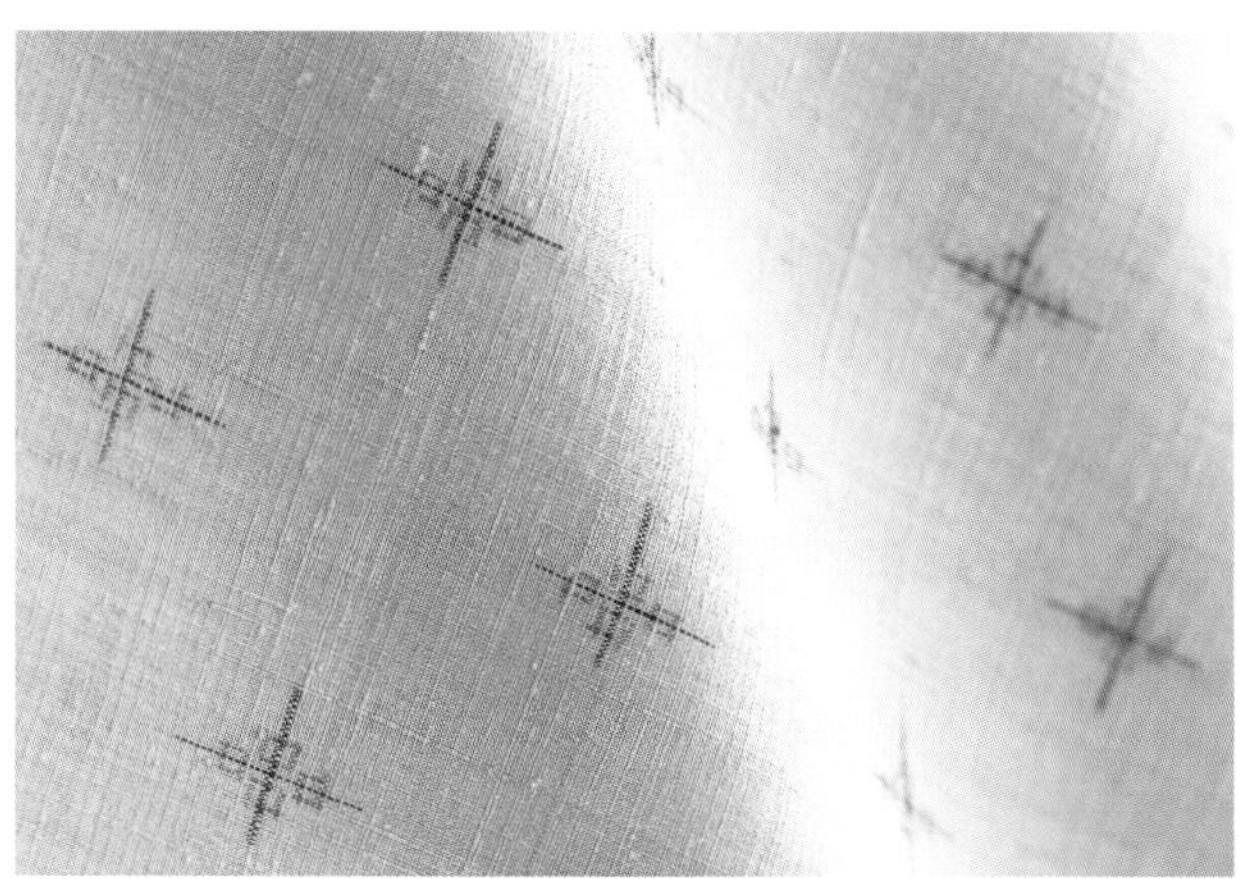

所々に太細の節をもった紬糸で織られた結城紬の表面。布面に表れる節が素朴で独特の表情を作ります。風合いもざっくりとした印象。

素朴な風合いと温かみのある地風は、気軽な外出などに着るおしゃれな街着にぴったりです。写真は優しい色合いがきれいな紅花紬。

繭を煮て柔らかくしてから手で広げ、中の蛹（さなぎ）を取り除いて整えて真綿を作ります。

御召

御召は「御召縮緬」の略で、縮緬の一種です。徳川十一代将軍の家斉が御召を好み、貴人のための衣類「御召料」が略されて御召と呼ばれるようになったといわれています。

普通の縮緬は白生地で、染め加工をする後染めの素材ですが、御召は、糸を染めてから織る先染めの織物です。生地の表面に細かい凹凸があり、これもシボとよびます。このシボを出すために、緯糸には強く撚りをかけた御召糸（強撚糸）使って織られます。張りがあり、シャキッとした風合いです。

御召にはたくさんの種類があります。縞を織り表した縞御召、模様を織り出した絣御召や紋御召、縫取り御召などがあり、柄や風合いもさまざまです。御召は大正時代から昭和の三十年代にかけて流行し、多様なものが作られました。

現在は、京都の西陣御召、新潟の本塩沢（塩沢御召）、山形の白鷹御召などが代表的です。

縞柄を織り出した、クラシカルな雰囲気の縞御召のきもの。

レトロな趣のさまざまな絣御召。

column コラム

きものを織る機について

織物は、動力による力織機、もしくは人間の手による手織り機によって作られます。

手織り機のなかでも原始的な形を伝えているのが地機で、居坐機ともいいます。織り手の腰に経糸を張り、座った状態で作業をするのが特徴です。非能率的なため、現在では伝統的な方法で作る結城紬、越後上布などに使われています。

地機から改良された手織り機が高機です。経糸は機に張られているので、織り手は腰を掛けたような形で作業ができます。紬や絣の手織り機には、現在では高機を用いることがほとんどです。

紋御召、紋縮緬、紋綸子などの紋織は、織機にジャカード装置を搭載して織ります。

帯や御召などを織る紋織の力織機。

現在、多く使われている手織り機「高機」。紬や木綿絣などを織るためによく使われています。

夏のきもの

生地の種類が豊富な夏のきもの。素材や着用時期などについて、迷う人も多いようですが、基本的な知識があれば、自由に対応できる楽しさもあります。ここでは夏のきものに使われるさまざまな素材と、夏のきものについての基礎知識を学びましょう。

6月と9月に着る紗合わせ

紗などの薄物を2枚重ねて仕立てたのが紗合わせ。下の生地の柄が透けて見えて涼感を誘います。現在は5月下旬〜6月と、9月に着ると考えるのが目安。

紫陽花は初夏に

単独で用いた紫陽花の柄は、初夏の季節感が強調されます。

朝顔は初夏から盛夏

盛夏の印象がある朝顔。主に初夏から盛夏に使います。

秋草は夏から初秋まで

盛夏から初秋を基本に、意匠化したものは夏中使えます。

きものには更衣の慣習があります。しかし、時代が変わり、きものの着用機会や所有枚数が減ったことで、今は以前よりもゆるやかに考えられるようになっています。

おおまかには六月と九月は透けないひとえ（単、単衣）、盛夏の七・八月は絽や紗など透ける薄物と麻を着ると考えます。あとは生地の透け具合、厚み、色柄を総合的に見て判断します。

模様にも夏の季節感が表せます。紫陽花や杜若などは初夏に着るほうが似合いますし、秋草のような秋の模様は、季節を先取りする意味から夏を通じて着用できます。

帯は、きものに比べて着用時期がゆるやかです。以前は紗は盛夏といわれましたが、現代では透け具合にもよりますが夏を通じて着用されます。最初は夏中着用できる素材を選び、順に季節感を楽しむ素材や模様に挑戦していくとよいでしょう。

現在は温暖化の影響もあり、さらに着用時期が広がる傾向にあり、ルールも緩やかになっています。地域の気候に合わせて、ある程度柔軟に対応してよいでしょう。ただし、季節感を重んじるお茶会などでは、昔ながらの更衣を守る場合もあります。まずはおおよその目安を知り、あとは気候や周囲のアドバイスなどを参考にしていくと、次第に夏のきものを楽しめるようになるでしょう。

夏のきものを着るときには、涼しげに見えるようなコーディネイトを心がけると素敵です。見る人に涼風を感じさせるような夏の装いができるようになると、夏にきものを着ることが楽しくなります。

夏のきものの素材

夏のきものにはさまざまな生地が使われます。透けないちりめんや紬は六月と九月に、生地に隙間のある絽や紗、透け感のある織物や麻などの薄物は盛夏に着ると考えます。そのなかでも、例えば紗紬でも透け感が少なければひとえの時期に、薄手のものや、絽目の入ったものは盛夏向きです。絽縮緬や竪絽はひとえに準じますが、現在は夏中着用される傾向も。生地の透け具合、厚み、色柄を総合的に見て着用時期を決めます。

最初の一枚には、フォーマルな着用が多いなら絽を、カジュアルに着ることが多いなら、手入れの楽な麻がおすすめです。

絽の訪問着

秋草を表した涼しげな絽の訪問着。準礼装になる装いです。

ひとえ向きの縮緬

訪問着や小紋には、ひとえ用の縦シボのあるしっかりした地風の縮緬が多い。

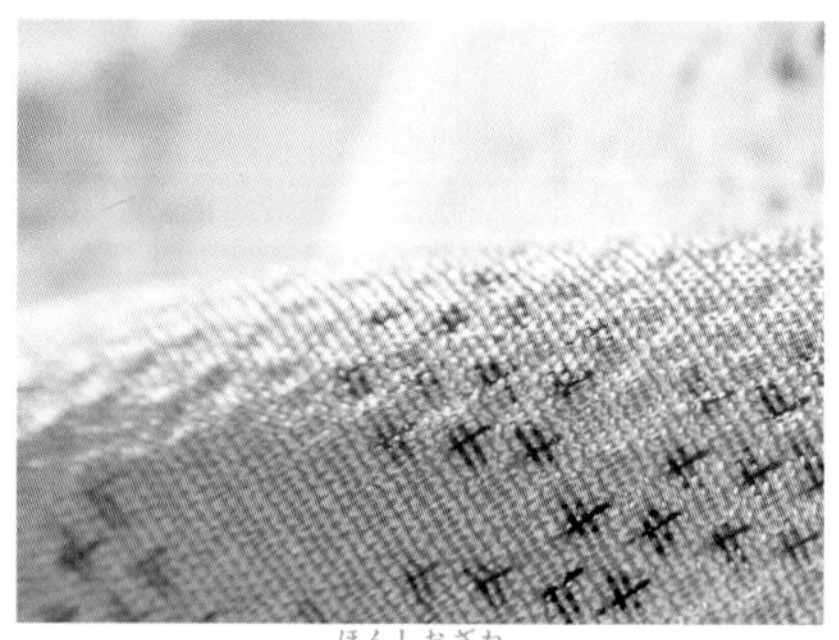

本塩沢

新潟・塩沢地方で作られる、細かいシボのある御召織物。サラリとしてひとえに最適。

麻のきもの（八重山上布）

沖縄の八重山諸島で織られた麻のきもの。薄手で張りがあり、肌に涼やかな感触。

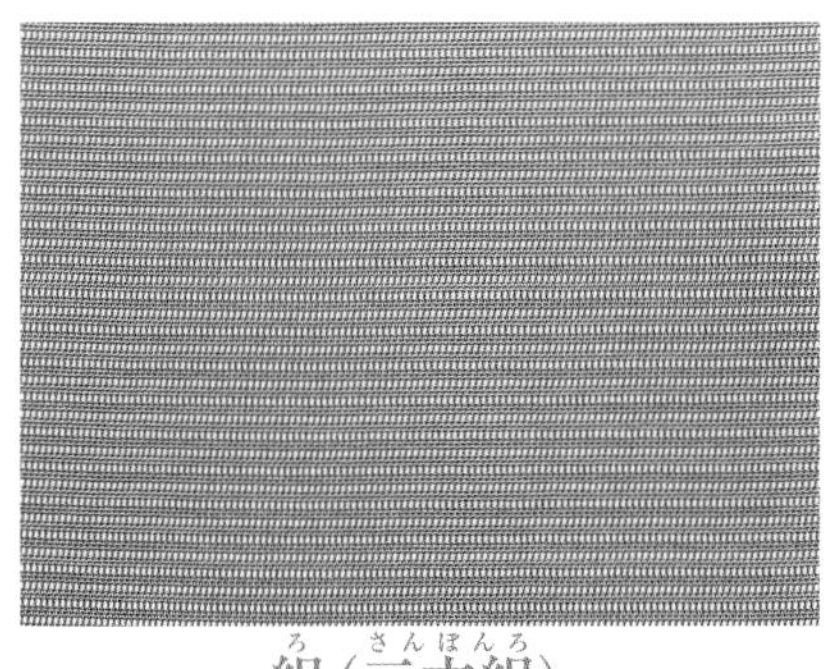

絽（三本絽）

横段に絽目という隙間を表した絽。夏の代表的な染め下地。これは一般的な三本絽。

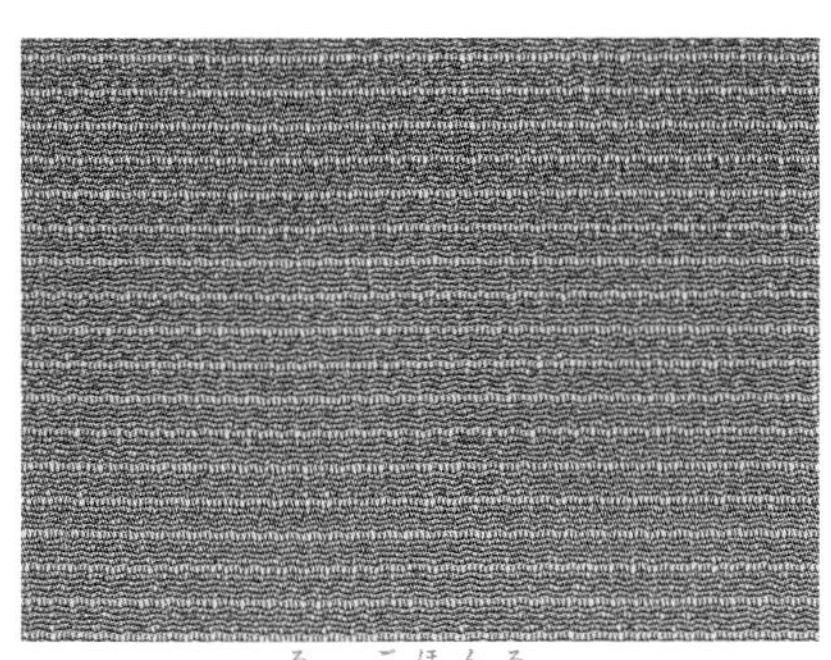

絽（五本絽）

絽目の間隔が広く透け感が少ない絽。

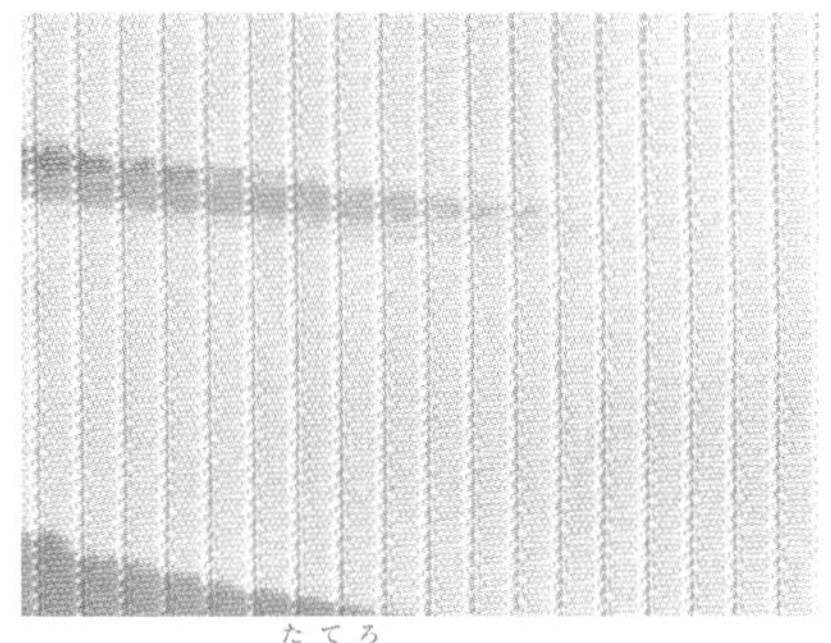

竪絽（経絽）

縦に絽目を通した生地。普通の絽より透け感が少ない。今は夏中の着用が多い。

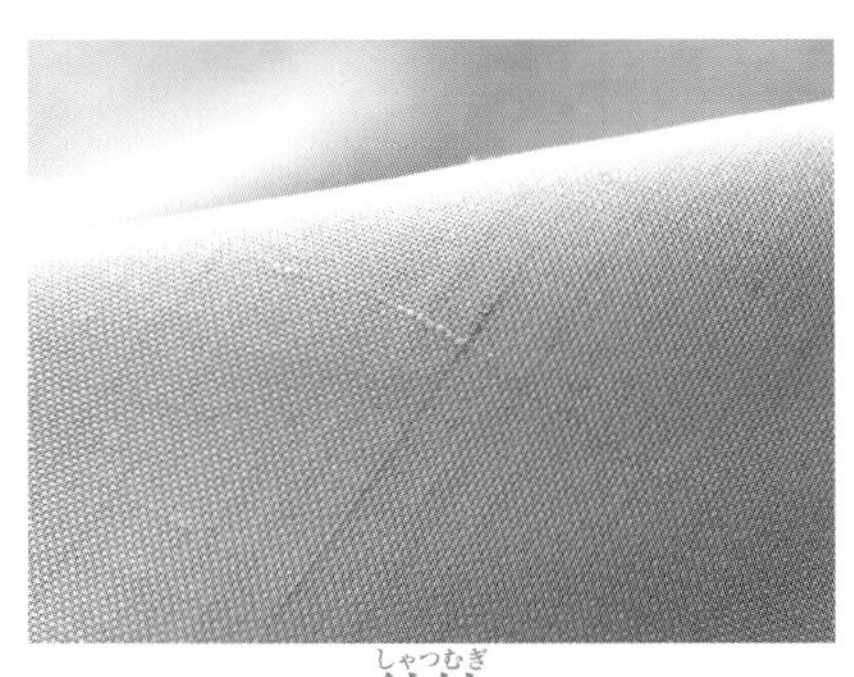

紗紬

節のある糸を使った透ける絹織物の総称が紗紬。さまざまな商品名で紹介されます。

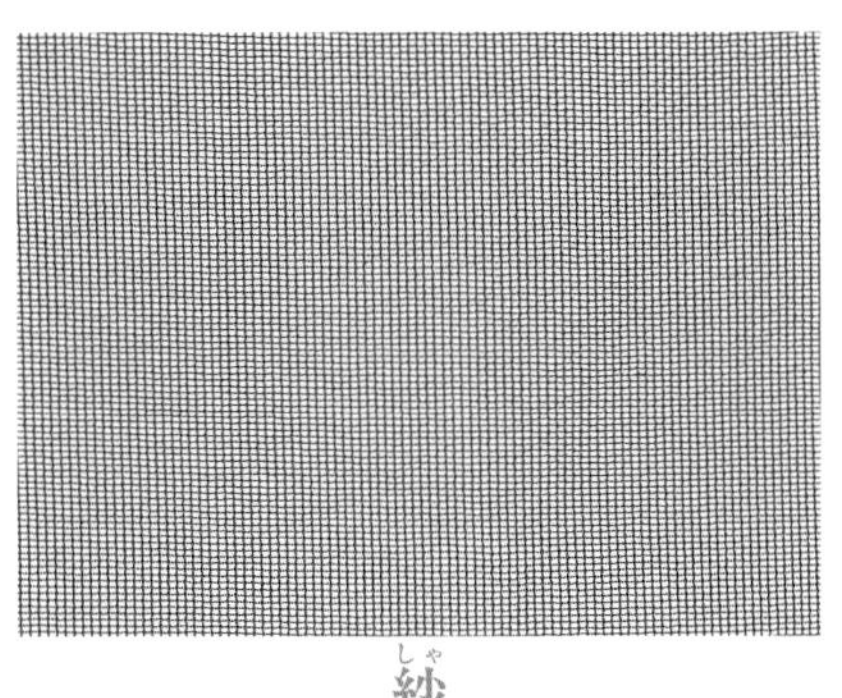

紗

隙間を織り出した生地。メッシュのような無地や地紋を表した紋紗も。訪問着や小紋に。

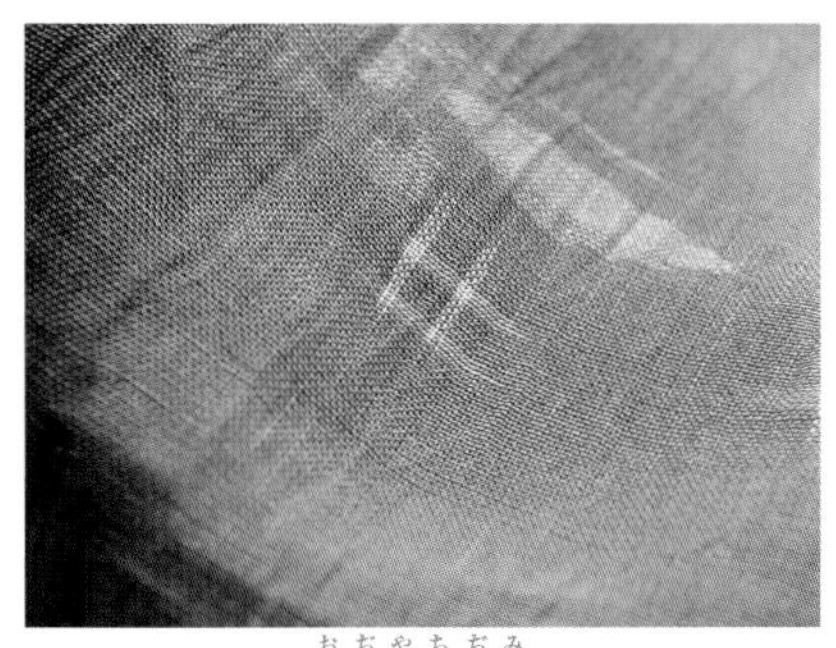

小千谷縮

新潟の小千谷地方で織られる麻織物。布面のシボが特徴で、ざっくりした肌触り。

夏の帯の素材

夏帯もきものと同様に素材が豊富です。夏ならではの帯の素材には、透け感のある羅や紗、麻などがあります。厚手に織られた生紬なら、ひとえの織物に向きますが、そのほかは盛夏の絹や麻織物などに合わせます。博多帯は通年使えますが、盛夏向きの紗献上の帯なら、より夏らしい装いになります。

夏帯も以前は素材別に細かく使い分けましたが、今は難しいことは言わず、透ける生地は初夏から使ってよいでしょう。初夏は早めに夏帯を使ってもよいし、初秋の九月中も暑い期間は、夏生地の帯でもかまいません。

夏帯と袷の帯は、おおまかに、絽袋帯・紗袋帯＝袋帯、絽塩瀬染めなごや帯＝塩瀬染めなごや帯、紗紬地の帯＝紬地の帯、と対応すると考えると、帯合わせが考えやすくなります。

きものと帯の両方とも主張が強いと暑苦しく見えますし、全体を白っぽくするとぼやけた印象になることも。涼やかさを大事に、引き算とわずかな足し算を考えると洗練された着こなしになります。

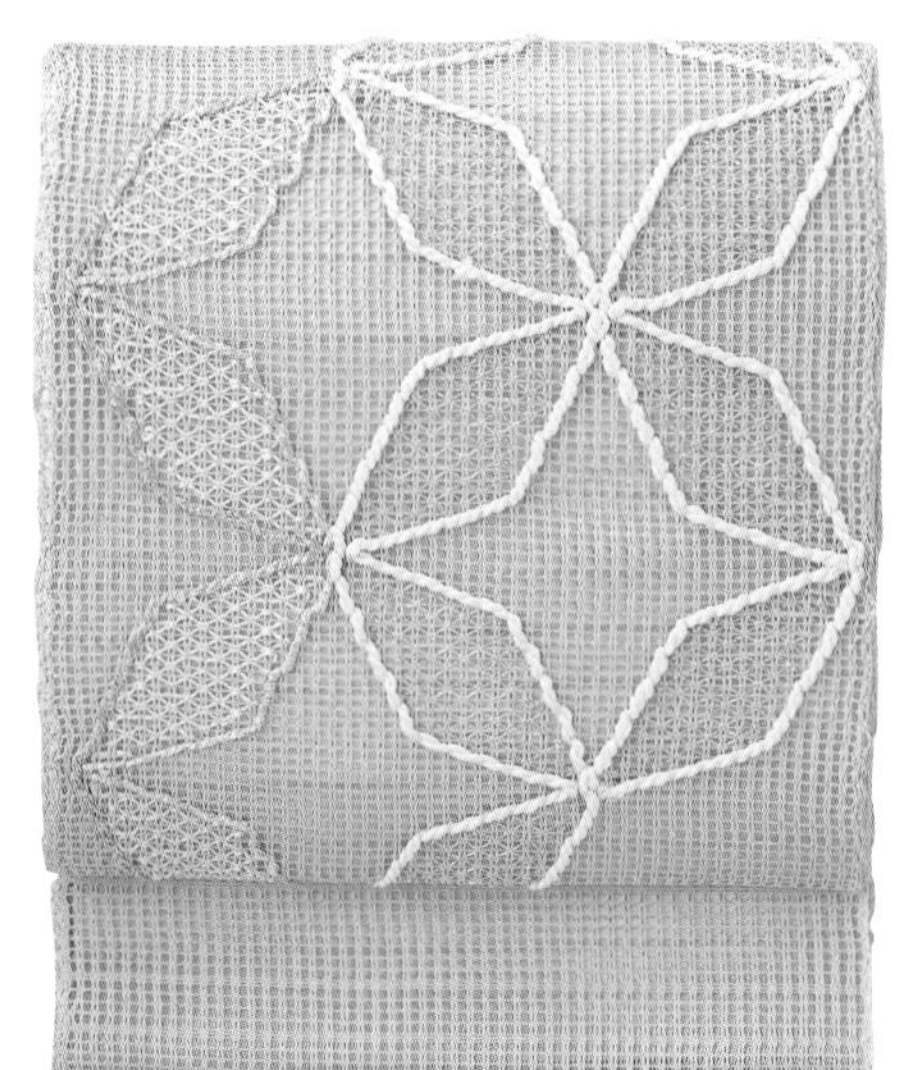

羅（織り）

透け感が強い、粗い織り目の帯。盛夏の織物や小紋などカジュアルな装いに。

絽（織り）

絽目を表した帯。絽目の間隔によって透け感が異なります。絽袋帯なら訪問着にも。

紗（織り）

隙間を織り出した紗の帯。夏中使用。透けの強いものは盛夏に。紗袋帯は小紋や訪問着に。

代表的な帯素材の拡大写真

絽（織り）

絽目を表した帯素材。袋帯によく使われます。

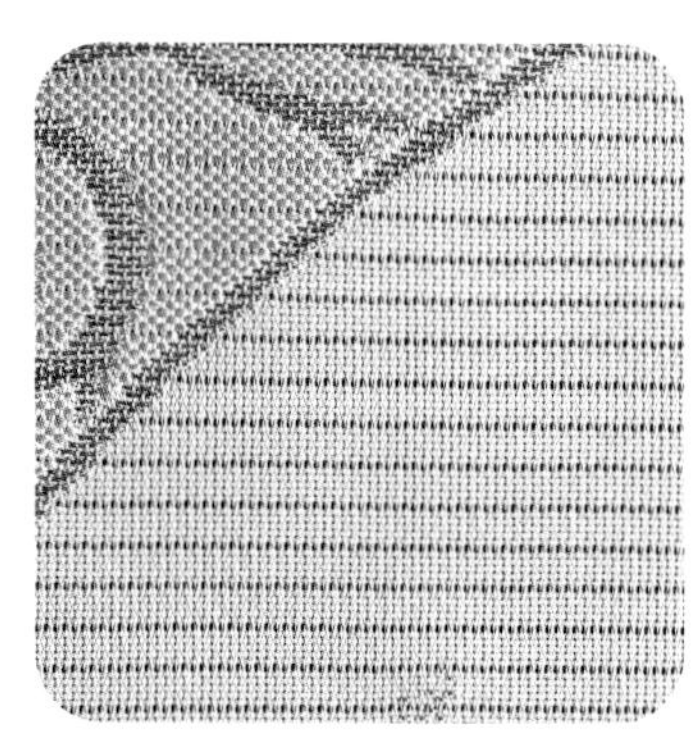

紗（織り）

隙間を織り出した帯素材。透け方は生地により違う。

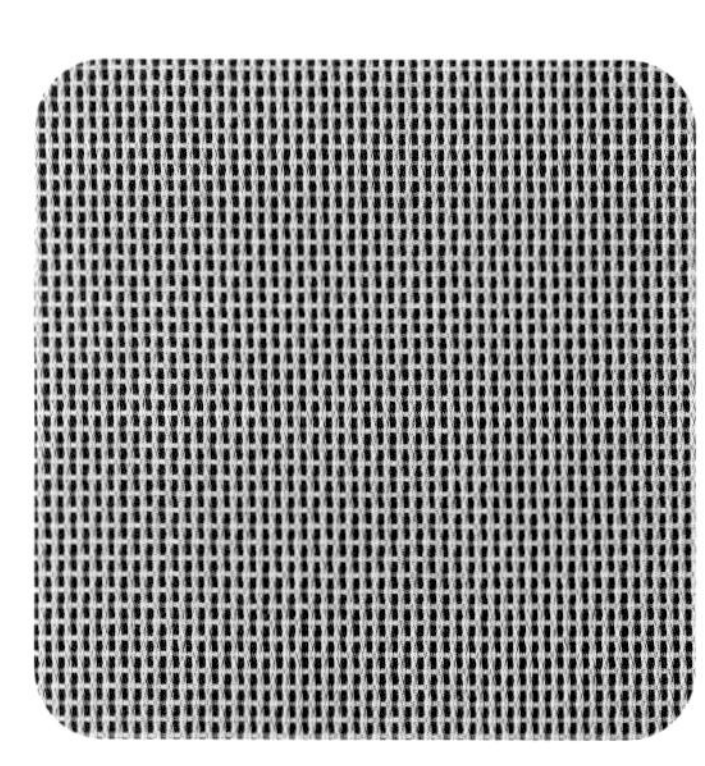

紗紬（染め）

透ける紬風の織りの生地。時期は透け方で判断。染めでも織りでも主に織りのきものに。

絽（染め）

塩瀬地に絽目を通した帯地。主になごや帯に使われます。しゃれ着、小紋、織物に。

麻（織り）

麻地の帯は、繊細なものからざっくりしたものまで地風はさまざま。主に麻のきものに。

絽つづれ（織り）

つづれ地に横段に絽目を通した帯。礼装向きからしゃれ着向きまであります。夏中使用。

紗献上（織り）

夏用に織られた透け感のある博多帯。ゆかた、織物、小紋に合わせる帯です。夏中使用。

絽塩瀬（染め）

塩瀬地に絽目を通した帯地。ドレッシイな雰囲気のある生地です。

紗献上

夏向きに地を紗織りにした博多帯。普通の博多帯よりも透け感があります。

夏の素材の着用時期

━━ 基本ライン
･････ 許容ライン

きもの・小物の主な素材や種類

		5月 上旬	5月 中旬	5月 下旬	6月 上旬	6月 中旬	6月 下旬	7月	8月	9月 上旬	9月 中旬	9月 下旬	10月 上旬	10月 中旬	10月 下旬
きもの	ひとえの染めと織り		…	…	━	━	━			━	━	━	…		
	紗合わせ		…	…	━	━	━			━	━	━			
	絽縮緬		…	…	━	━	━	…	…	━	━	━	…		
	絽				…	━	━	━	━	…					
	紗						…	━	━						
	透ける織物					…	━	━	━	…					
	麻						…	━	━						
長襦袢	絽		…	…	━	━	━	━	━	━	━	━			
	紗				…	━	━	━	━	━	━	…			
	麻						…	━	━						
半衿	絽縮緬		…	…	━	━	━	…	…	━	━	━			
	絽塩瀬		…	…	━	━	━	━	━	━	━	━			
	麻						…	━	━						
帯揚げ	絽縮緬		…	…	━	━	━	…	…	━	━	━			
	絽		…	…	━	━	━	━	━	━	━	━			
	紗				…	━	━	━	━	━	━	…			

帯の主な素材や種類

		5月 上旬	5月 中旬	5月 下旬	6月 上旬	6月 中旬	6月 下旬	7月	8月	9月 上旬	9月 中旬	9月 下旬	10月 上旬	10月 中旬	10月 下旬
帯	絽		…	…	━	━	━	━	━	━	━	━			
	紗			…	━	━	━	━	━	━	━	━			
	羅						…	━	━						
	紗紬		…	…	━	━	━	━	━	━	━	━			
	麻						…	━	━						
	紗献上						…	━	━						
	絽塩瀬(染め帯)		…	…	━	━	━	━	━	━	━	━			

夏の小物

小物類も多くは夏物を合わせます。帯揚げは、まずは夏中使える絽を用意するのがおすすめ。絽ちりめんのような透け感の少ないものはひとえに、紗は盛夏というのが基本です。しかし、現在はいずれも夏中使う傾向にあります。帯締めは本来季節感がなく、通年使ってよいとされます。しかし、袷用の紐は、夏のきものにはやや重く感じられるせいか、夏向きに作られたレース組の紐が人気です。コーディネイトの目安は袷と同じ。格のあるきものには、絞りの多いものや淡色の帯揚げに、金銀を使った帯締めを。しゃれ着には、カラフルな帯あげや金銀の入らない帯締めを使います。涼感を感じさせるコーディネイトにすると素敵です。

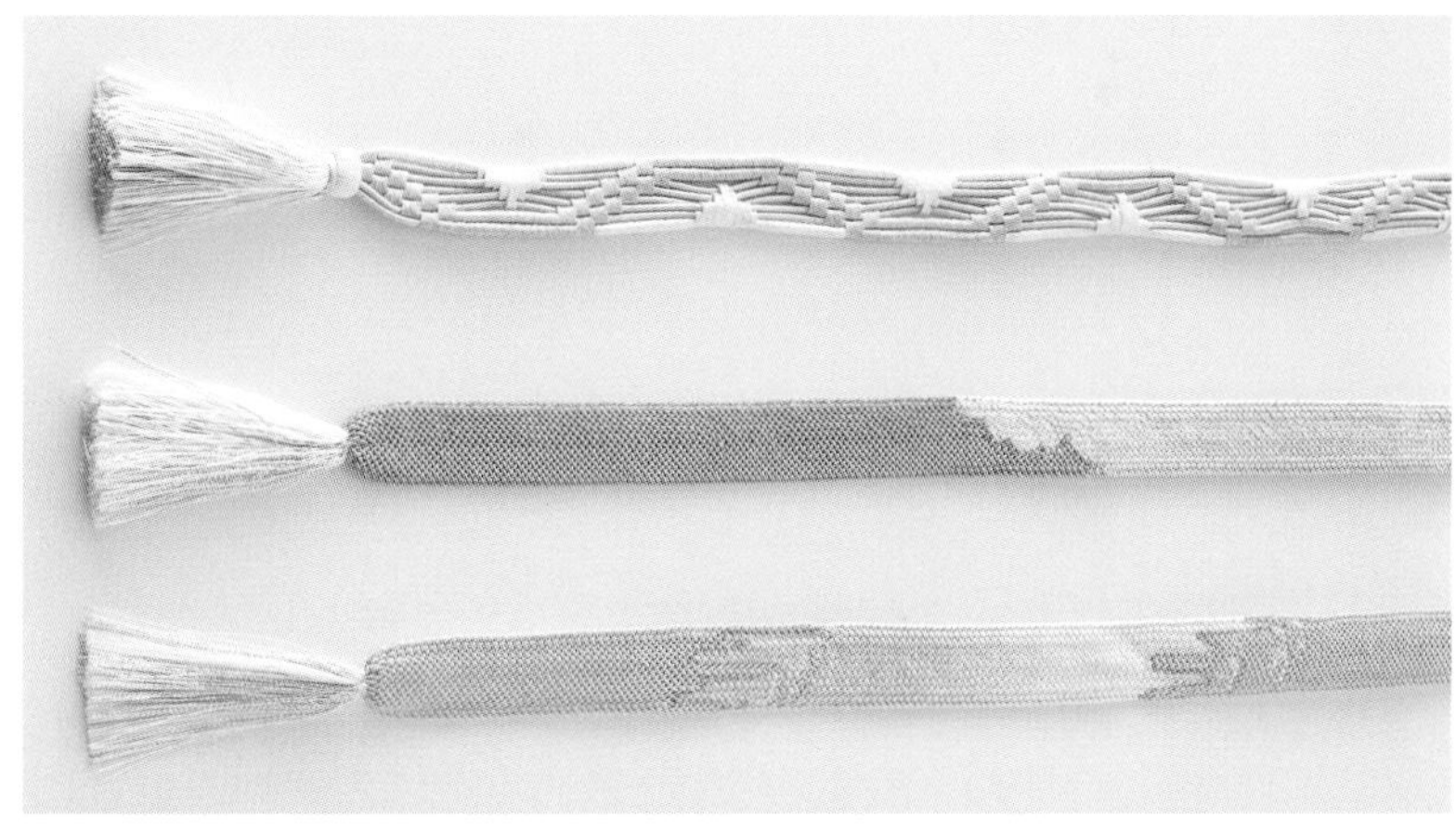

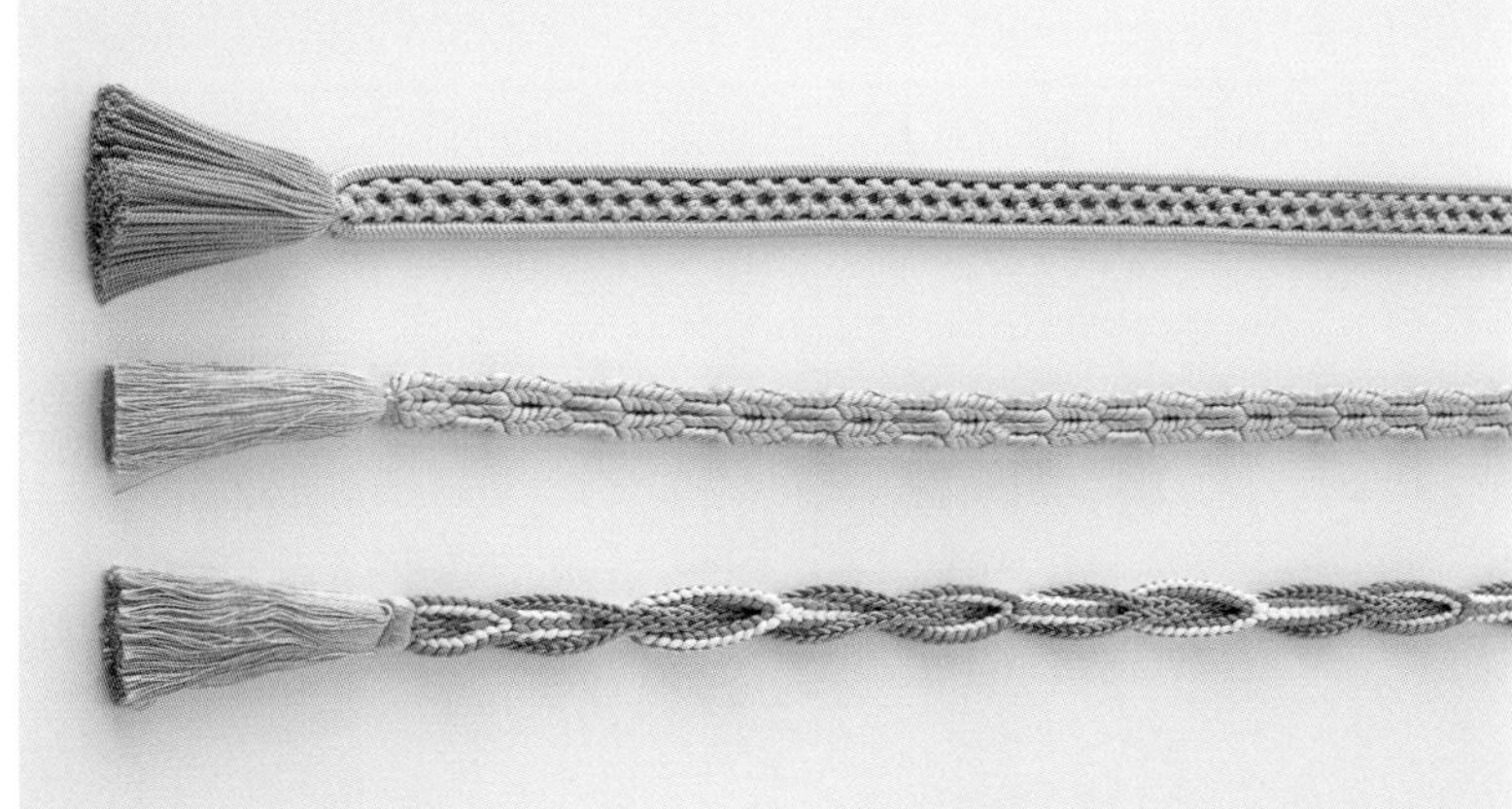

夏向きのレース組の帯締め。おおまかに分けて上が訪問着などに、下がしゃれ着に向くタイプ。いずれも夏を通して使えます。袷用の細めの紐を使うのもよいでしょう。

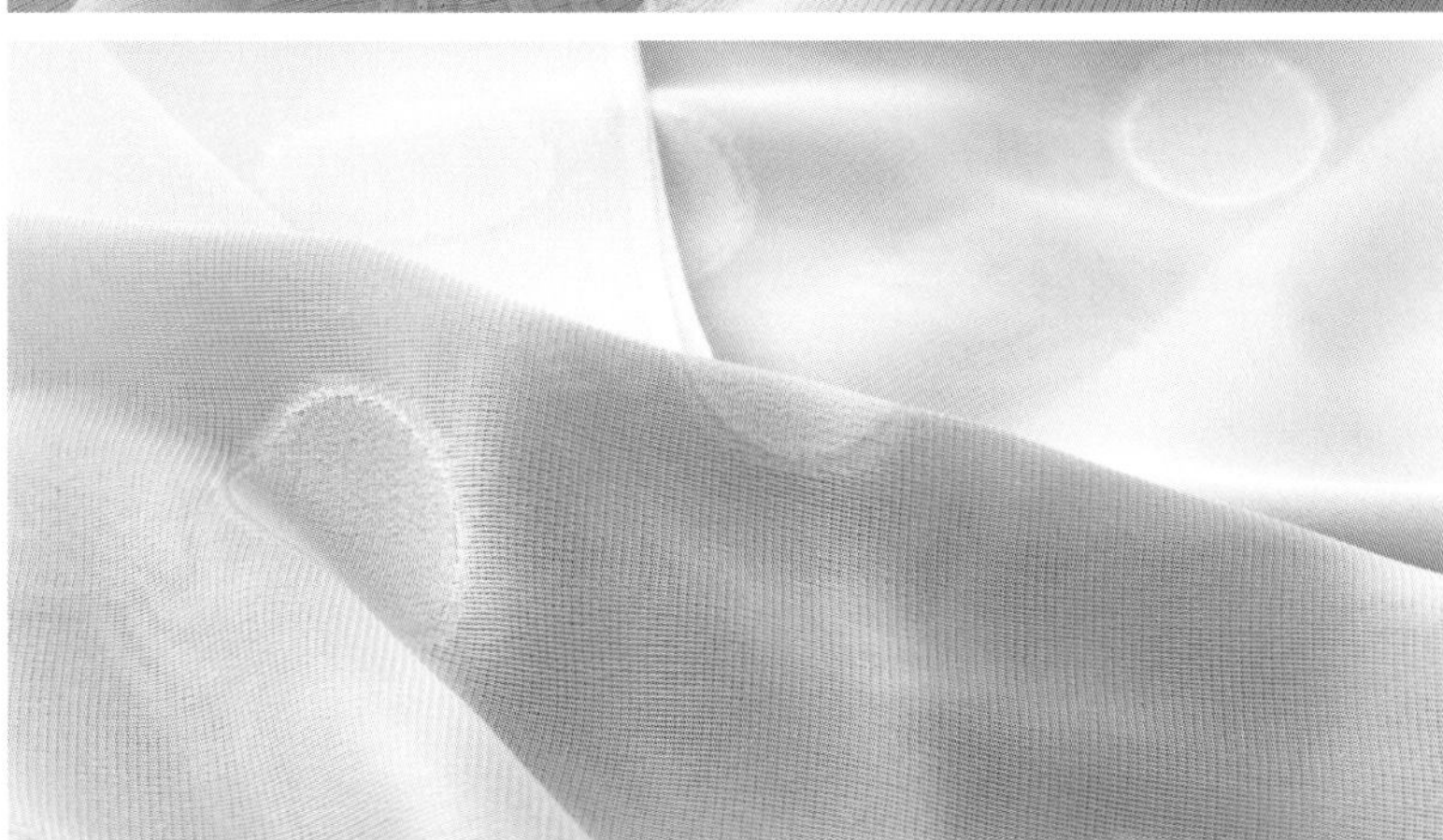

上は絽の帯揚げ。いずれも絞り入りで、訪問着から小紋、織物まで合わせられる万能タイプ。下は絽よりも透け感のある紗。こちらもよそゆきからしゃれ着まで使えます。

ぞうりはメッシュ風の夏用のものも涼しげ。エナメルなど袷のものも使えます。

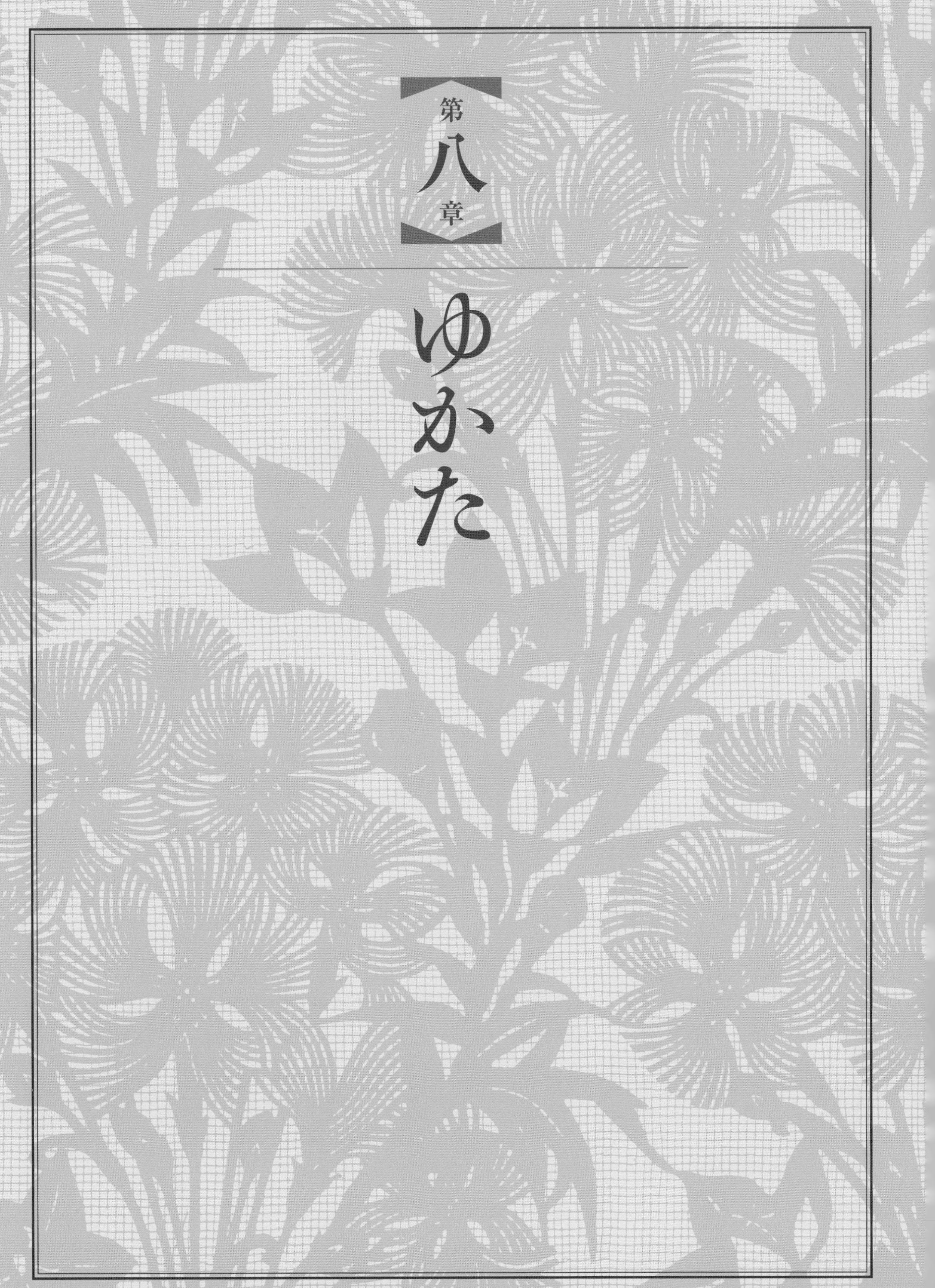

第八章 ゆかた

伝統的なゆかた

着るのに難しいルールがなく、誰でも気軽に楽しめるのがゆかた。
花火大会や夏祭りなど、今や夏の気軽な外出に欠かせないファッションのひとつとして人気があります。
大人っぽい着こなしをしたい方には、こんな伝統的な雰囲気のゆかたがおすすめ。

ゆかたは、かつて入浴時に着た「湯帷子（ゆかたびら）」が、次第に入浴後に着られるようになり、「ゆかた（浴衣）」とよばれるようになったものです。基本的には花火大会や夏祭り、家庭でくつろぐときなどに着るものとされていますが、最近は軽い街着として着られるゆかたも出ています。以前は素肌に着るものとされていましたが、今は肌襦袢と裾よけ、またはゆかた用の下着の上に着た方がよいでしょう。長襦袢は必要ありません。

もともとゆかたは、紺と白で、夏らしい古典模様を染めたものでした。すっきりと涼しげな風情が漂う昔ながらのゆかたには、いつまでも飽きない魅力があり、今も根強い人気があります。

格子状の透け感のある紅梅のゆかた

格子状に太い糸を織り込んだ、紅梅という生地を用いたゆかた。右は絹を使った絹紅梅、左は綿を使った綿紅梅のゆかた。

伝統的な藍染のゆかた

右は蝶、左は雪輪の中に草花を詰めて表した伝統柄のゆかた。藍と白の色が涼しげで、いかにもゆかたらしい美しさが漂います。

優しい印象の絞り染

絞り染で柄を表したゆかた。生地には絞りによる凹凸があり、染めよりも優しげな雰囲気。帯は沖縄のミンサー織の半幅帯で。

綿紬地に染めたゆかた

奥州紬という綿生地に菊の模様を染めた、大人っぽいゆかた。博多織の袋なごや帯を合わせて、おしゃれで落ち着いた装いに。

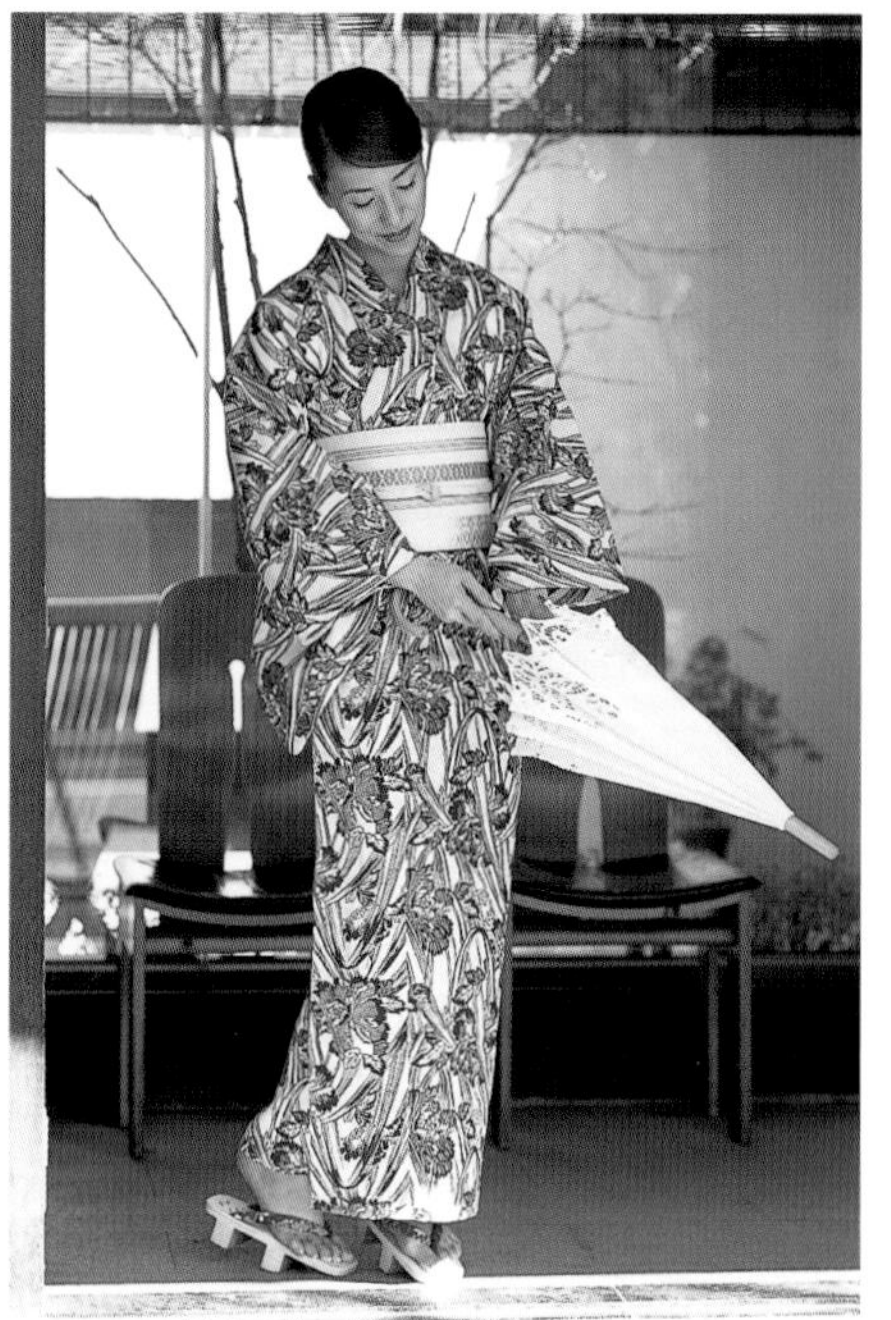

肌触りのよい綿縮

さらりとした感触が肌に気持ちいい、綿縮のゆかた。伝統的な型染のひとつ、長板中形で染めた菖蒲の柄がエレガントな印象。

カラフルなゆかた

伝統的には紺と白の2色だったゆかたですが、
現在では、さまざまな色や模様のゆかたがあります。
たくさんの柄のなかからお気に入りのゆかたを見つけて、自由に楽しみましょう。

驚くほどに色柄が豊富になった最近のゆかた。モダンで斬新な模様がある一方で、昔ながらの柄を現代風にアレンジしたおしゃれなゆかたもあり、人気を集めています。花火大会や夏祭りだけでなく、街着として着たいような、きもの感覚のゆかたも増えていて、選択肢はますます広がっています。アンティークのきものの柄を取り入れたようなゆかたもあります。

帯結びや小物で変化をつけるのも最近は人気。帯の種類も増え、簡単に結べる兵児帯や、おしゃれな帯もたくさん出ています。

ゆかたの着付けは普通のきものや帯よりもずっと簡単。きものへの第一歩を踏み出すのにゆかたは最適です。自由に着こなす楽しさを感じてみましょう。

伝統的な柄を今らしくアレンジ

草花など、きものでは古典的なモチーフを今の感覚で表した、優しい雰囲気のゆかた。帯の前部分をアレンジして個性を演出。

ワンピースのようなプリント柄

洋服地にもありそうな、キュートなプリント柄のゆかた。ワンピースを着こなす感覚の延長で、軽やかに夏のおしゃれを楽しめます。

パステルカラーで優しげに

淡い爽やかな色合いが可愛らしい花モチーフのゆかたです。右は菊を竪縞風に、左はヒマワリをローケツ染風にアレンジしています。

レトロなきもの感覚のデザイン

シックな色で懐古調のデザインのゆかた。アンティークのきものの雰囲気をゆかたでも気軽に楽しめると、最近はとても人気があります。

古典調の有色ゆかた

百合やトンボは、昔からよくゆかたに使われてきた伝統的な模様です。カラフルな色合いのなかにも、ゆかたらしい雰囲気が漂います。

ゆかたの帯結び

ゆかたの帯結びの基本は、半幅帯で結ぶ「文庫」です。
もっと簡単にしたいなら兵児帯もおすすめです。
帯の素材や色柄は、自由に好みのものを選んでかまいません。

簡単に結べる兵児帯で

リボンの感覚で結べる兵児帯。柔らかい生地を使っているので、半幅帯よりも扱いが簡単。アレンジもしやすく最近人気です。

リバーシブルの半幅帯で可愛らしく

2つの色と4枚の羽根が愛らしい印象。裏と表が色違いの半幅帯を使う、文庫結びのアレンジの「花文庫」。若い人におすすめ。

基本の帯結び「文庫」

どんなゆかた姿にも合い、年齢を問わず結べます。羽根を大きくすると可愛らしく、羽根を小さくすると落ち着いて見える結び方です。

左から、博多織の半幅帯・袋なごや帯、兵児帯。ゆかたと好みに合わせて選べます。

ゆかたに合わせる帯として、最も一般的なのは半幅帯。基本となる結び方は文庫結びです。これをマスターすれば、結び方のアレンジで、印象を変えて楽しむことができます。後ろでリボンのように結ぶ、柔らかな生地を使った帯が兵児帯（へこおび）です。以前は子供や男性用の帯とされていましたが、結びやすいことから、最近は大人の女性向きの兵児帯も増えています。

帯の素材や色柄の合わせ方には、特に約束事はなく、好みで自由にコーディネイトできます。高級ゆかたには、博多帯や軽い麻の袋なごや帯なども合わせられます。また、半幅帯に飾りとして、帯締めをあしらっておしゃれを楽しむ人も増えています。

男性のゆかたには、角帯か兵児帯を締めます。

袋なごや帯で粋な「角出し（つのだし）」

ゆかたには博多織などの袋なごや帯も合わせられます。お太鼓結びが一般的ですが、個性的に装いたいときは「角出し」も素敵。

男結びの代表「貝の口」

角帯を使う男性の帯結びで、もっとも一般的な結び方。ゆかた以外の男性のきものにも用います。腰骨の高さにキリッと結んで。

落ち着いた印象の変わり結び

半幅帯を使うと、文庫のほかにもさまざまな帯結びができます。大人っぽく装いたいときには、こんな「貝の口」も似合います。

男性のゆかた

最近は男性の間でも、夏にゆかたを楽しむ人が増えています。
女性とは着付けや帯結びが少し違いますが、男性のゆかたは、女性よりもっと簡単です。
男性のゆかたにも難しい決まりごとはないので、カジュアルな外出やくつろぎの場で気軽に楽しみましょう。

男性のゆかたもさまざまな色柄のものがあります。伝統的な男性のゆかたには、紺や白で、縞や格子、抽象柄、歌舞伎役者にちなんだ模様などを染め出したものが代表的です。プリントのシャツのようなモダンなデザインもあります。好みに合わせて選びましょう。

帯は、角帯を「貝の口」に結ぶのがもっとも一般的。堅い生地を使った角帯は、キリッと男らしい印象になります。後ろでリボンのように結ぶだけの兵児帯もあり、こちらはよりくつろいだ印象になります。

男性のきものは女性と違い、おはしょりがない仕立てになっていますので、着るのは簡単です。衣紋を抜かず、帯を腰の位置で締めるのがポイントです。

ひと味違うおしゃれな染め柄

右は格子に松の枝を染めたもの、左は歌舞伎好みの「鎌輪奴(かまわぬ)」に渦巻き模様を染めたもの。二度染めの凝ったゆかた。

column コラム

ゆかたを街着に着るなら

紅梅や縮などの変わり織りの生地を使ったものや、色柄によっては、街着として着られるゆかたもあります。ゆかたを街着にするなら装い方にひと工夫を。襦袢に半衿を付けて着ると、夏のきものとして装うことができます。ゆかたの下に市販の衿付き半襦袢を着ればよく、長襦袢までは必要ありません。帯結びによっては帯締め、帯揚げを使います。足袋は履いた方がバランスが取れます。

ゆかたを街着にした例。紅梅のゆかたに博多の袋なごや帯と帯締めと帯揚げ、半衿をつけて。足元は足袋と草履で。

夏のきもの感覚の
渋い男性ゆかた

雨だれのような細かい柄を織り表した木綿絣風のゆかた。夏のきものの感覚で着こなせます。渋くきめたい大人の男性におすすめ。

モダンな印象の
幾何学模様

菱形をつなげたような幾何学模様がモダンな雰囲気のゆかた。男性のゆかたは藍染のものが多いなか、こんな茶系のゆかたなら個性的。

こうもり柄の
両面染めゆかた

遊び心を感じさせるこうもり柄のゆかた。裏と表に別の柄を染めた両面染めの生地です。チラリと裏が見えるのがおしゃれ。帯は角帯。

プレタポルテのきものを楽しむ

プレタポルテのきものは仕立て上がりで販売していますので、洋服感覚で気軽に選び、装うことができます。素材もシルクから化合繊まで、豊富に揃い、さらにきもののタイプも数多く登場しています。

遊び着感覚で楽しむコーディネイト

大正、昭和初期のデザインや配色を生かしたプレタきものが若い世代に人気です。特にレトロな雰囲気のきものは、今の時代ではかえって新鮮に映るのではないでしょうか。きものに親しむ第一歩として、すぐに着られるカジュアル感が魅力ともいえます。

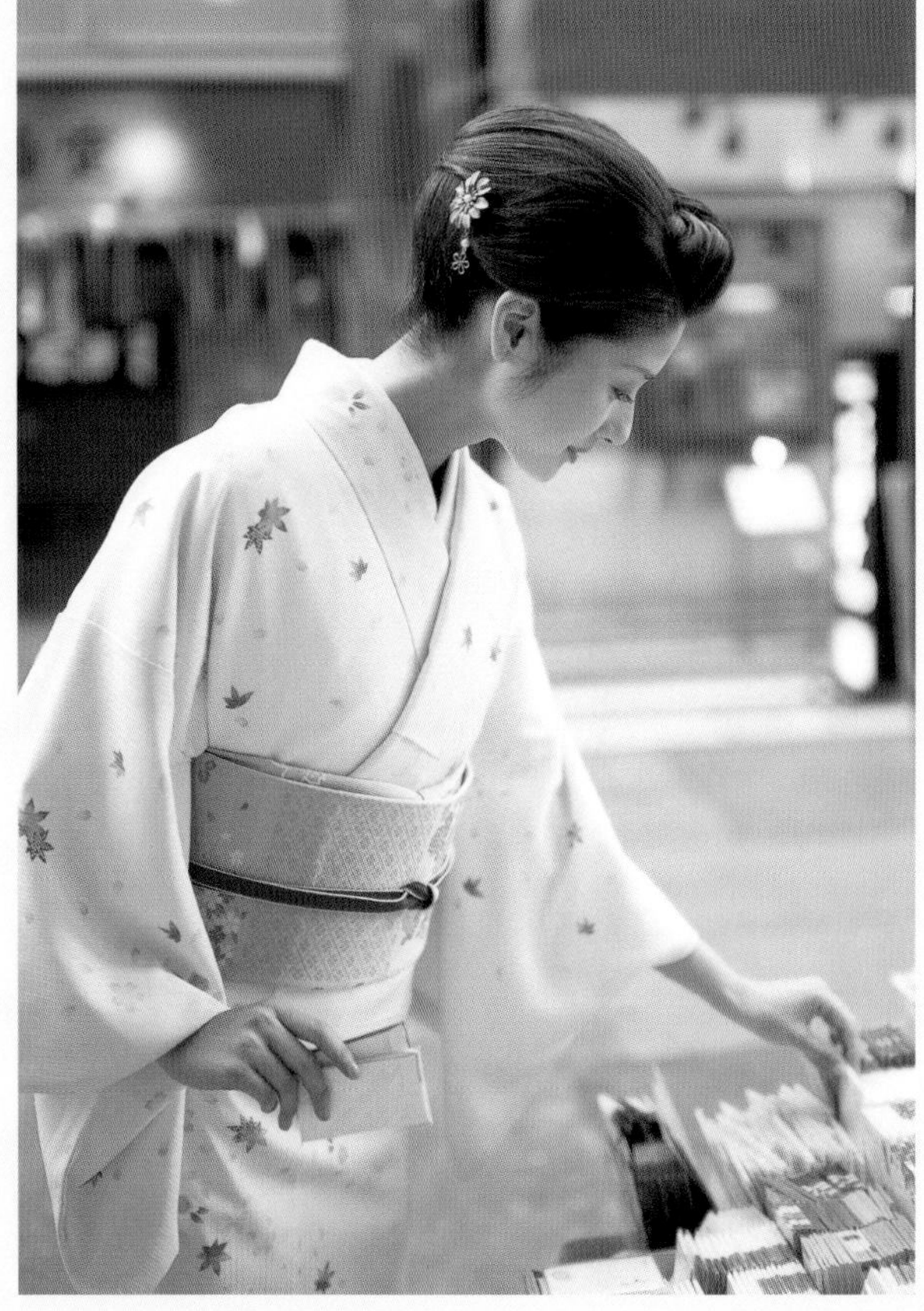

着こなしの場が広い楚々とした小紋

汚れが気になる淡い地色でも、ポリエステル素材ですので、安心して着こなしが楽しめます。例えば、お稽古やお買物など、気軽にきものを着たいときに重宝します。オーソドックスなコーディネイトで揃えました。

ゆかた感覚できもののおしゃれを

雪輪と四季の花をモチーフに、全体を絞り風に型染したしゃれた印象の小紋。ゆかたを着ているような気軽さをプレタポルテのきものでも楽しめます。お食事などのお出掛けに。

アンティークきもの

明治時代以降のアンティークきものの影響で、きものに親しみをもつ方も増えました。特に羽織の優雅な着こなしも注目され、若い方が自由に着こなしているようです。

姉様人形への思いを託した羽織姿

姉様人形やつまみ細工の櫛かんざしを友禅で表した黒綸子(りんず)地の羽織を、竪縞(たてじま)模様の小紋に合わせた装い。艶やかな配色は、昭和初期の組み合わせらしい、郷愁を感じさせます。

羽織との共通性を持たせた刺繍の丸帯で

友禅染と刺繍で鈴模様を表した黒地の丸帯と縞の小紋の組み合わせ。羽織との共通性を持たせた帯の配色や雰囲気がおしゃれ感を高めています。

昭和初期の表情豊かな羽織紐

羽織を着る人が多い時代でしたから、凝った羽織紐も数多く残っています。デザインや配色、太さなど、おしゃれのこだわりを羽織紐にも生かしていたのでしょう。存在感のある紐が多いこともこの時代の特徴といえます。

第九章

基本的なコーディネイト

コーディネイトの楽しみ

きものの種類を大きく分類して、それぞれにふさわしい帯や小物を合わせました。はじめに覚えておきたい基本的なコーディネイトです。（各名称に付けた頁数は、きものの解説頁です）

小紋（こもん）（P.14）

くり返し模様のきもの

気軽なお出掛けに重宝する花模様の小紋

季節感のあるデザインのきものには、
無地や幾何学模様などのシンプルな帯を合わせるのが基本。
上は、無地感覚の袋帯を合わせたお出掛け着風の装い。

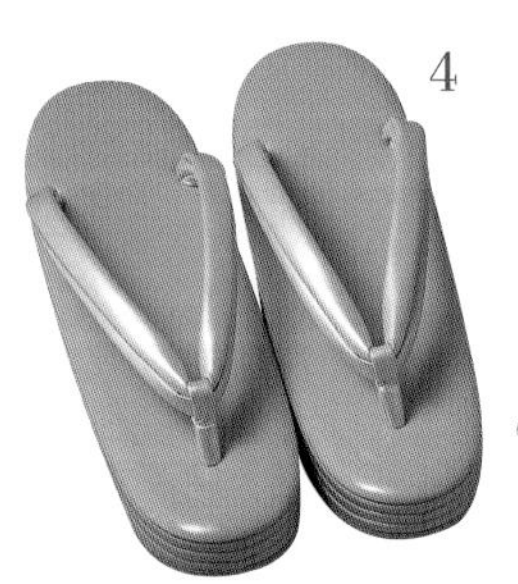
4

3

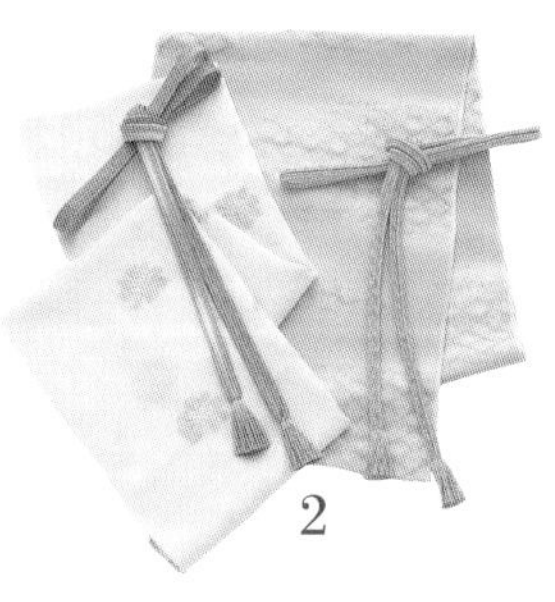
2

1

1.友禅、型染、刺繍などで表現した染め帯を合わせると織り帯とは違う趣で、カジュアルな印象です。2.小紋には部分絞りや小紋柄の帯揚げを。帯締めは金銀糸が目立たないものを。3.小紋から訪問着まで使用できる和装用のバッグ。特に、古典模様は幅広く使用できて重宝。4.ぞうりは台が低く、色が濃いほどカジュアルな装いに調和します。

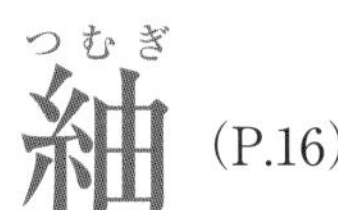

紬（P.16）

先染めの紬糸を使用して模様を織り上げたきもの

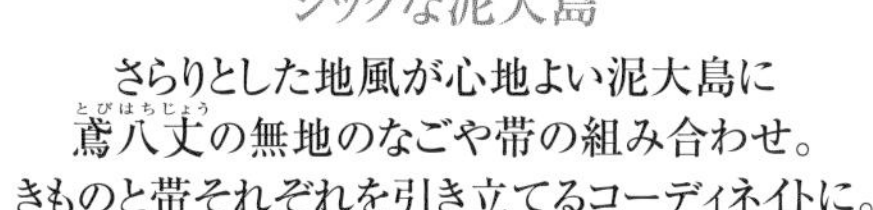

シックな泥大島

さらりとした地風が心地よい泥大島に
鳶八丈の無地のなごや帯の組み合わせ。
きものと帯それぞれを引き立てるコーディネイトに。

パステル調の縞紬

優しい配色で縞を織り出した紬。
シンプルなデザインのきものには、染め帯を
アクセントとしたコーディネイトも映えます。

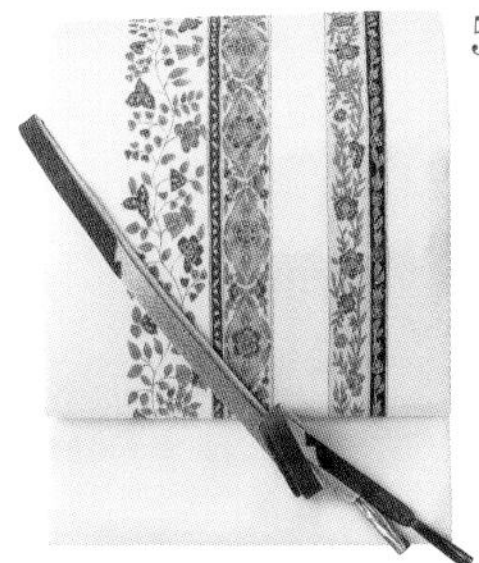

7

5.織物に映える塩瀬の染め帯。右の紬にも似合います。6.組紐風の地風が織物などに調和するバッグです。7.大島の色調に合わせて選んだ茶色のぞうり。カジュアルな装いにふさわしい濃地。

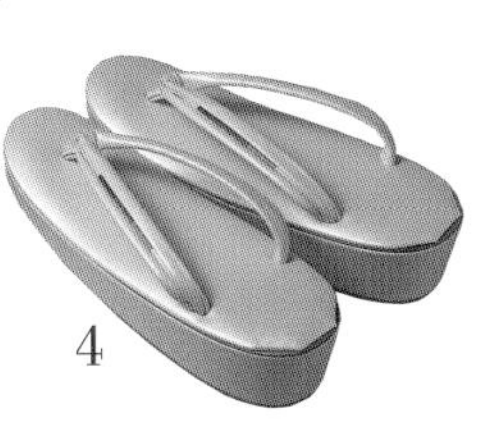

1.紬には織りなごや帯を合わせることもできます。優しい配色でまとめました。2.洋服感覚のバッグも紬には調和します。3.アクセントとなるような配色の帯締めや帯揚げ。4.遊び心のあるぞうり。

訪問着（ほうもんぎ） (P.20)

胸、肩、袖、裾などに模様を付けて、
絵羽に染めたものを訪問着といいます。

華やかな印象が漂う古典模様の訪問着

松竹梅を中心に貝桶などを表現した
友禅の訪問着は、フォーマルなお出掛けに。
金銀糸を使用した袋帯で改まった印象。

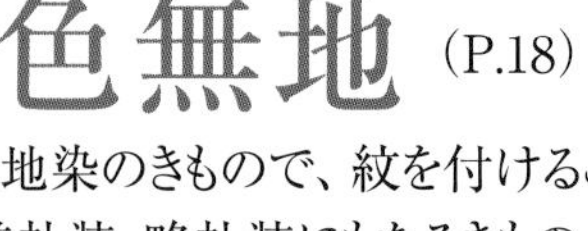

色無地（いろむじ） (P.18)

一色無地染のきもので、紋を付けることで、
準礼装、略礼装にもなるきもの。

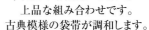

幅広い年代にふさわしい色無地

準礼装や略礼装にふさわしい
上品な組み合わせです。
古典模様の袋帯が調和します。

5

6

3

2

1

4

7

5.訪問着にふさわしい袋帯のひとつとして、濃地のタイプ。帯を替えることで、きものの装いは幅広くなります。6.フォーマルなお出掛けには2のようなバッグを。パーティなどにはこのピンク色のようなバッグで。

1.色無地の雰囲気を変える濃地の帯。おしゃれ感が強調されますので、パーティ向きです。2.佐賀錦のバッグ。フォーマル感のある装いに重宝。3.白地の帯揚げが装いを引き立てます。4、7.白台のぞうりは、すっきりとした印象で重宝します。

黒留袖（くろとめそで） (P.25)

既婚女性の第一礼装として
婚礼の席に着る黒留袖。

優雅な趣の加賀友禅（かがゆうぜん）の黒留袖

第一礼装にふさわしい華やかな装い。
帯や小物類の模様はきものによって違いますが、
格を重視して、正装にふさわしい装いを整えます。

色留袖（いろとめそで） (P.25)

色地の裾模様を色留袖といいます。
紋の数によって着分けることができます。

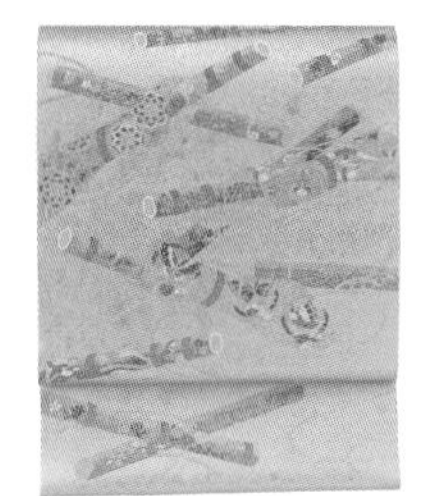

婚礼の席などに向く金地の袋帯。左の色留袖にもふさわしい格式。

重ね衿や小物の色に注目

左上は比翼、帯揚げ、帯締めなどを白·金で統一した
フォーマルな組み合わせ。
右はきものの濃色の重ね衿を合わせたパーティ向きの装い。

4

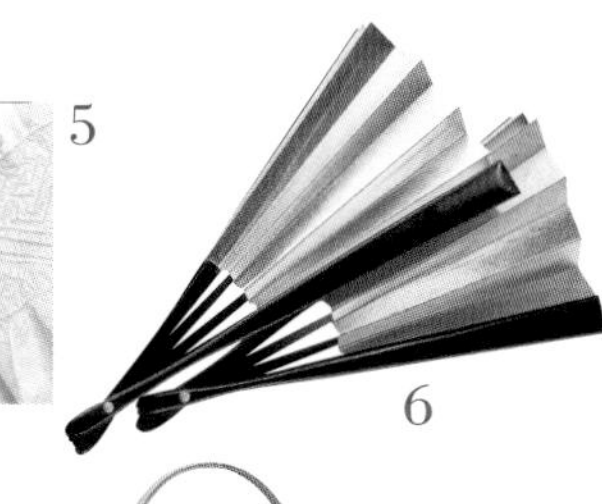
5
6

7

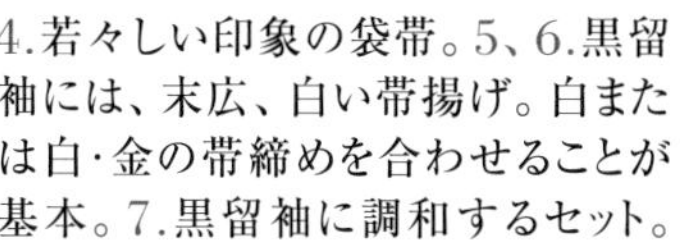

4.若々しい印象の袋帯。5、6.黒留袖には、末広、白い帯揚げ。白または白·金の帯締めを合わせることが基本。7.黒留袖に調和するセット。

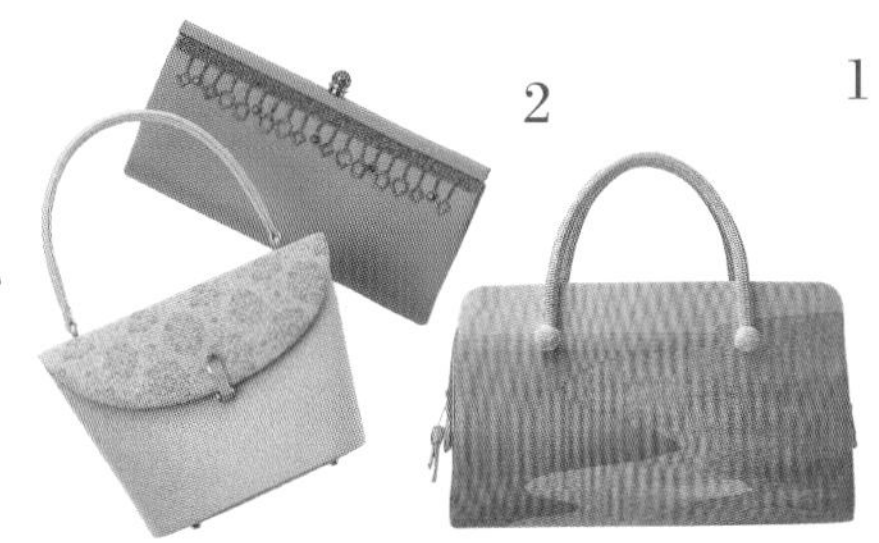
2

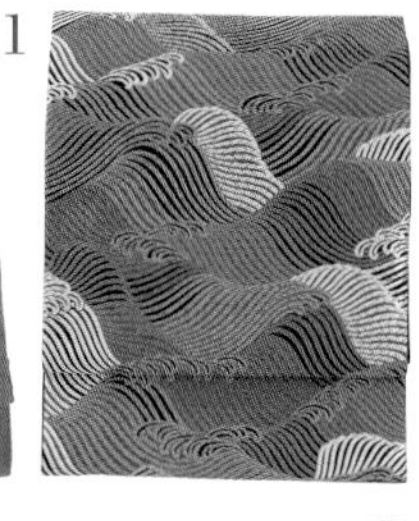
1

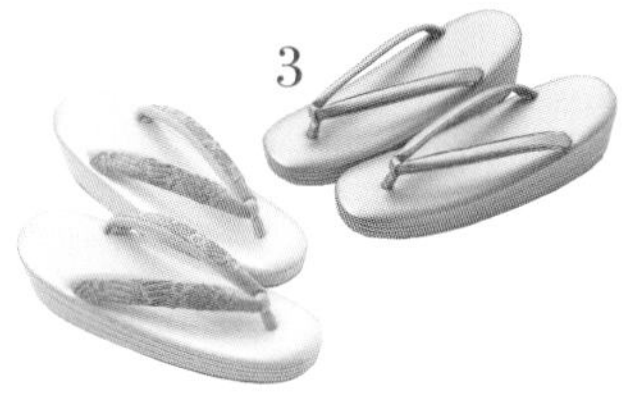
3

1.上の色留袖をさらに平服感覚に装うときの袋帯。2.色留袖にふさわしいバッグ。3.フォーマルにふさわしいぞうり。

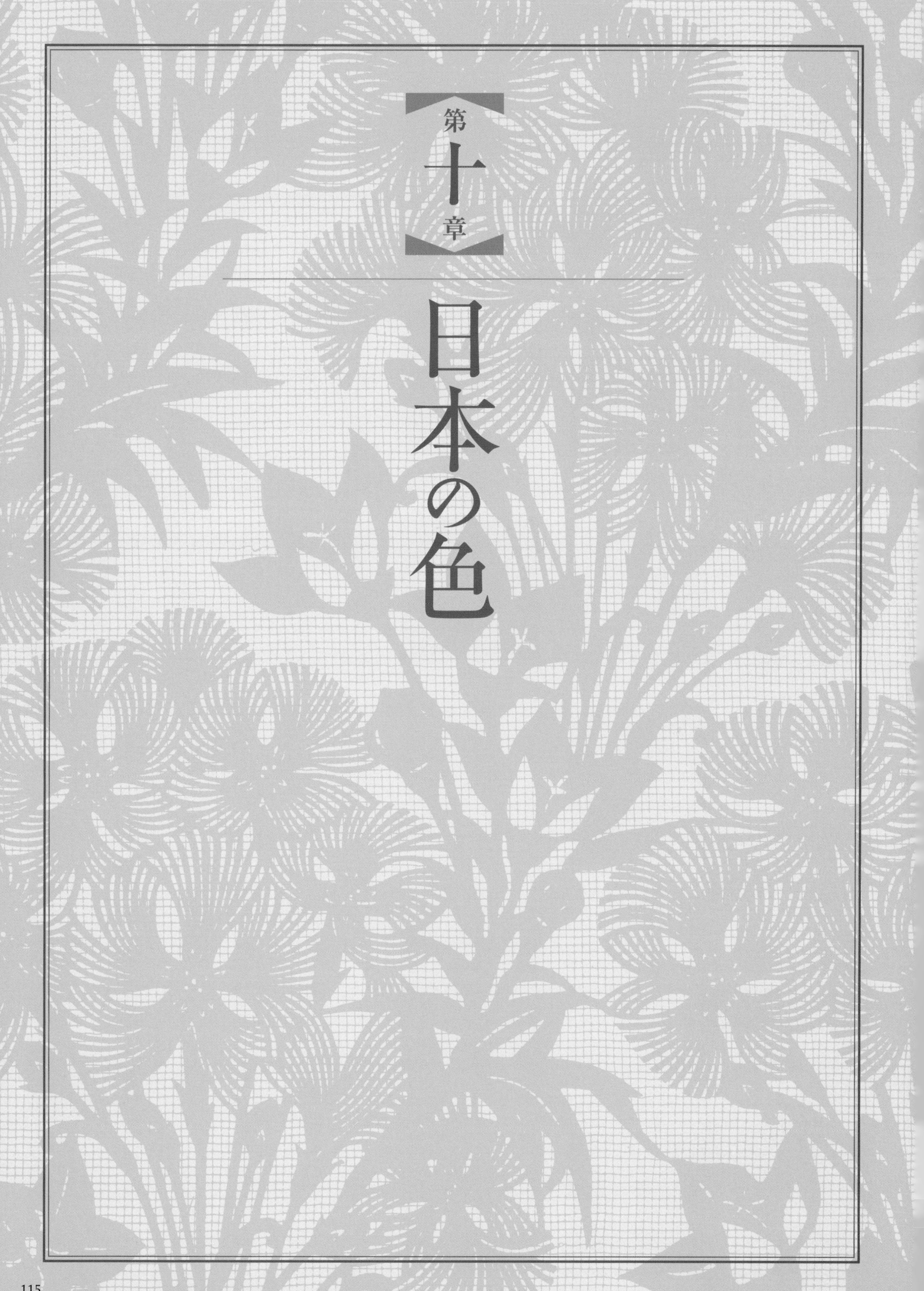

第十章 日本の色

日本の伝統的な色

自然と深く関わって生活してきた日本人の繊細な美的感覚が生み出した色は、現代のきものにも連綿と受け継がれています。
ここでは、現代の染織に使われているたくさんの色のなかから、代表的なものを挙げてみました。日本の風土の特質である季節感を表現した色や色名、配色から、西欧の文化が生み出した色とは異なる微妙な色感を感じ取ることができます。

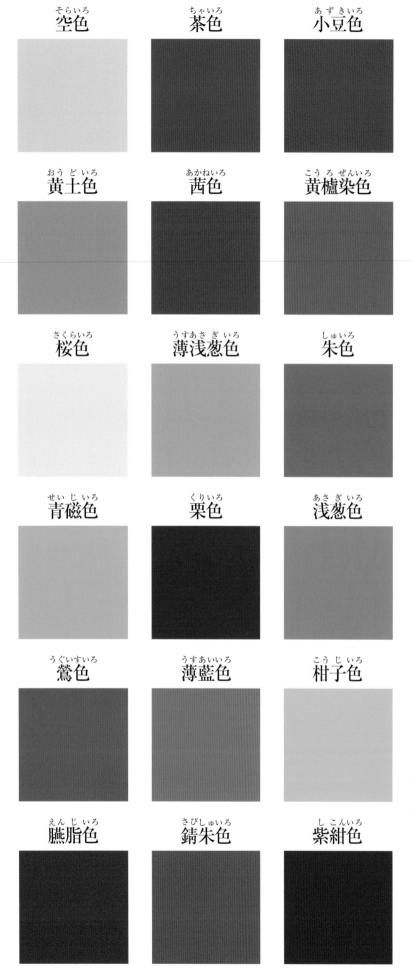

＊本章で示した配色や襲色目（かさねいろめ）のそれぞれの色は、印刷の特性上、本来の色と多少異なっています。

自然の色彩はきものに生かされています

左に挙げた色名は、伝統的な日本の色の一部で、現在もなじみ深いものが多くあります。四季折々の花草木の移り変わりを身近に感じていた中世や近世の人々は、詩歌にも衣の色名を詠み込むなど、自然の色と生活が密接に結びついていました。各々の色名には、自然を愛する当時の人々の繊細な感性がうかがえます。

小豆色（あずきいろ）

茶色（ちゃいろ）

空色（そらいろ）

黄櫨染色（こうろぜんいろ）

茜色（あかねいろ）

黄土色（おうどいろ）

朱色（しゅいろ）

薄浅葱色（うすあさぎいろ）

桜色（さくらいろ）

浅葱色（あさぎいろ）

栗色（くりいろ）

青磁色（せいじいろ）

柑子色（こうじいろ）

薄藍色（うすあいいろ）

鶯色（うぐいすいろ）

紫紺色（しこんいろ）

錆朱色（さびしゅいろ）

臙脂色（えんじいろ）

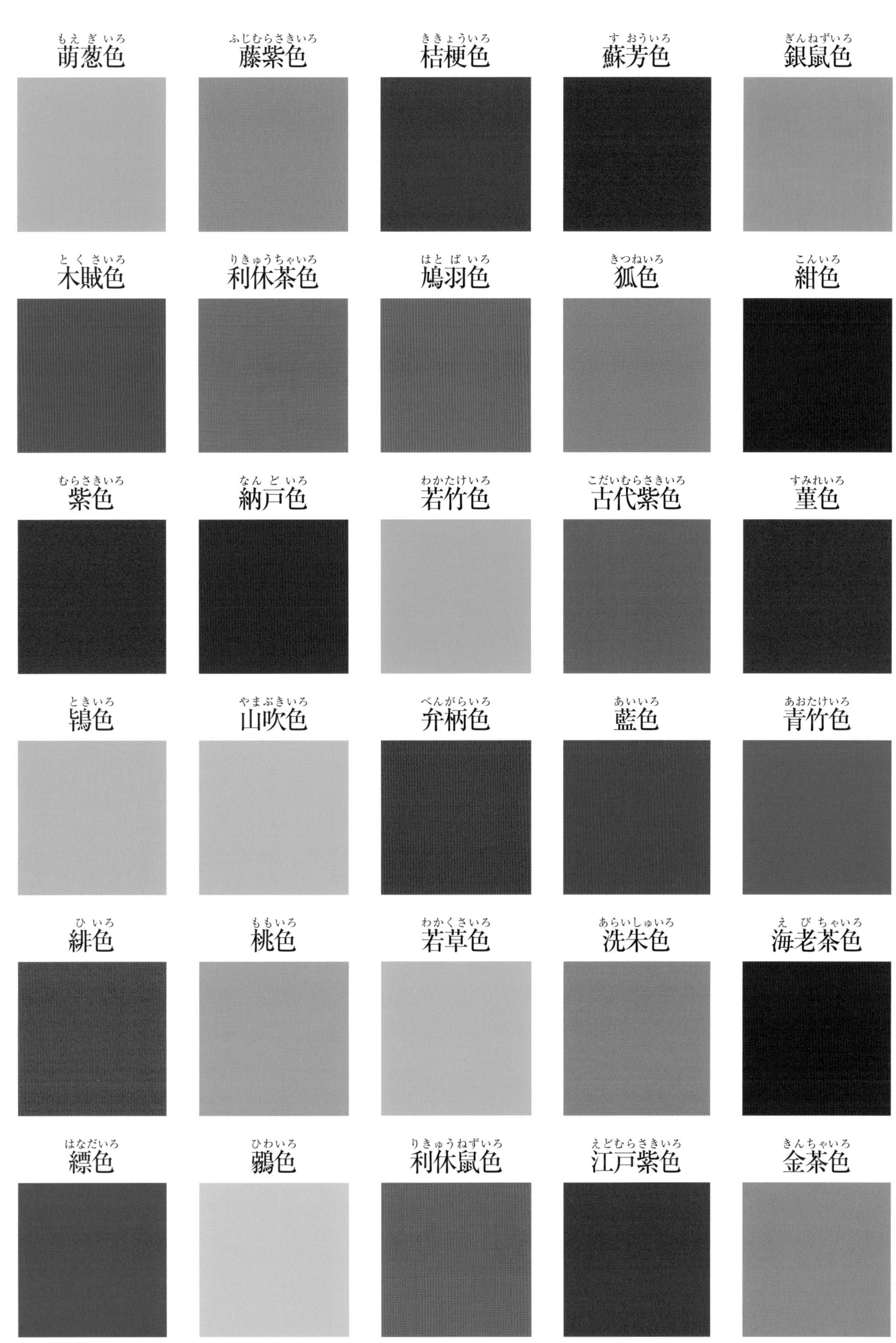
もえぎいろ
萌葱色
ふじむらさきいろ
藤紫色
ききょういろ
桔梗色
すおういろ
蘇芳色
ぎんねずいろ
銀鼠色
とくさいろ
木賊色
りきゅうちゃいろ
利休茶色
はとばいろ
鳩羽色
きつねいろ
狐色
こんいろ
紺色
むらさきいろ
紫色
なんどいろ
納戸色
わかたけいろ
若竹色
こだいむらさきいろ
古代紫色
すみれいろ
菫色
ときいろ
鴇色
やまぶきいろ
山吹色
べんがらいろ
弁柄色
あいいろ
藍色
あおたけいろ
青竹色
ひいろ
緋色
ももいろ
桃色
わかくさいろ
若草色
あらいしゅいろ
洗朱色
えびちゃいろ
海老茶色
はなだいろ
縹色
ひわいろ
鶸色
りきゅうねずいろ
利休鼠色
えどむらさきいろ
江戸紫色
きんちゃいろ
金茶色

襲色目の美

平安時代に始まった女性の重ね着の配色美を「襲色目」といいます。飛鳥・奈良時代を経て隋や唐の優れた文化を摂取した平安時代の人々は、大陸の文化を貴族の暮らしに適合するよう和様化を進めていきました。そうしたなかで宮廷貴族の人々は、衣の色に名称を付けるようになります。衣の表地と裏地の色の組み合わせを重ねて表すことを「重ね色」といい、さらに十二単に代表されるように装束として衣を何枚も重ね着し、表の衣の色の配列を示したのが「襲色目」です。後にこの両方を合わせて「襲色目」と呼ぶようになりました。その数は二百にものぼるといわれます。これらの色彩の調和は、主として自然の色を写しています。呼び名は季節と情景を表すもので、当時の人々の優れた感性がうかがえ、華やかな王朝文化に深く根づいていたことが知られます。なお「かさねいろめ（かさねのいろめ）」とよばれるようになったのは近世以降といわれています。

春

黄柳

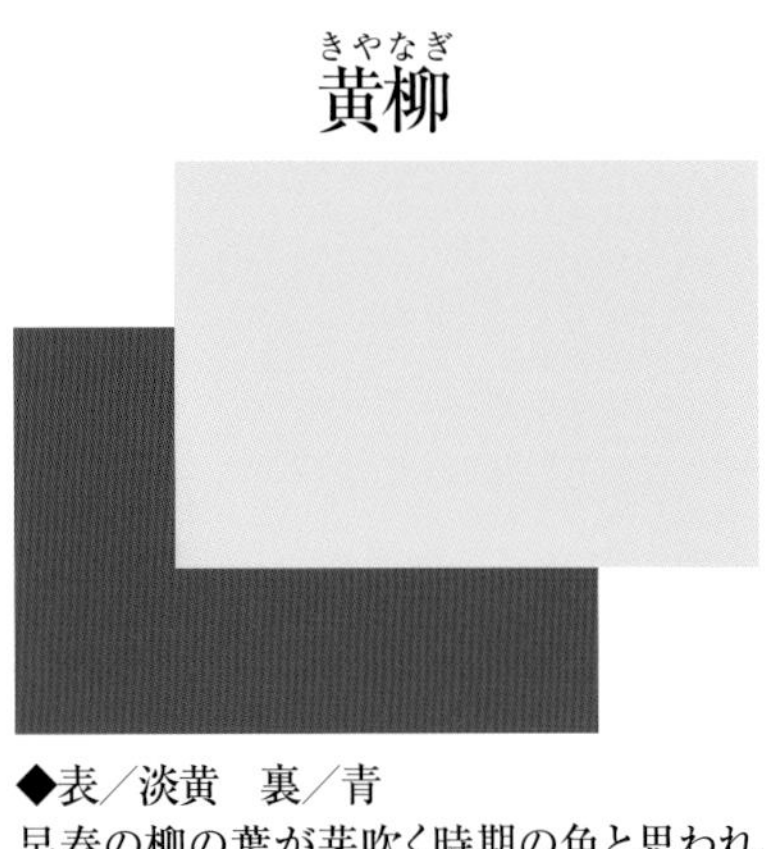

◆表／淡黄　裏／青

早春の柳の葉が芽吹く時期の色と思われます。当時は緑が「青」と称されていました。

紅梅

◆表／紅梅　裏／蘇芳

早春に咲く紅梅の色を表したもの。白梅は香りを楽しみ、紅梅は色を愛でました。

夏

百合

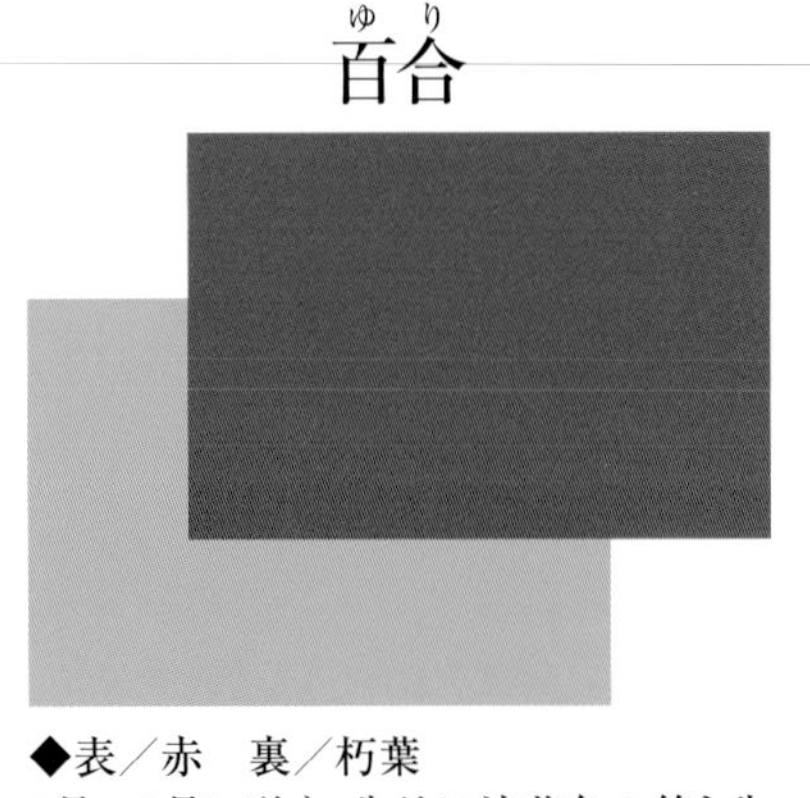

◆表／赤　裏／朽葉

5月〜8月に咲く、朱地に淡黄色の筋と朱の斑点がある姫百合が表されています。

葵

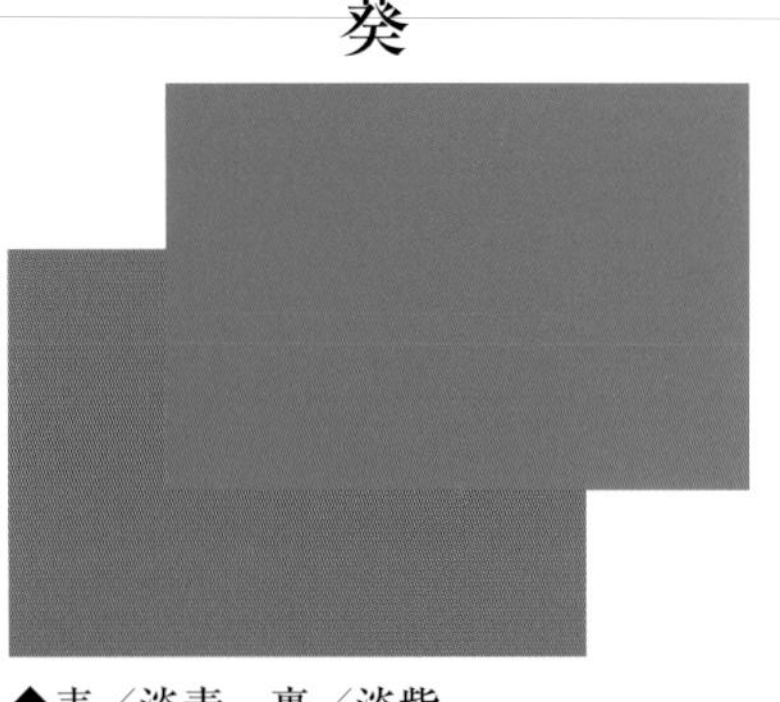

◆表／淡青　裏／淡紫

盛夏の頃、淡い緑の葉の間に紅、赤、紫、白などの美しい花が咲く立葵を写して。

秋

落栗色

◆表／蘇芳　裏／香

熟した栗が落ちた趣ある赤茶色が表現されて。暮れゆく秋の風情が感じられます。

女郎花

◆表／経青緯黄　裏／青

黄色い粟粒に似た花が茎の先に群がっています。その名は優しい女性的な姿から。

冬

椿

◆表／蘇芳　裏／赤

寒椿の鮮やかな花の色を写した、しっとりとした趣の冬景色が思われる色調。

枯色

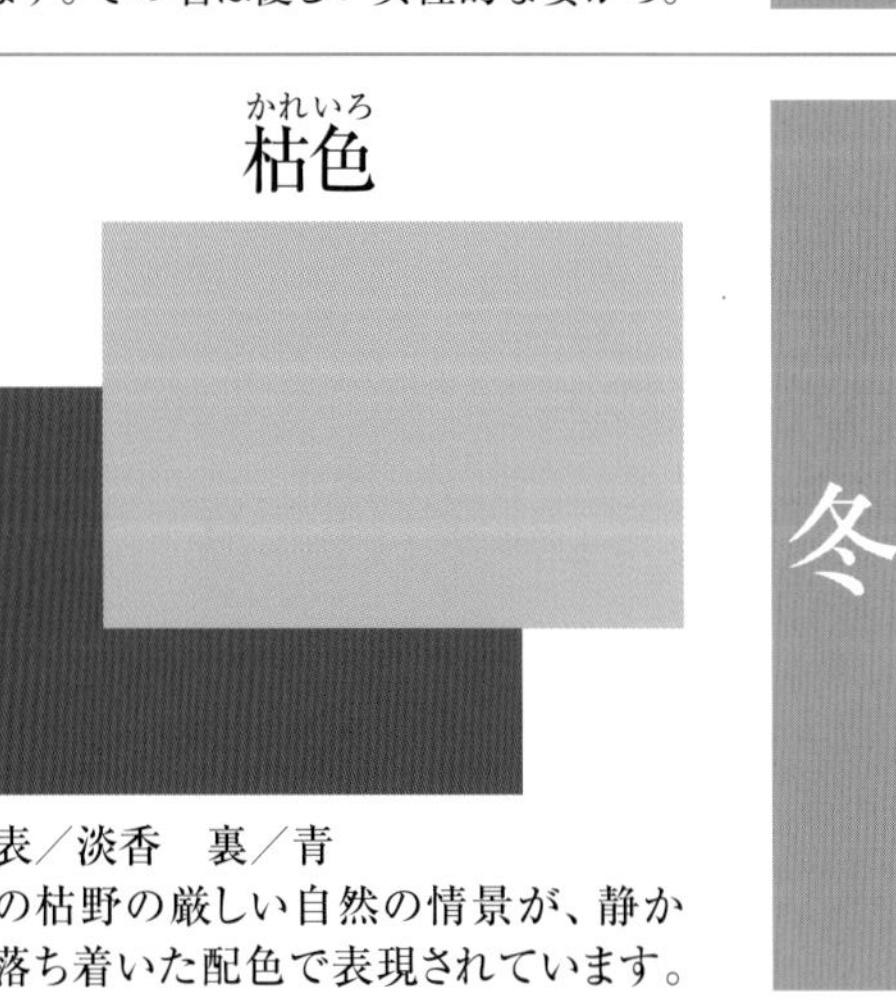

◆表／淡香　裏／青

冬の枯野の厳しい自然の情景が、静かな落ち着いた配色で表現されています。

古代からの草木の色

平安時代初期から衣服の染色に使われてきた植物と染め布

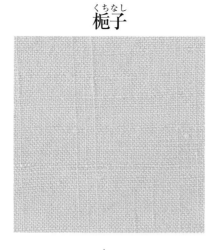

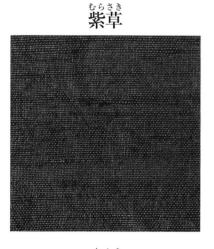

きものだけでなくショールなどの小物の生地にもよく用いられている染色法が「草木染（くさきぞめ）」で、「植物染」と同意です。「草木染」は植物の葉や枝、幹、樹皮や根などに含まれる色素を取り出し、糸や布を染める方法です。日本では弥生時代から始まったと推測され、奈良・平安時代に発達しました。特に公家文化が隆盛を極めた平安時代には、左のような植物の色名があったことが、禁中の年中儀式や制度をまとめた書物に記されています。「草木染」の名称は昭和初期、作家であり詩人でもあった山崎斌（あきら）が命名し、商標登録したものですが、現在は公知公用となっています。

梔子（くちなし）

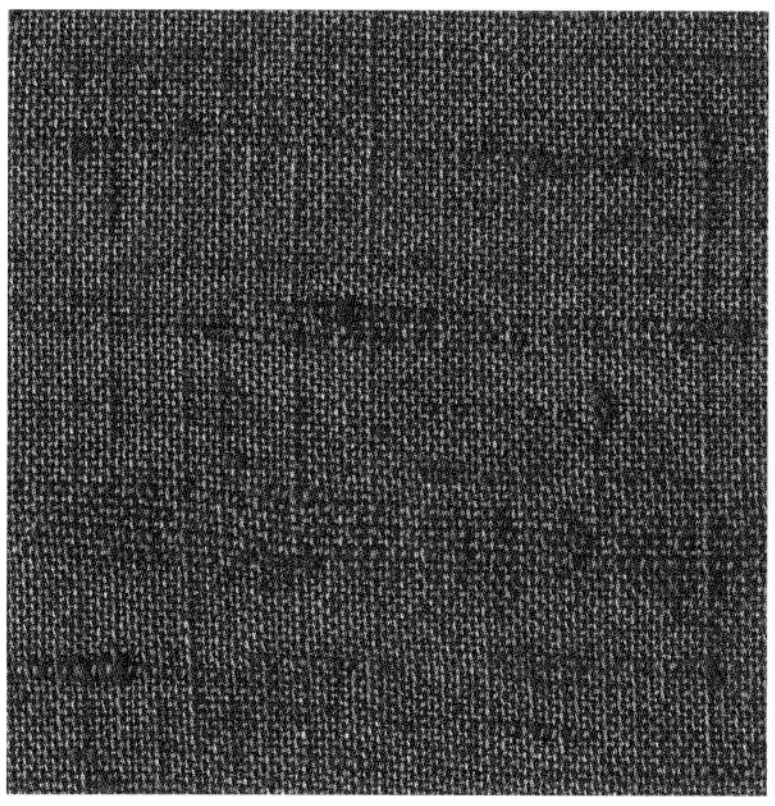

日本茜（にほんあかね）

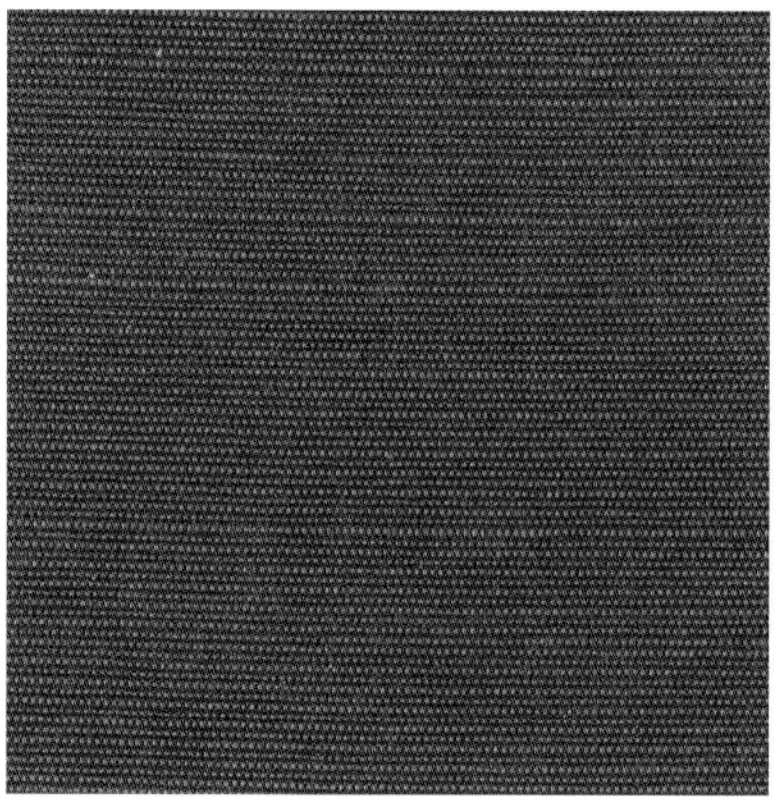

藍（あい）

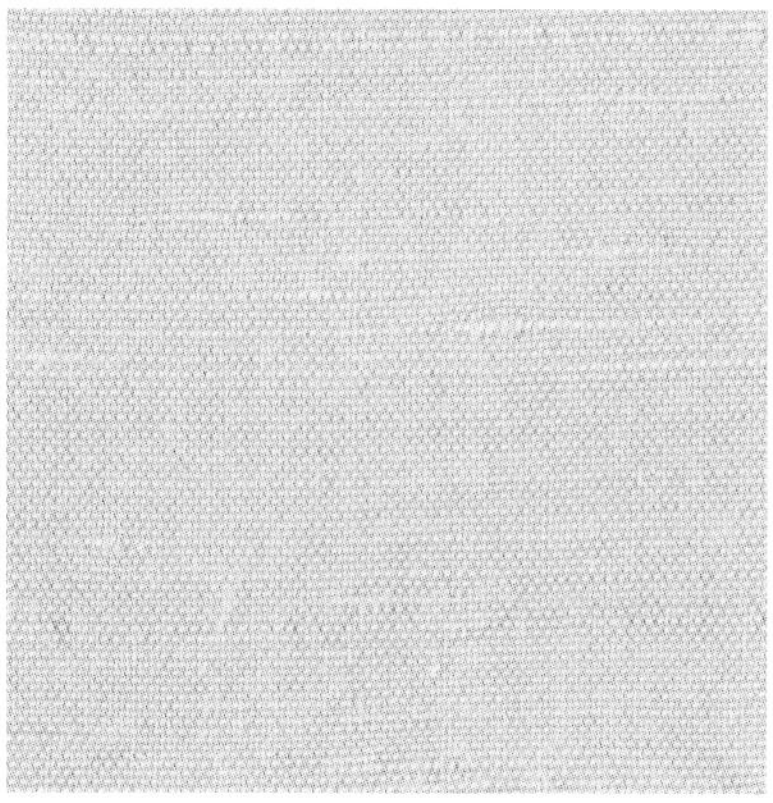

黄蘗（きはだ）

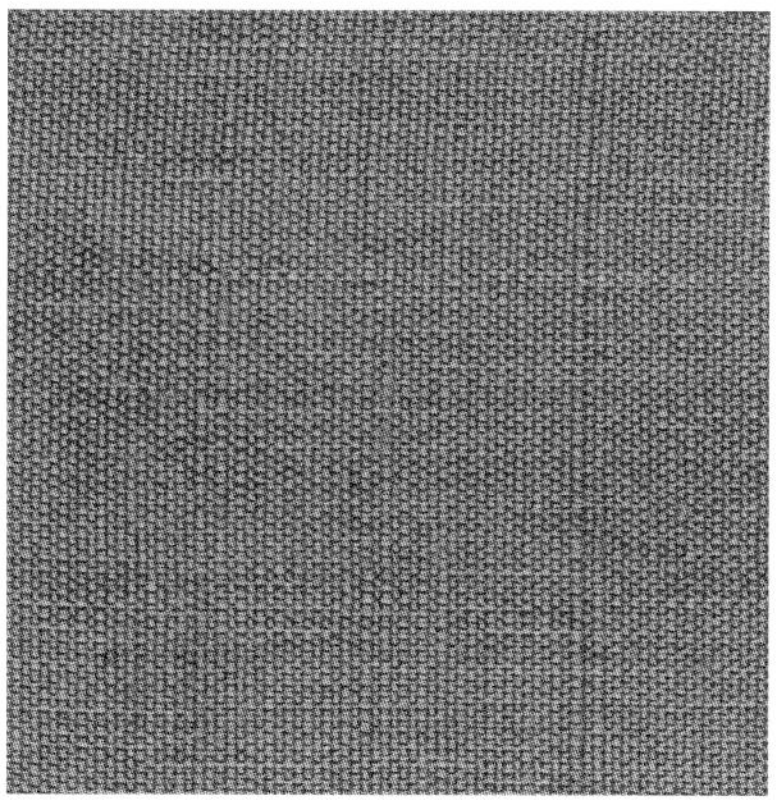

紅花（べにばな）

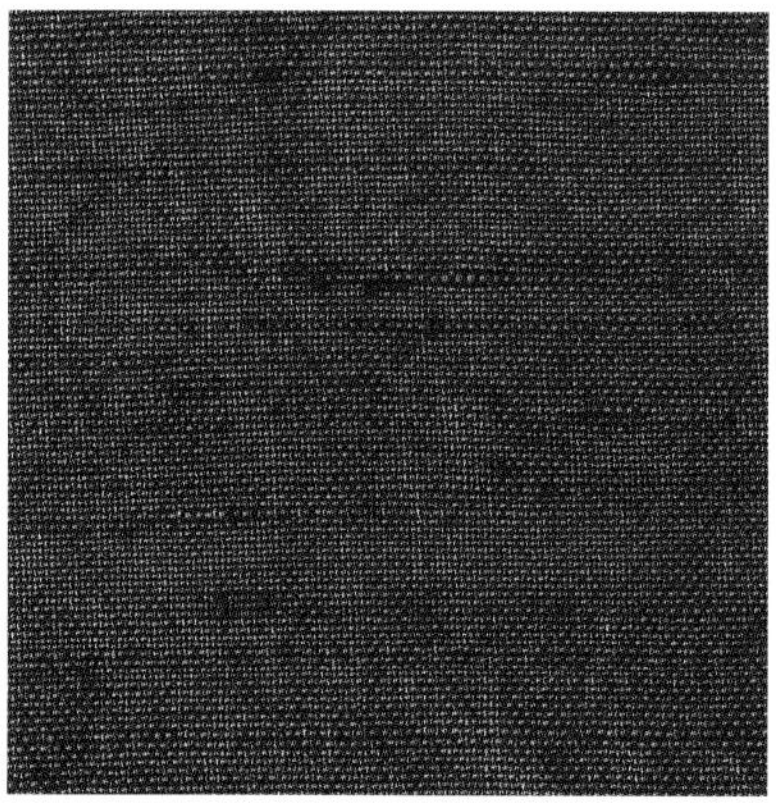

紫草（むらさき）

刈安（かりやす）

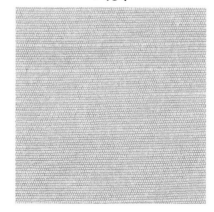

蘇芳（すおう）

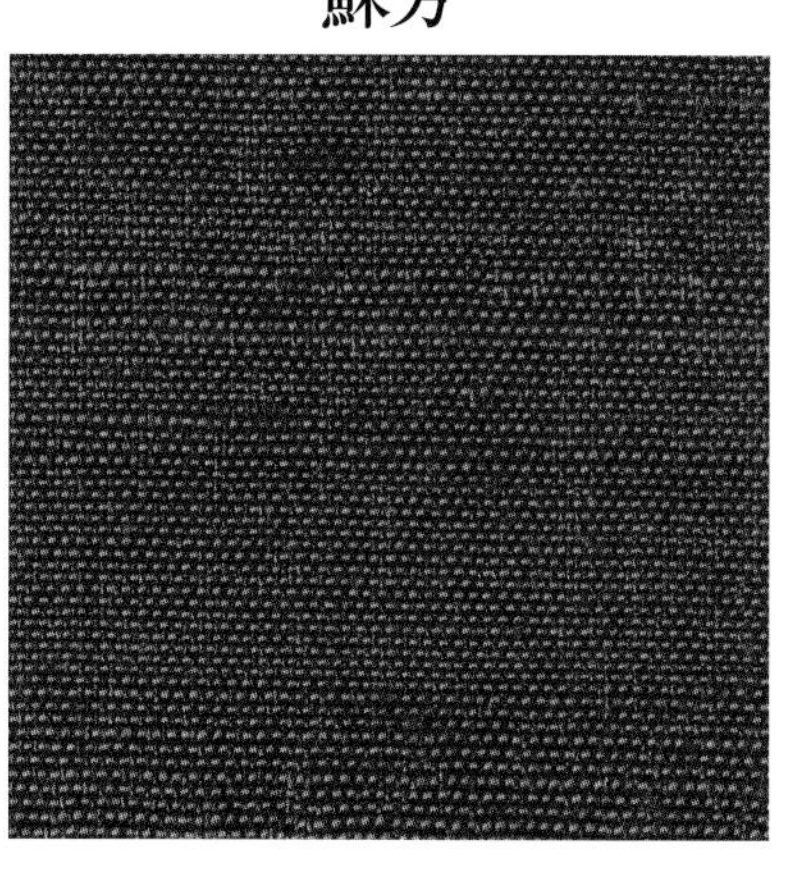

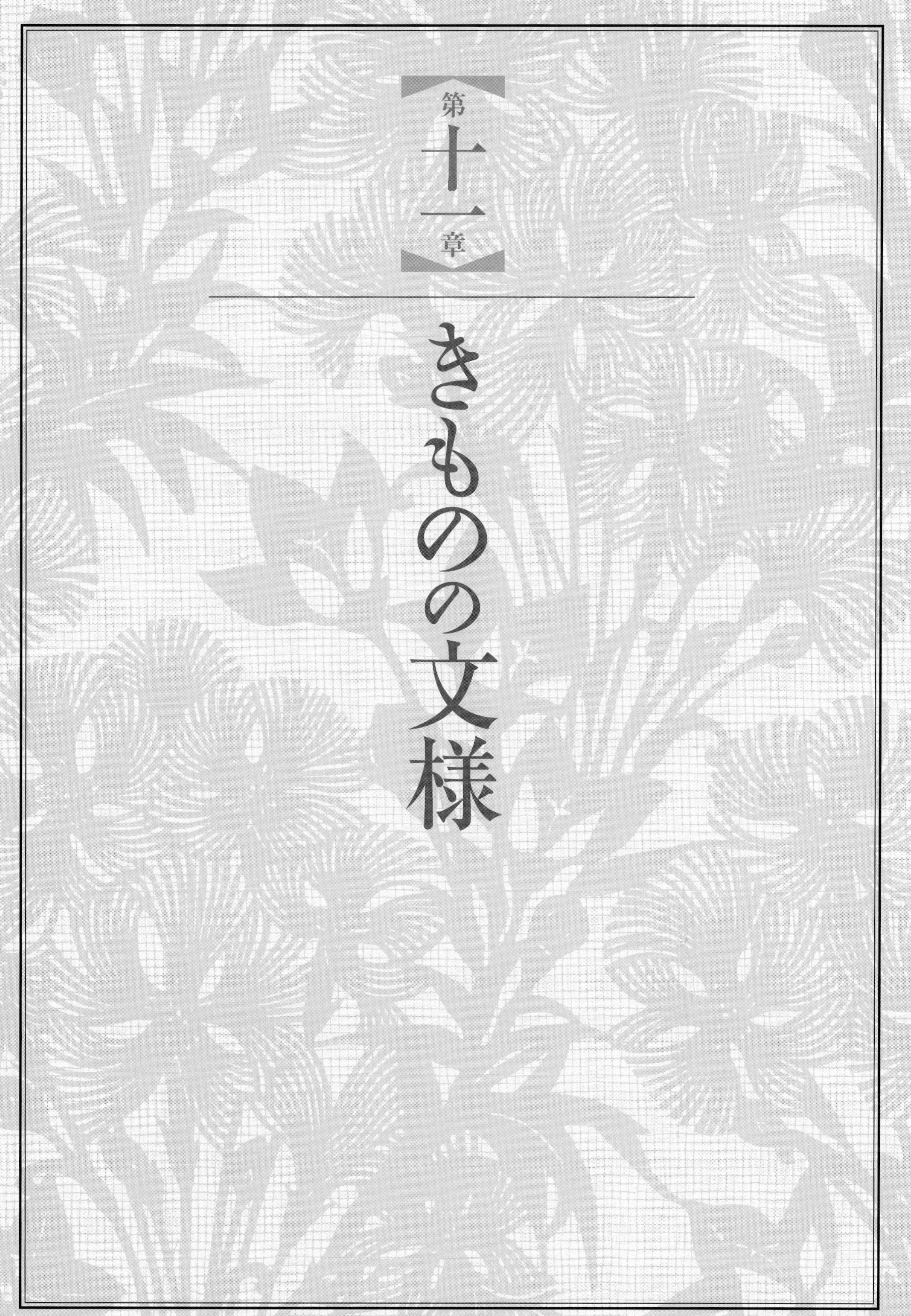

第十二章
きものの文様

植物・動物文様

四季の変化に富んだ日本にはさまざまな生き物が身近に存在し、古くから人は動植物を文様化してきました。四季の美を表現する目的でもきものによく使われています。

梅
【うめ】
寒さの中でほかに先駆けて香り高い花を咲かせることから、古来より尊ばれた植物。吉祥文様とされます。

竹
【たけ】
しなやかで強く、風情の美しいことから吉祥文様として使われたり、動植物ともよく組み合わせます。

松
【まつ】
松は常緑樹で緑が変わらないことや樹齢の長さから吉祥の木とされます。多様な意匠があり、格調の高い文様。

桜
【さくら】
古くから愛されてきた代表的な春の花。最近では写実的に表された文様以外は通年での着用が増加。

菊
【きく】
姿、色、香りに優れることから、広く題材にされてきました。秋の花ですが吉祥文様として通年好まれます。

松竹梅
【しょうちくばい】
松や竹は冬の寒さに耐えて緑を保ち、梅は花を咲かせることから、おめでたいとされる組み合わせの意匠。

椿
【つばき】
春の到来を告げる聖なる木として好まれてきた文様。花を軍配のように意匠化したものは遠州椿といいます。

楓
【かえで】
楓が紅葉するともみじになります。単独や流水、菊などと組み合わせても使われます。青葉のものは青楓。

牡丹
【ぼたん】
姿の美しさと豪華さから百花の王としてさまざまに文様化された花。唐草をあしらった牡丹唐草文が有名。

菖蒲
【しょうぶ】
魔除けとして五月の節句に今も習慣が残る植物。御所解文様のような風景の中や、単独でもよく描かれます。

橘
【たちばな】
橘とはみかんの一種。文様は実と花と葉を組み合わせたもの。格調の高い文様で、家紋としても使われます。

桐
【きり】
中国で鳳凰が住むとして尊ばれた木。日本でも格調高い文様。代表的な吉祥文様のひとつ。家紋にも使います。

唐花
【からはな】

中国から伝えられた模様。特定の花を指すわけではなく、牡丹のような形の唐風の花をいい、形も多様です。

秋草
【あきくさ】

桔梗、萩、女郎花、撫子など秋の七草や菊など、秋に咲く草花を集めた文様。数種類でも秋草といいます。

葵
【あおい】

二葉葵の葉を文様化。多彩な形や組み合わせがあり、3枚の葉を表した三葉葵は徳川家の家紋で有名。

吹き寄せ
【ふきよせ】

いろいろな木の葉が風に吹き寄せられた様子。松葉、松かさ、銀杏などのほか、花が添えられることも。

桜楓
【おうふう】

春の桜に秋の楓を組み合わせたもの。観世水などをあしらって広く染織品に使われます。季節を問わない文様。

花唐草
【はなからくさ】

蔓草の蔓がからんで曲線を描く文様に、花や果実をあしらったもの。奈良時代に伝わった異国風な趣の文様。

亀
【かめ】

「鶴は千年、亀は万年」といわれ、長寿なことからおめでたい文様として、留袖の模様などにも使われます。

鶴
【つる】

亀と共に長生きの象徴とされる瑞鳥。姿が美しいので品位ある吉祥文様として、婚礼衣装や染織品に使用。

花の丸
【はなのまる】

草花を円形におさめた文様で丸文の一種。多様な花が使われ、優雅な趣の文様。刺繍でしゃれ紋にも使用。

雀
【すずめ】

古くからよく文様の題材とされ、竹に雀、稲穂に雀など組み合わせて使われることも。写真はふくら雀。

蝶
【ちょう】

色や形、舞い遊ぶ姿の可憐さから、さまざまに文様化されて愛されてきた文様。家紋や能装束にも使います。

鴛鴦
【おしどり】

姿と羽が美しく、雌雄が仲むつまじい鳥の文様化。花嫁衣装、礼・正装のきものや帯によく使われます。

器物文様

身の周りで使われる器物が元になった文様も数多くあります。檜扇や御所車など雅やかな王朝風のものは礼装や晴着に、生活に密着したものは、カジュアルなしゃれ着に多く見られます。

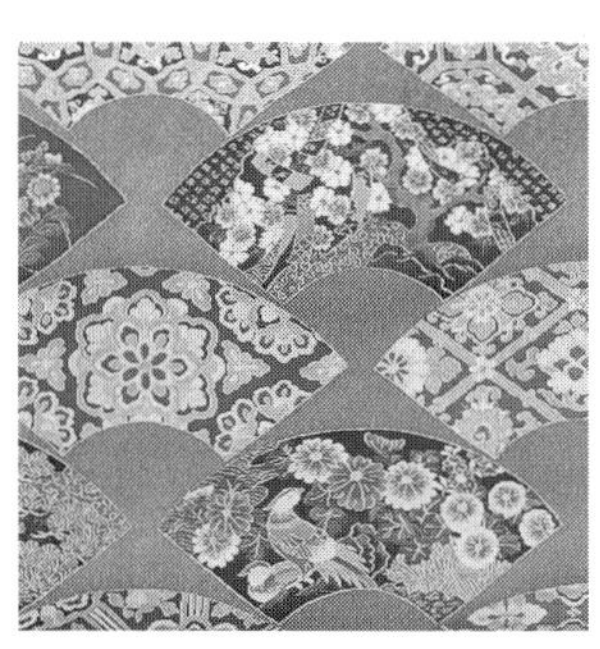

地紙
【じがみ】

地紙は扇に貼る紙のこと。骨のない紙だけの形の中に草花や文様を入れて描かれます。優雅な染織品などに。

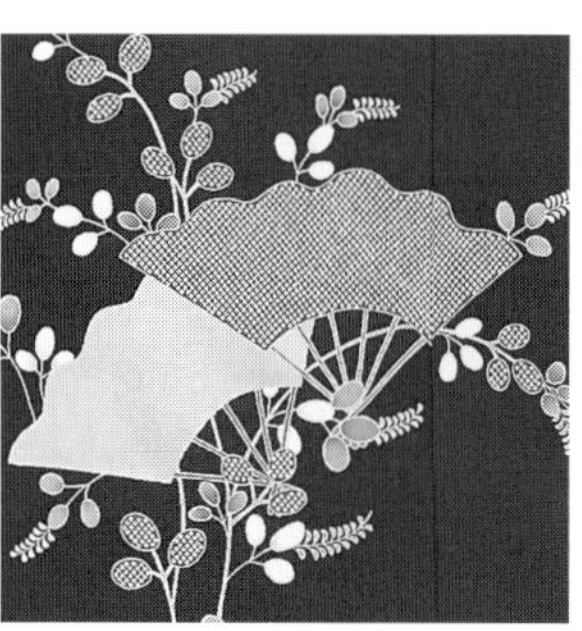

扇面
【せんめん】

扇文、末広文ともよばれます。末が広がることから、吉兆の意味になぞらえ、縁起のよい文様とされます。

檜扇
【ひおうぎ】

檜の薄板の上部を絹糸でとじた扇で、平安貴族が使った装身具。慶事の染織品にふさわしい格調があります。

誰が袖
【たがそで】

江戸時代、小袖を衣桁にかけた様子を描いた「誰が袖屏風」を文様化したもの。衣桁なしでも描かれます。

貝桶
【かいおけ】

貝合わせの貝を入れるための道具。中世には嫁入り道具のひとつ。礼正装のきものに多く見る雅な文様。

色紙
【しきし】

和歌や俳句、絵などを描く四角形の厚紙を散らして文様にしたもの。中に草花や風景などを描き入れます。

薬玉
【くすだま】

5月5日の端午の節句に魔除けに飾ったのが薬玉。香料を袋に入れ、造花を結んで糸を垂らした形を文様化。

御所車
【ごしょぐるま】

源氏車ともいいます。平安貴族が用いた牛車を文様化したもの。牛を除いて描かれます。古典的で典雅な趣。

几帳
【きちょう】

平安時代の寝殿造りの室内で用いた間仕切りを文様化したもの。几帳の中に華麗な文様を描いて使われます。

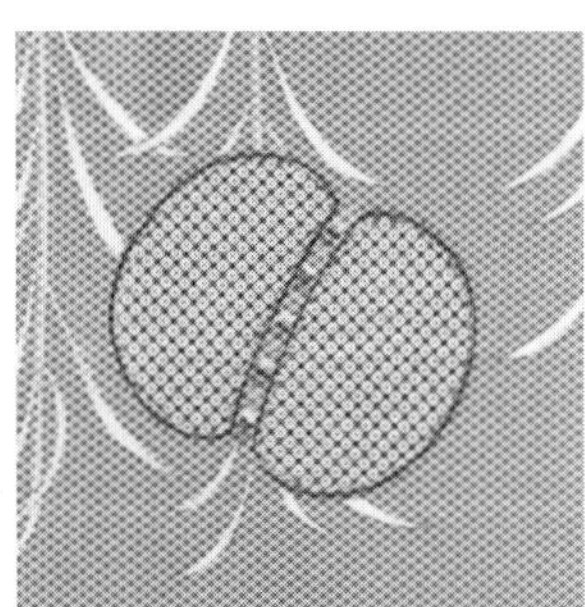

蹴鞠
【けまり】

平安貴族の優雅な遊びである蹴鞠の鞠を文様化。鞠は中央がくびれた形。柳などの植物とよく組み合わせます。

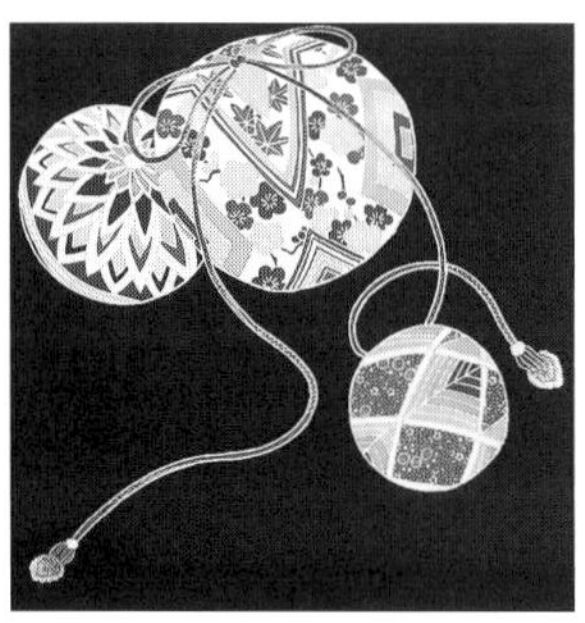

手毬
【てまり】

子供の玩具。江戸後期には装飾的な手毬が作られ流行しました。子供や女性のきものや染め帯に見られます。

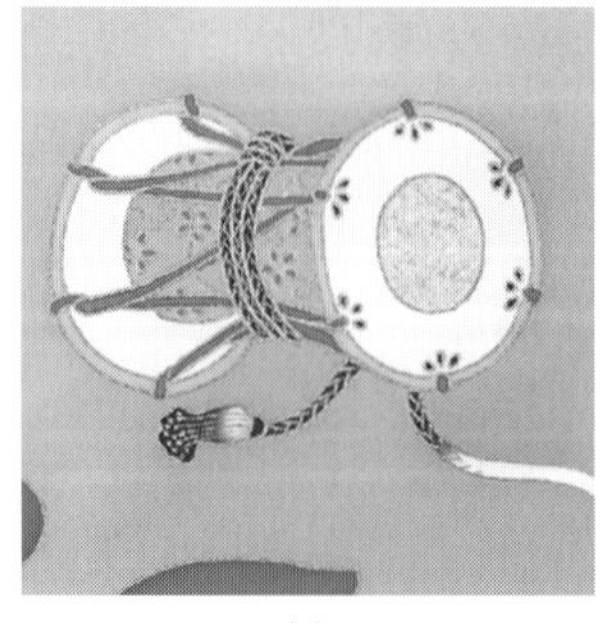

鼓
【つづみ】

和楽器の小鼓の形を文様化したもの。両端の丸い面や、紐を巧みに図案化して、きものや帯によく使われます。

花籠
【はなかご】

花を竹で編んだ籠に盛った形を文様化。中国の故事でめでたいとされた文様ですが、日本的で優雅な印象。

笠
【かさ】

頭にかぶる笠を意匠化した風雅な模様。編笠、網代笠、花笠などさまざまな種類があります。家紋にも。

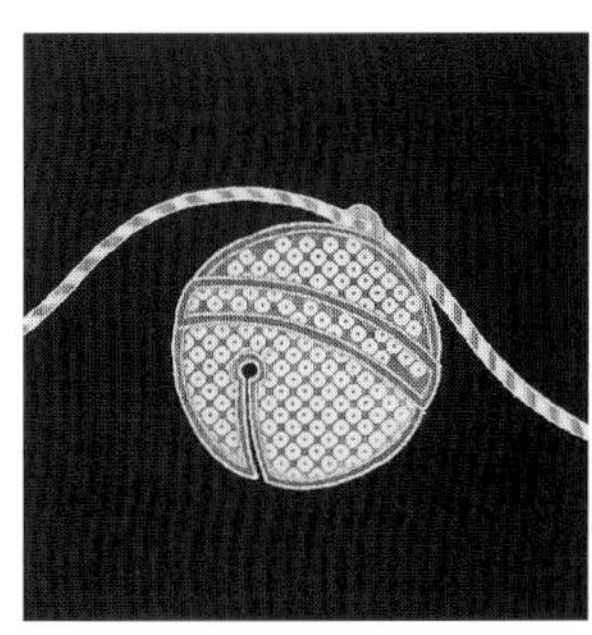

鈴
【すず】

古来は神事や祭祀に、後に楽器に使われた鈴を文様化したもの。鼓や烏帽子と組み合わされることも。

鎧縅
【よろいおどし】

鎧の札を組紐や細い革で綴ったものが縅（おどし）。配色の美しさから、品格のある文様として使われます。

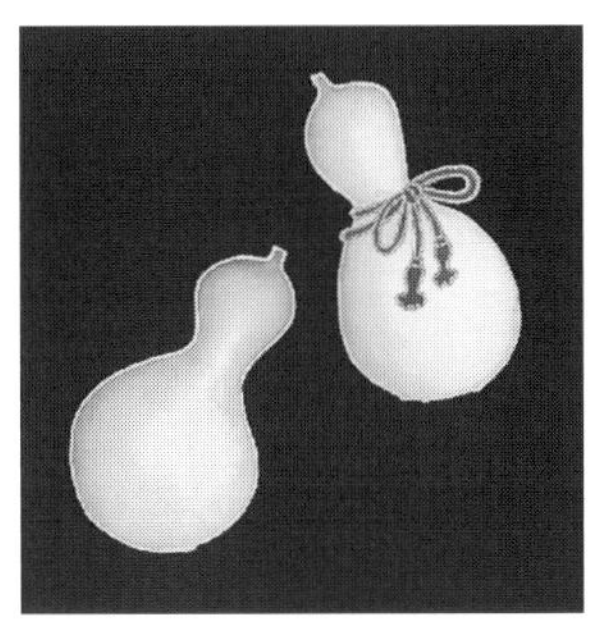

瓢箪
【ひょうたん】

瓜科の植物の実を乾燥し、液体の容器にしたものを文様化。男性や中年向きのきものなどに使うしゃれた柄。

熨斗
【のし】

祝儀の進物や引き出物に添えた熨斗を、細長い帯状に文様化。数本を束ねた束ね熨斗としてよく表されます。

宝尽くし
【たからづくし】

宝物を集めた中国の文様が日本風にアレンジされたもの。構成要素は多様で、すべて揃わなくても宝尽くしとよびます。吉祥文様で晴着などに多用されます。

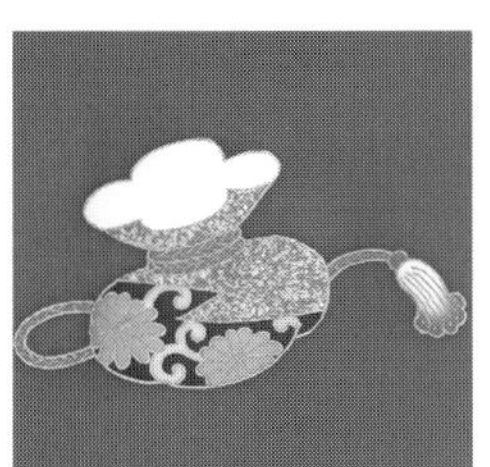

金嚢
【きんのう】

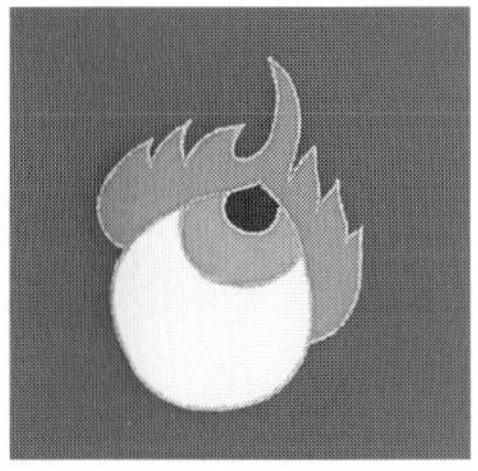

如意宝珠
【にょいほうじゅ】

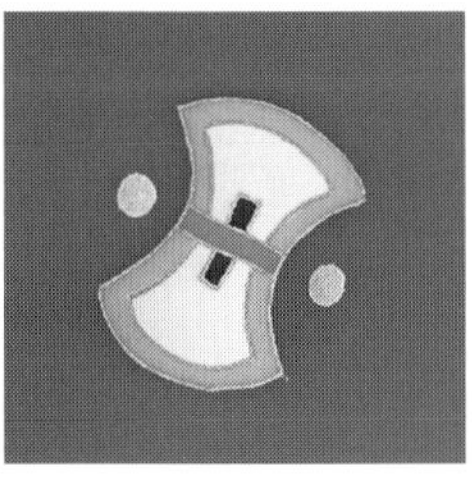

分銅
【ふんどう】

隠れ蓑
【かくれみの】

打出の小槌
【うちでのこづち】

冊子
【そうし】

草子とも書き、和紙を綴じた本を文様に表したもの。表紙だけや頁を開いた形で描かれることもあります。

源氏香
【げんじこう】

香道で『源氏物語』五十四帖にちなんだ組香「源氏香」に使う符号を文様化したもの。多様な形があります

自然・風景文様

気象の変化の豊かな日本では、波や雲、雪や霞など、とらえどころのない自然現象までも、美化してみごとに文様として表現しています。

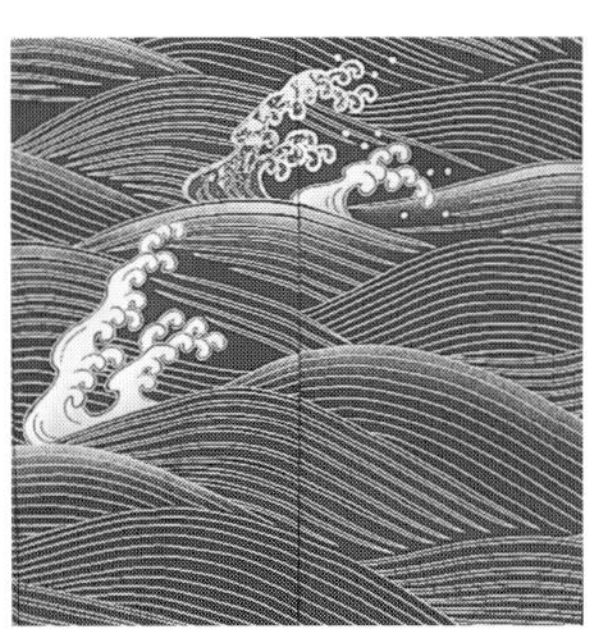

波
【なみ】

変化する波の形を文様化したもの。波涛、大波、小波、荒波など数多くの種類があり、表現も多様です。

観世水
【かんぜみず】

水を横長の渦巻きのように表した文様。能楽の観世流の模様に由来。格調ある文様として広く使われます。

水
【みず】

水は、川や海など、多様な形で表されます。図のように曲がりくねって流れる様子を意匠化したのは流水文。

雲取り
【くもどり】

雲の中に多様な文様を詰めて表したもの。場を区切る方法としてもよく使われ、多くの染織品に見られます。

滝
【たき】

高いところから流れ落ちる滝を線で表したもの。草花などを添えたり、風景の一部に加えられたりします。

青海波
【せいがいは・せいかいは】

波文の一種。同心円を互い違いに重ね、同心円の一部が扇形状に重なり合った文様。埴輪にもある古い文様。

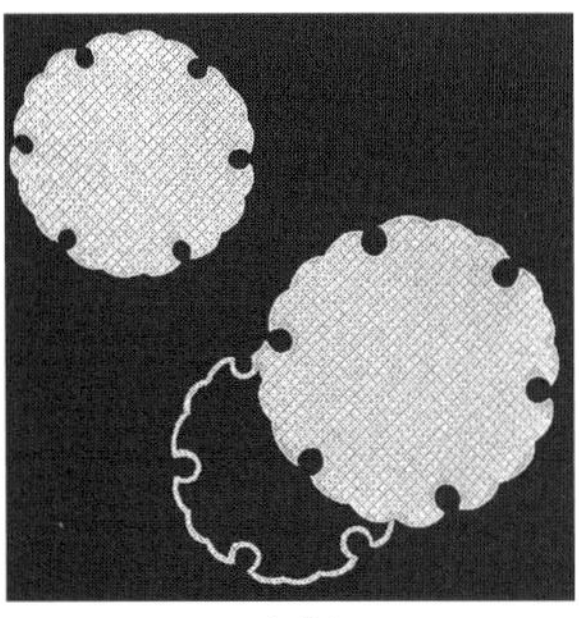

雪輪
【ゆきわ】

雪の結晶に見られる六角形の輪郭を、円形に描いた線文様。中に文様を入れたり、雪輪を区切りに用いたりも。

雪花
【せっか】

降る雪を花に例えて雪花といいます。雪の結晶を花のように意匠化して趣を添えたもの。風情のある文様。

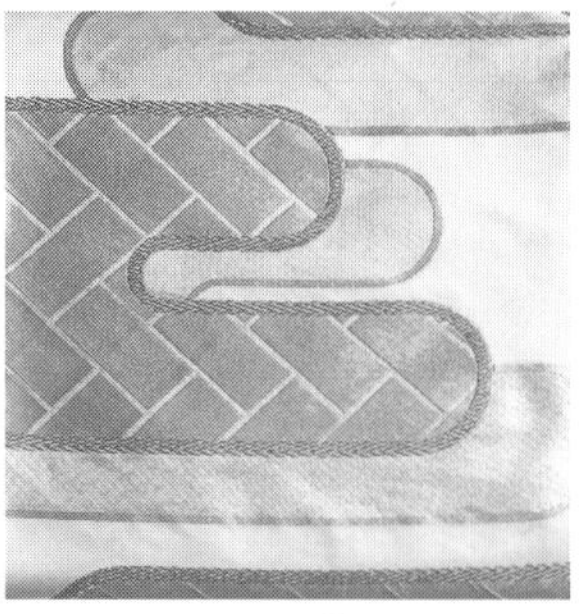

ヱ霞
【えがすみ】

実際には形のない霞を、「ヱ」の文字のように図案化したもの。中に文様を詰めてよく表されます。

茶屋辻
【ちゃやつじ】

水辺風景に橋や家屋、木や草花を描いた文様のこと。元は上級武家女性が着た麻地のきものに由来します。

御所解
【ごしょどき】

家や橋などの風景に、御所車や几帳など、公家に関係ある王朝風の雅な文様を配したもの。友禅染などに。

月
【つき】

変化する月の姿は、古来より好まれて文様化されてきました。草花や兎などと合わせてよく表されます。

時代の文様

文様には、渡来した時期や様式によって、時代的な特徴をもっているものがあります。そのなかでも代表的な三つの時代の文様をご紹介します。

正倉院（しょうそういん）文様

奈良時代に東大寺の正倉院に収蔵された、工芸品や染織品に表された文様のこと。日本の古典文様では最古とされ、インドや西アジアから中国を経て伝わった、渡来文様に影響を受けています。異国風のエキゾチックな雰囲気と、格調の高さを併せ持つ文様が多く見られます。

有職（ゆうそく）文様

平安時代以来、公家の装束などの装飾に用いられた、優美な様式をもつ文様。奈良時代に外国から伝わった正倉院文様などが日本の風土に合うように変化したものでもあります。幾何学文様風に繰り返す図案や、典雅で整った趣の文様が多く、礼装のきものや帯によく使われます。

名物裂（めいぶつぎれ）文様

中世から近世初頭にかけて、中国やインド、中近東の国から渡来した染織品の文様です。時代裂ともいいます。主に茶道の世界で珍重され、茶道具や掛け軸などに裂の形で使用されました。鑑識眼のある大茶人たちを惹きつけた模様だけに、洗練された印象と格調のある文様です。

花喰鳥
【はなくいどり】
花や小枝、組紐などをくわえた鳥の文様。鳥は鶴や鳳凰などさまざまです。

宝相華
【ほうそうげ】
想像上の花の文様。華麗な花文様の意味で正倉院文様を代表する意匠のひとつ。

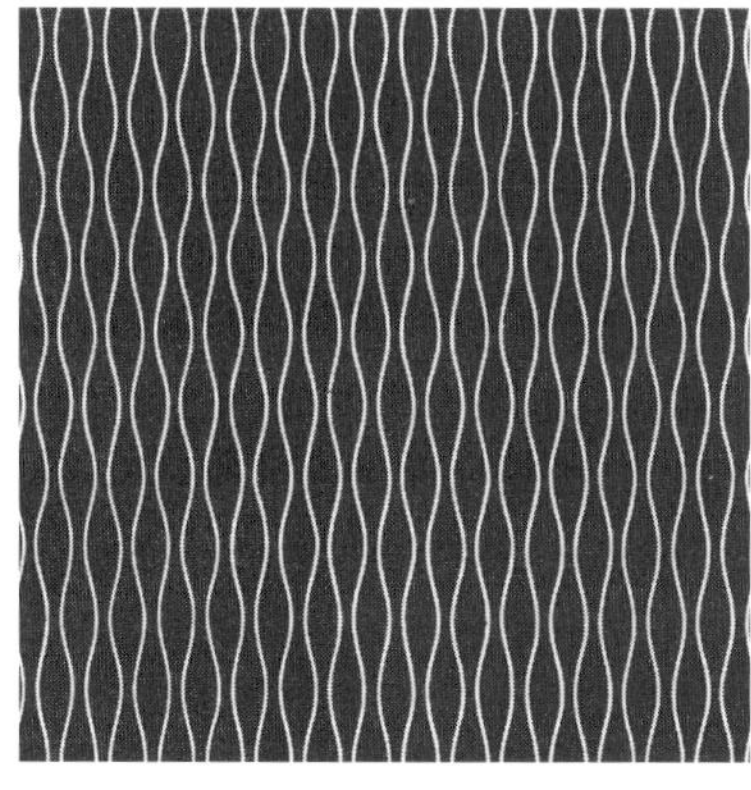

立涌
【たてわく・たてわき】
波状の線が向かい合い、対称的に繰り返す形。中に菊などを詰めたものも。

八つ藤の丸
【やつふじのまる】
中央の十字形の花文の周囲を、2つ1組の藤文4組で囲んで構成。格調のある文様。

荒磯
【ありそ・あらいそ】
波間に躍る鯉を織り出した文様です。中国渡来の裂に由来します。

有栖川
【ありすがわ】
有栖川錦にある文様。鹿や馬などの動物を菱形や八角形などで囲んだもの。

幾何学文様

直線や曲線、点などで構成される幾何学的な文様です。わかりやすく端正な図柄が特徴で、雲取りなどの場の中にもよく見られます。染織・工芸技法から生まれた文様も併せて説明します。

市松
【いちまつ】

四角形を縦横に並べた文様。江戸時代の歌舞伎役者、佐野川市松の衣装に由来するよび方です。石畳文とも。

鱗
【うろこ】

地と三角形が交互に入れ替わって構成される文様。魚の鱗に似ているためこの名があります。厄除けの意も。

麻の葉
【あさのは】

六角形を基礎にした文様。形が大麻の葉に似ていることに由来します。部分的に破れたものもあります。

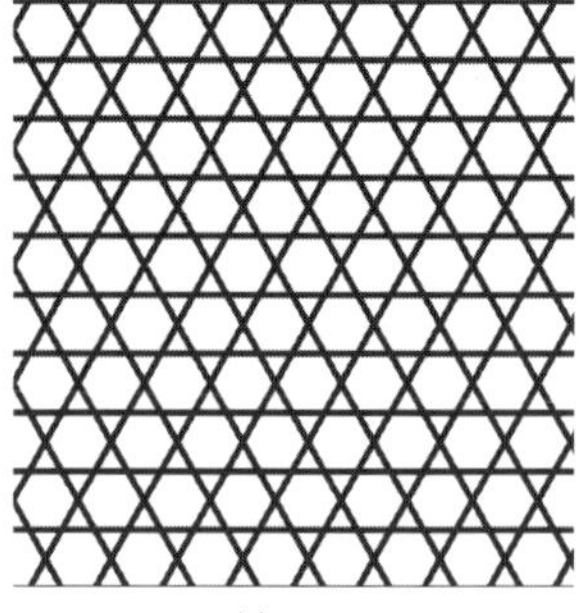

籠目
【かごめ】

竹で編んだ籠の網目を文様化。幾何構成の連続文様ですが、網目のひとつを紋章にしたものもあります。

網代
【あじろ】

垣根や団扇などに使われた、竹などを細く削って斜めや縦横に組んだ形を文様化したもの。地紋に多く使用。

紗綾形
【さやがた】

卍の字を崩して組み合わせ、連続模様としたもの。端正な文様で、白生地の地紋などに広く使われています。

亀甲
【きっこう】

正六角形の幾何学文様。亀の甲に似ているのでこうよばれます。平安時代に定着した有職文様でめでたい柄。

松皮菱
【まつかわびし】

菱形の上下にさらに小さな菱形を重ねたような文様。松の皮をはがした形に似ているのでこの名があります。

檜垣
【ひがき】

檜垣は檜の薄板を斜めに編んだ垣根のこと。その網目の形を文様化したもの。白生地の地紋によく使用。

棒縞
【ぼうじま】

縞柄の一種で、太い縦縞のこと。地と縞をほぼ同じ幅に配したもの。棒を並べたように見えることに由来。

襷
【たすき】

斜めの線が交差した幾何学文様。斜め格子、菱格子ともいいます。鳥襷、三重襷など多くの変化形があります。

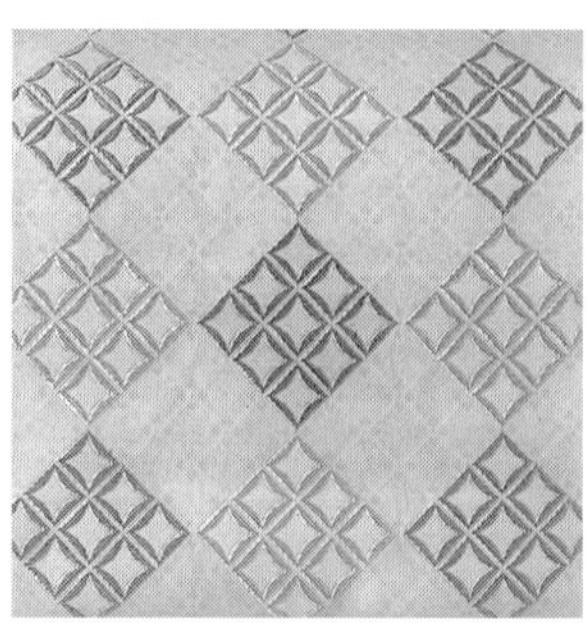

菱
【ひし】

4本の平行線で囲まれた四辺形を基本とする文様。連続模様の菱繋ぎや、花を菱形にした花菱などもあります。

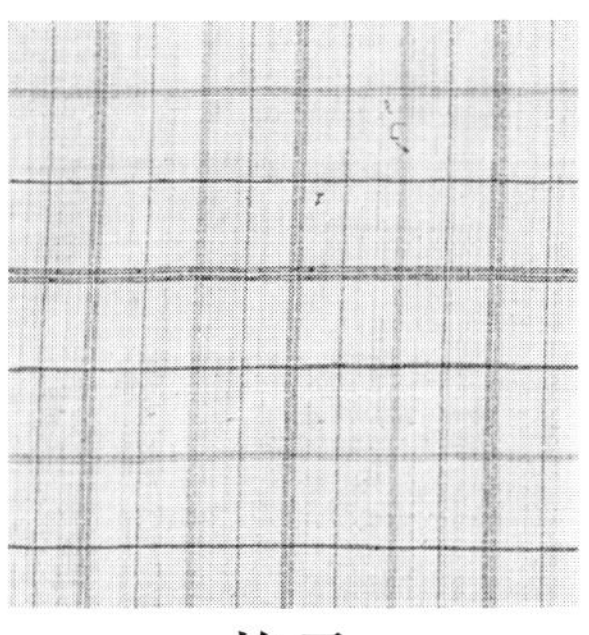

格子
【こうし】

格子縞ともいい、縞柄のひとつ。建具の格子にちなむ呼び名。縦と横の組み合わせで多様な柄があります。

鰹縞
【かつおじま】

鰹の体色が背から腹にかけてだんだん薄くなっていくように、濃い色から薄い色に変化をつけた縞のこと。

よろけ縞
【よろけじま】

字の通り、よろけたように表された縞。直線の縞よりも柔らかい雰囲気があり、染め織り両方で見られます。

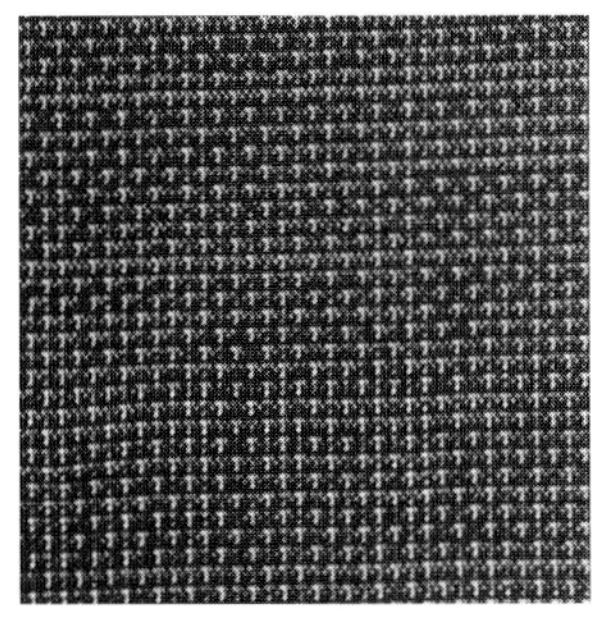

蚊絣
【かがすり】

経緯の絣糸で、非常に細かい十文字を織り出したもの。絣の基本柄のひとつですが高度な技術を要します。

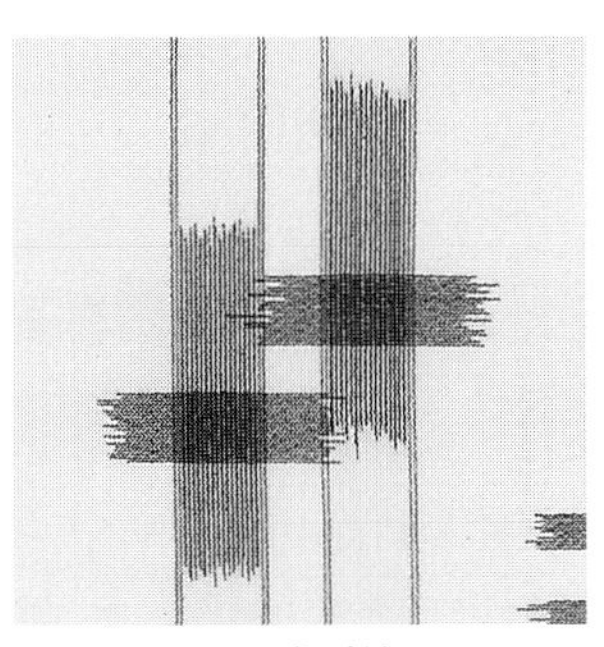

十字絣
【じゅうじがすり】

経緯の絣糸で十字形を織り出したもの。絣の基本柄。経緯1本ずつの絣糸で織った蚊絣とは区別します。

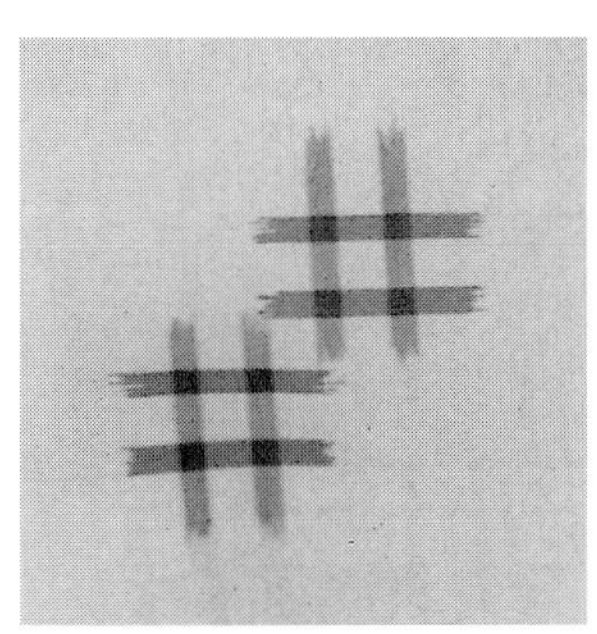

井桁絣
【いげたがすり】

井戸の上部の縁に木を四角く組んだ井桁を文様化。絣織物では基本柄のひとつですが染めでも用いられます。

鮫
【さめ】

江戸小紋の一柄。一面に細かい点を鮫皮状に染め抜いた文様。紋を付けられる格の高い小紋三役のひとつ。

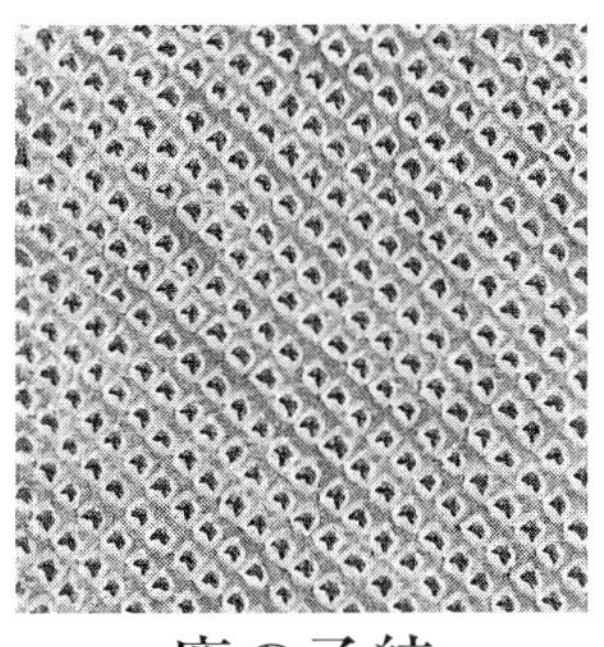

鹿の子絞
【かのこしぼり】

絞り染の技法の一種。子鹿の背の斑点に似ていることに由来。疋田(匹田)絞、疋田鹿の子ともいいます。

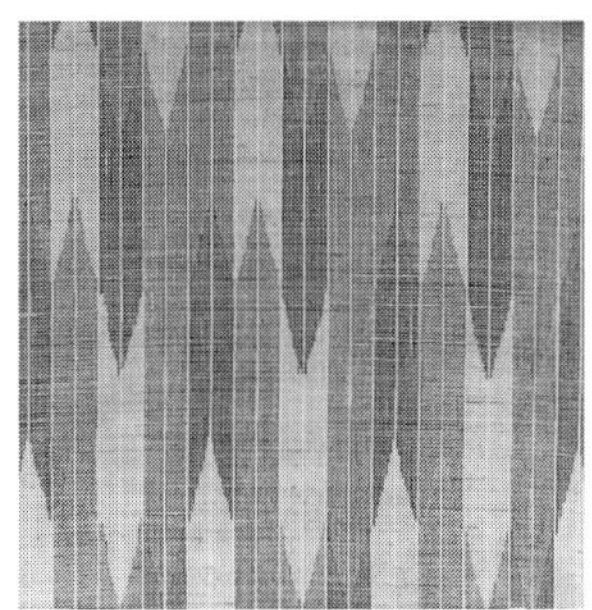

矢絣
【やがすり】

矢の上部に付ける羽根の形を、絣で織り出した文様。御召や紬でよく見られますが、染めでも表されます。

霰
【あられ】

降る霰を図案化したもの。不規則な点が配置されます。江戸小紋の一種で、点に大小をつけた大小霰も。

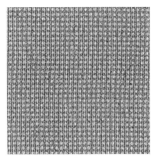

通し
【とおし】

ごく細かな粒が縦横に整然と並んだ文様。粒が正方形のものは角通しといいます。江戸小紋三役のひとつ。

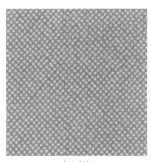

行儀
【ぎょうぎ】

ごく細かな粒が斜めに整然と並んだ文様。江戸小紋柄のなかでも、鮫、通しと共に小紋三役に数えられる。

第十二章

紋

紋とは

紋は家の印として儀礼的な装飾に用いるもので、現在も和服や調度品などに付けられています。紋の起源は平安時代の中期頃、動植物や天文、器、文字などの形をとって衣服や調度品、武具などに付け、持ち主を明らかにしたことから始まったとされています。貴族は装束や車などに特定の模様を付けて自家のシンボルとし、後に武士も戦場での目印として紋の付いた幟や旗を用いるようになりました。江戸時代になると武家の家柄を表すのに必要なものとして発達し、衣服に紋を付ける習慣が定着。やがて一般庶民の間でも装飾的に紋が使われるようになり、礼服に紋を付けるという明治以降のしきたりが、現代でもそのまま受け継がれています。

紋の格と種類

きものに付ける紋にはさまざまな種類があり、種類に応じた格付けがなされています。紋の種類とその違いをまとめて紹介します。

紋の格は、技法と図柄の表現形式によって決まります。紋を表す技法は、染めと刺繍に大別され、染め紋には紋の形を白く染め抜く染め抜き紋と、色で紋を描くものがあります。染め抜き紋が最も格が高く、ほかの染め紋や、刺繍による縫紋は略式となります。また図柄は正式な家紋と、好みで付ける趣味的なしゃれ紋があります。紋の表し方には日向紋、中陰紋、陰紋があり、日向紋が格が高く、次いで中陰紋、陰紋の順になります。最も格が高い染め抜き日向紋は、紋の中を白上げにして、輪郭や詳細を細い線でかたどったもので、礼装には必ずこの紋を用います。染め抜き陰紋は、紋の図柄を白い線で表したもので略式の紋です。染め抜き中陰紋は、陰紋より太い白い線で図柄を表したもので、日向紋と陰紋の中間の略式の紋となります。

一方、刺繍の家紋は染め抜き紋より略式ですが、色無地や訪問着に付ければ略礼装となります。染め紋ほどはっきりした格の違いはなく、菅繍、相良繍などの多彩な刺繍技法があります。

▲染め抜き日向紋（五三の桐）

▲染め抜き陰紋（同右）

▲染め抜き中陰紋（同上）

▲色糸の菅繍陰紋（同右上）

紋の位置

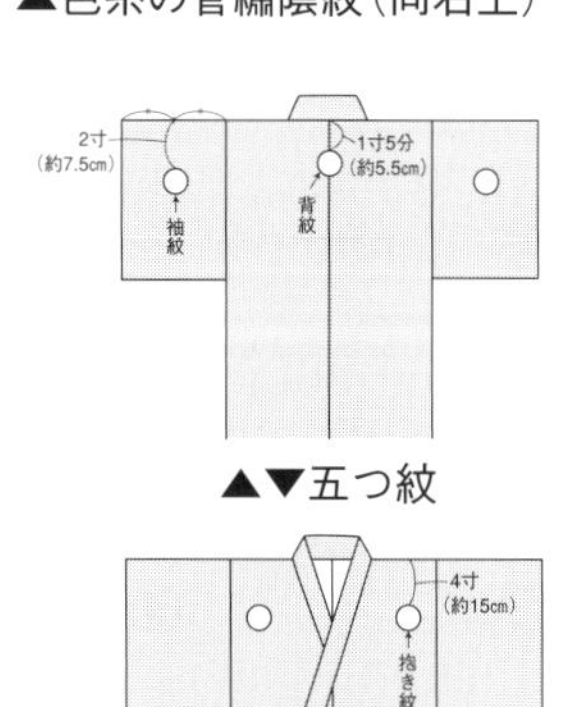

▲▼五つ紋

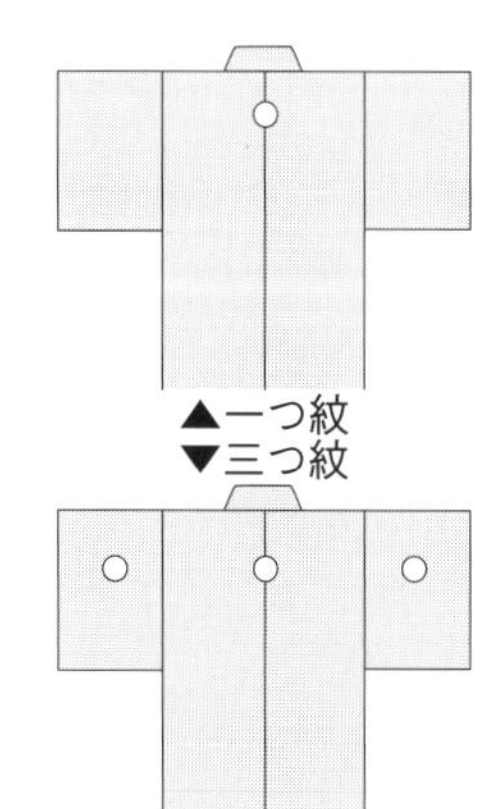

▲一つ紋
▼三つ紋

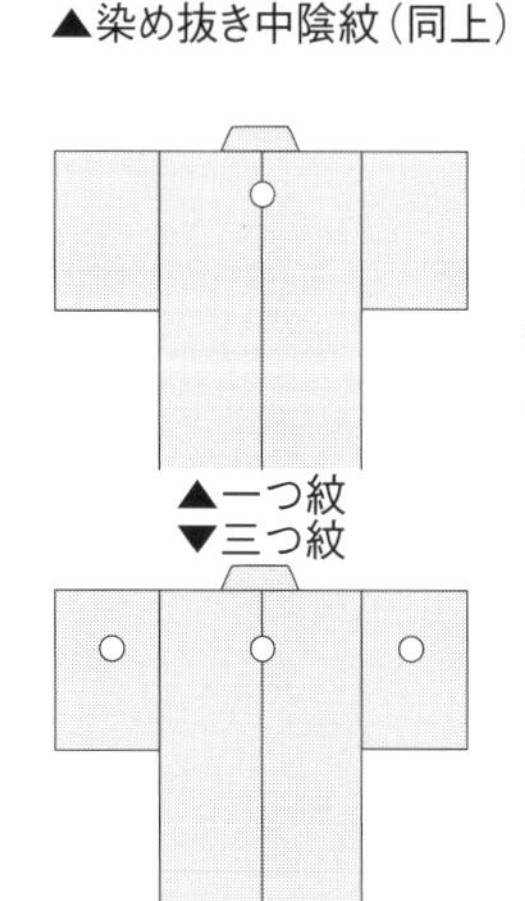

五つ紋は背に一つ（背紋）、両袖の外側に各一つ（袖紋）、両胸に各一つ（抱き紋）。一つ紋は背紋だけ、三つ紋は背紋と袖紋のみ。

きものの種類と紋の関係

最も格が高いのは五つ紋付で、三つ紋付、一つ紋付の順に低くなります。きものの種類に応じた紋の種類や数の目安をまとめました。

黒留袖

黒留袖は既婚女性の第一礼装です。正式の家紋の染め抜き日向紋を五つ付けるのが決まりで、白の比翼仕立て（以前は白の下着を重ねて着ていたものを簡略化したもの）とします。紋を実家か婚家の紋にするかは、地方や家により異なります。

ミセスの第一礼装、黒留袖は「染め抜き日向五つ紋」。

喪服

現代の正式な喪服は、黒無地の五つ紋付です。喪服は弔事の第一礼装ですから、必ず染め抜き日向紋を五つ付けます。不祝儀でも陰紋は付けません。黒留袖と喪服は染め抜き日向五つ紋を用います。

胸に紋が入るのは五つ紋だけ。喪服も「染め抜き日向五つ紋」で。

喪服は不祝儀の第一礼装。陰紋は用いません。

色留袖

色留袖はＴＰＯにより、さまざまな紋が付けられます。格の高い柄ゆきの色留袖に染め抜き日向五つ紋を付けると、黒留袖と同格の第一礼装となります。染め抜き日向三つ紋を付ければ、重厚な準礼装として披露宴やパーティなどで着ることができます（三つ紋以上は比翼仕立てが一般的）。また染め抜き日向一つ紋なら、訪問着感覚の社交着として幅広く活用できます。

柄ゆきによって、より気軽に装いたい場合は中陰紋、陰紋、繍紋を付けたり、染め紋でしゃれ味を加えることもできます。

訪問着

訪問着は社交の場で最も活用できるきものです。格のある古典柄なら、染め抜き日向一つ紋を付けておくと準礼装として披露宴などにも着られて重宝します。豪華な柄ゆきの訪問着なら三つ紋を付けてもよいでしょう。

また軽い柄ゆきのものや気軽に着たいものには中陰紋、陰紋、染め紋、繍紋などを付けて、軽めの社交着として着こなしてもよいでしょう。きものの格や紋の付け方は、柄ゆきや豪華さで判断することが大切です。

「染め抜き日向五つ紋」で既婚女性の第一礼装に。

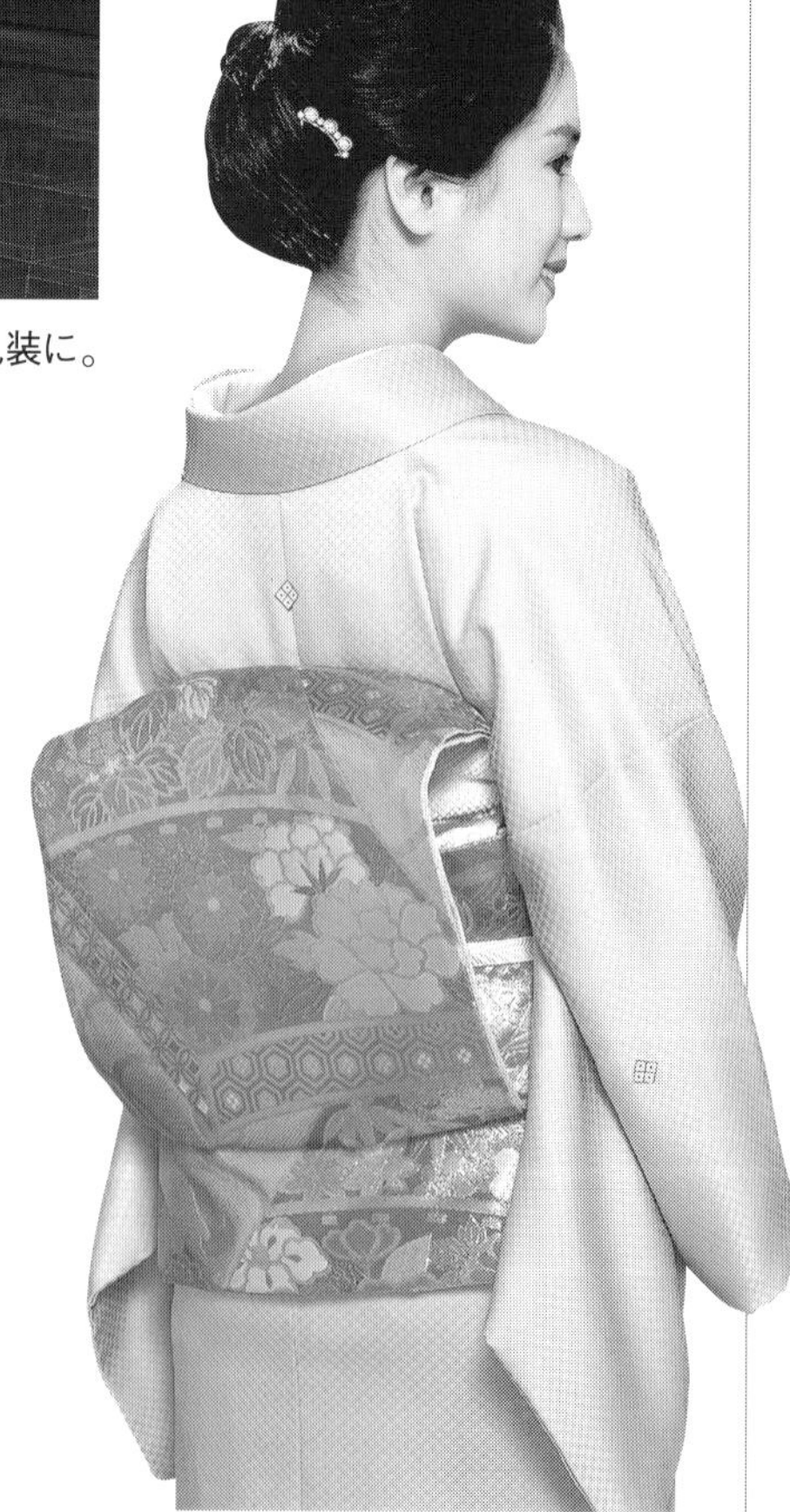

「染め抜き日向三つ紋」で準礼装の装い。

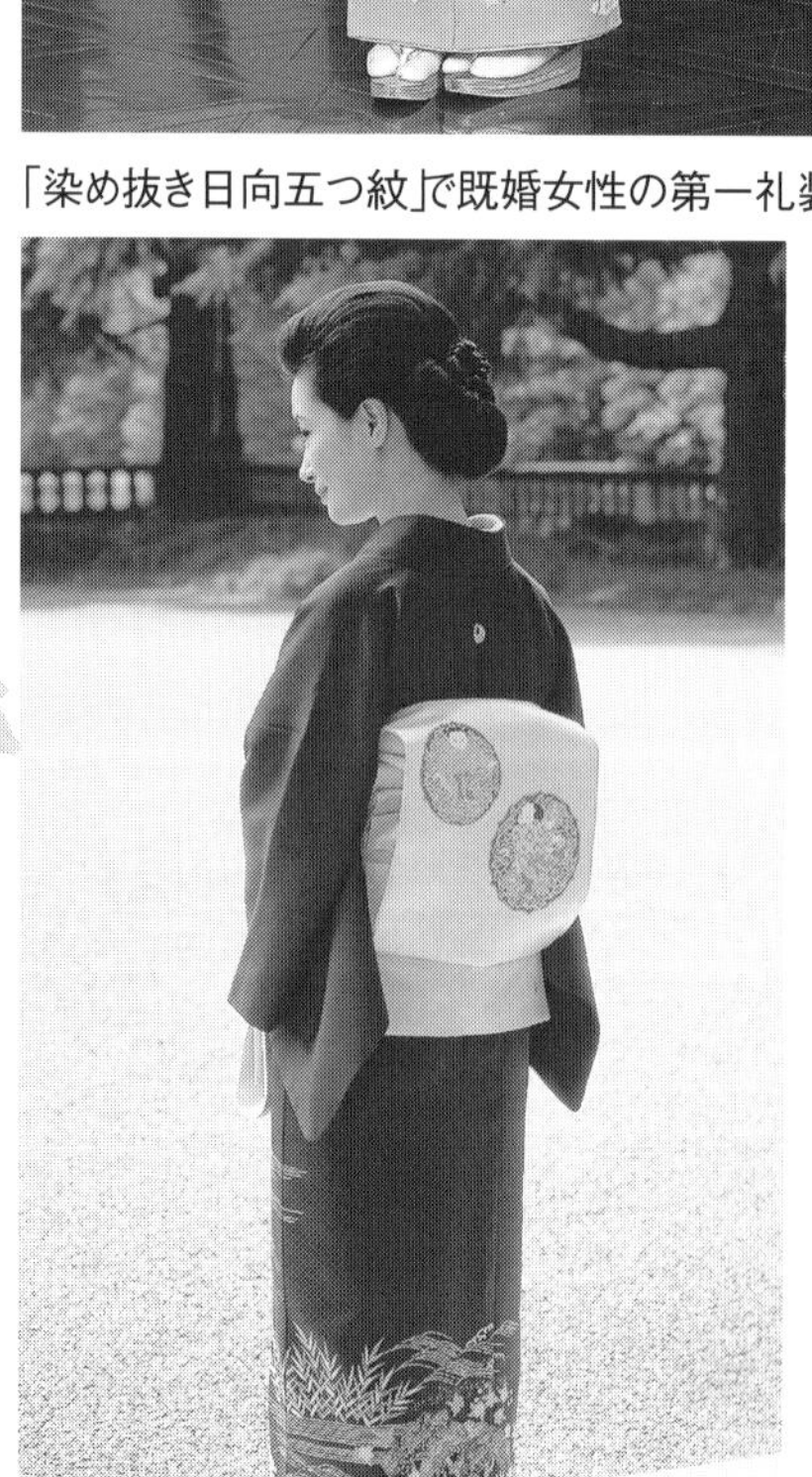

「染め抜き日向一つ紋」は社交着として活躍。

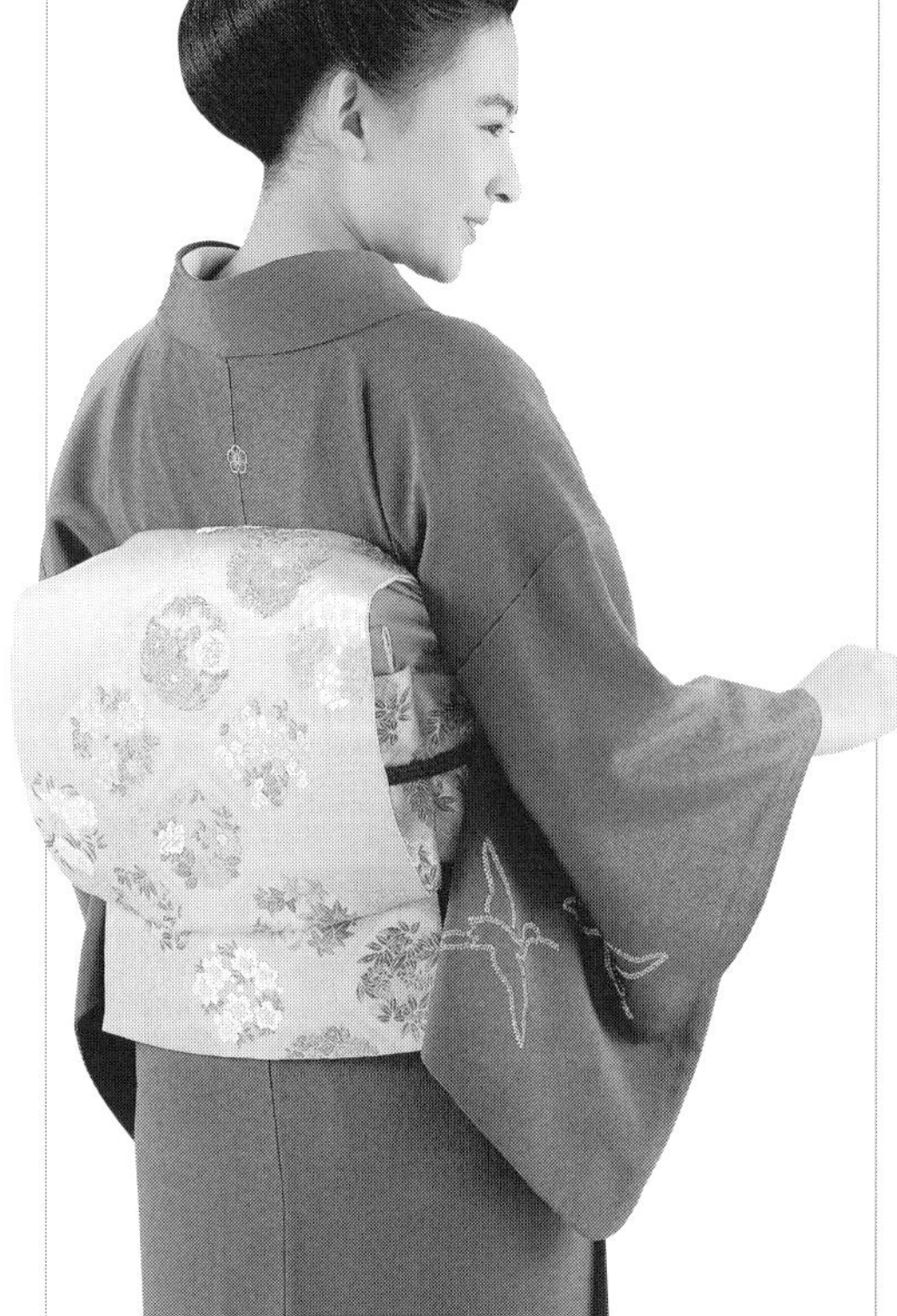

準礼装として「染め抜き日向一つ紋」を付けて。

色無地・江戸小紋

色無地は柄がないだけに紋が重要な意味をもちます。染め抜き紋からしゃれ紋までさまざまな紋を付けることができ、紋による格や印象の違いがはっきり表れます。染め抜きの三つ紋なら準礼装、一つ紋なら略礼装に。また日向紋のほか中陰紋、陰紋などもあり控えめな印象にする場合は、繡紋も好まれます。

江戸小紋は小紋といっても格があり鮫、行儀、通しの小紋三役をはじめ、細かく格の高い柄なら一つ紋で略礼装になります。

「染め抜き日向三つ紋」の色無地は披露宴などに。

色無地に付けた刺繡の「しゃれ紋」。

「染め抜き日向一つ紋」の江戸小紋。

紬

紬はカジュアルなきものですから、基本的には紋は入れません。ただ最近では紬地に模様を染めたきものや、凝った織り絵羽のきものに人気があり、こうしたきものには繡のしゃれ紋を付けたり、繡紋を一つ付けることがあります。また無地の紬に繡紋を一つ付ければ軽い茶会などに向くものになります。

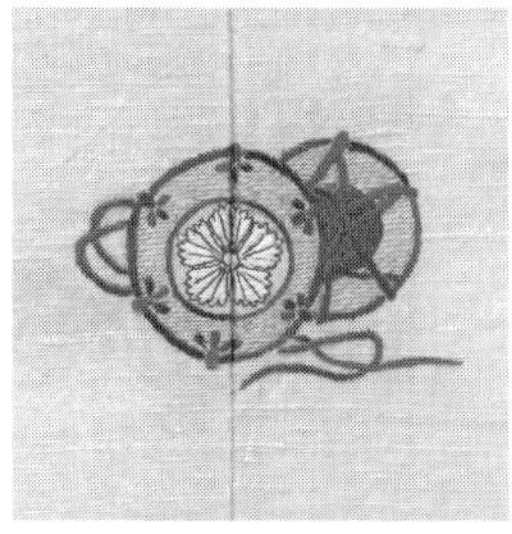

右上／凜とした印象の笹をぼかしで表現したしゃれ紋。

左上／多彩な糸で四君子の丸を表した優美なしゃれ紋。

左／古典的な鼓の模様を多色使いで表現したしゃれ紋。

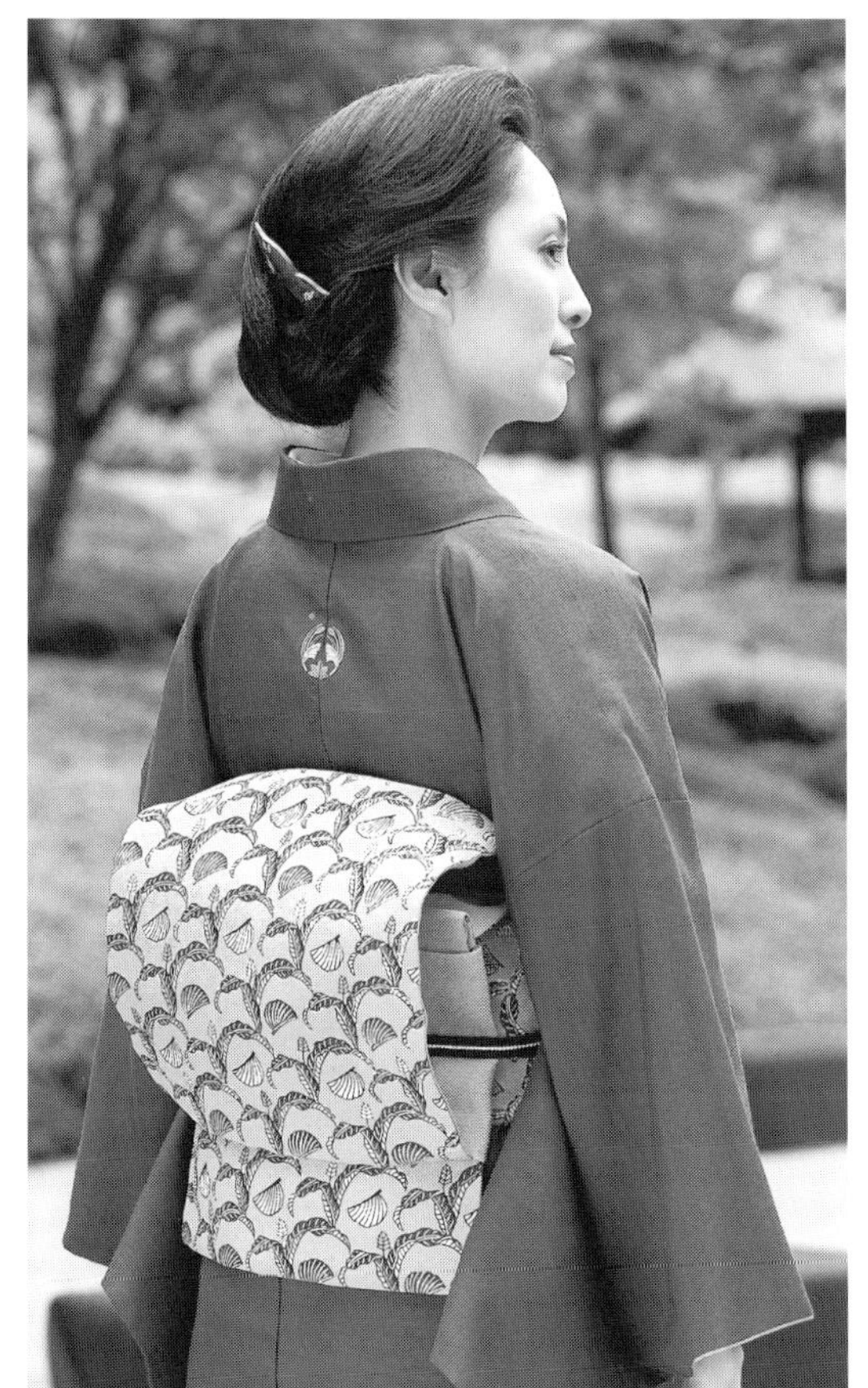

無地の紬に刺繡のしゃれ紋を。

紋の豆知識

紋について知っていると役に立つ事柄を簡単にまとめました。きものに紋を付けるときや保管の際の参考に。

結婚後の紋は？

嫁入り支度や結婚後に誂える紋付に、婚家先と実家のどちらの紋を付けるか迷うところです。結婚後の紋については地方や家によって考え方が異なりますが、一般には結婚後は実家の紋を付けても、また婚家の紋でもよいとされています。また女紋という紋があり、これは女性だけが用いる優雅な図柄の紋（桐、藤、蝶など）を指す場合と、実家の紋や、女系で受け継いでいく紋を指す場合があり、結婚後も実家の紋を使う地方もあります。

紋の大きさと男の礼装

紋の大きさに決まりはありませんが、現代の標準は男性は約三・八センチ、女性は直径約二センチ。男性の第一礼装は黒のきもの、羽織とも正式な家紋の染め抜き日向五つ紋を付け、袴を着けます。

▼男性は1寸（約3.8㎝）●実物大

染め抜き日向五つ紋付の黒羽織ときもの。

紋入れの依頼はいつ？

家紋は格式を表すものですから、一般にしゃれ着には付けません。また家紋を付ければ格が上がる分、着る場や帯合わせに配慮が必要です。きものの用途によって紋の有無や数、表現方法をよく考慮しましょう。

染め抜き紋を入れる場合、誂え染めのときには、地色を決める前に頼むことをお薦めします。黒留袖や喪服は必ず紋を付けるため、既製品でも「石持ち」という紋の白場が残されています。

紋付きものの保管

紋の白場は汚れやすく、また汚れが目立つので紋の部分は特にていねいに扱いましょう。

紋をきれいに保つには、着用時だけでなく保管にも気をつけることが大切。しまうときには必ず紋に薄紙を当ててからたたみ、たとう紙に包んで収納します。

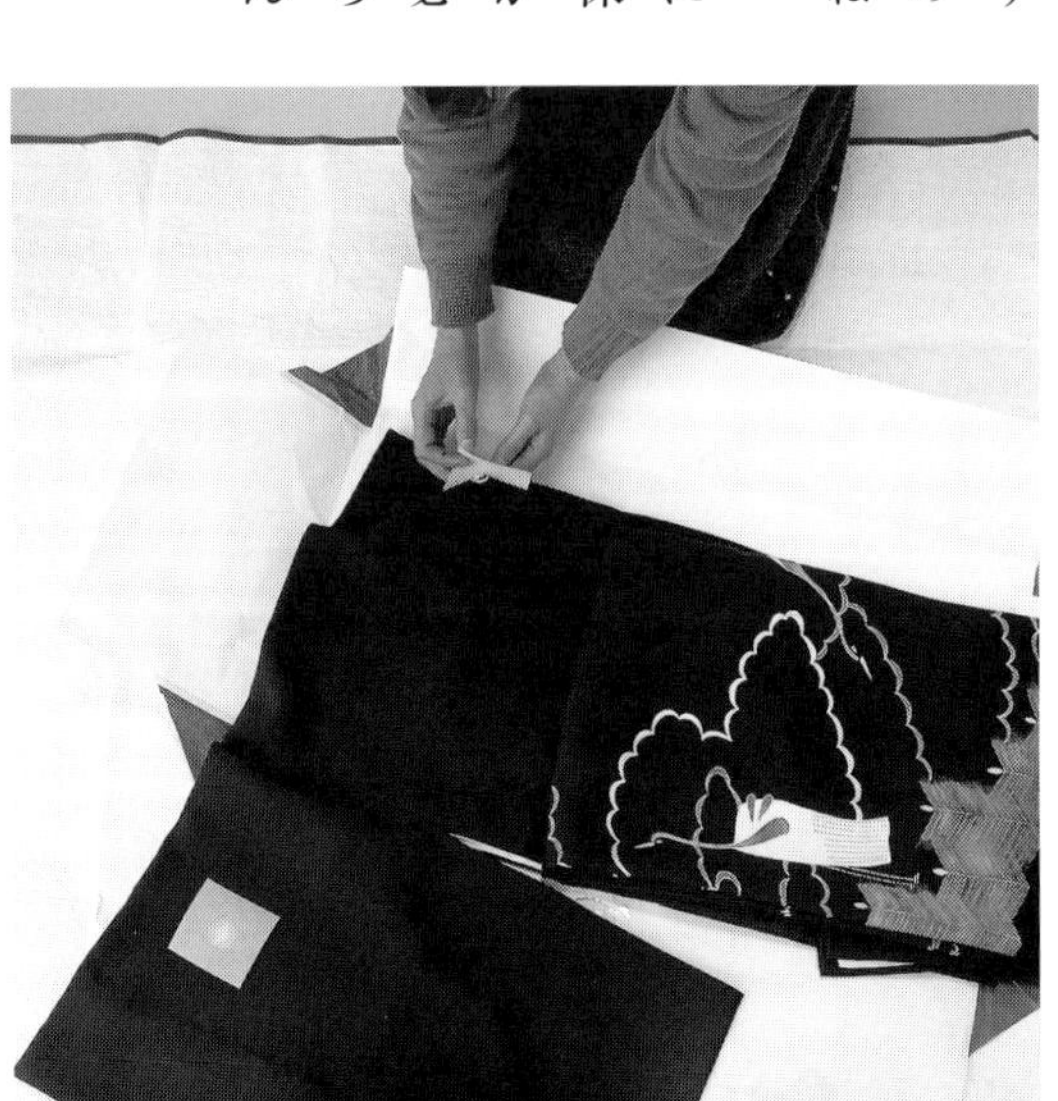

紋付のきものをしまうときは、紋の部分に薄紙を当てて。

代表的な家紋

紋は単に家を表す記号という以上に、デザイン的にも非常に優れており、完成された美しさをもっています。丸のあるものやないものなど、さまざまな形があり、およそ一万種にものぼるといわれる紋のなかから、代表的な家紋を紹介します。

蔓桔梗

糸輪に覗き菊

亀甲に花菱

源氏車

細輪に剣桜

丸に七宝

丸に違い鷹の羽

三つ追い十五枚笹

有馬巴

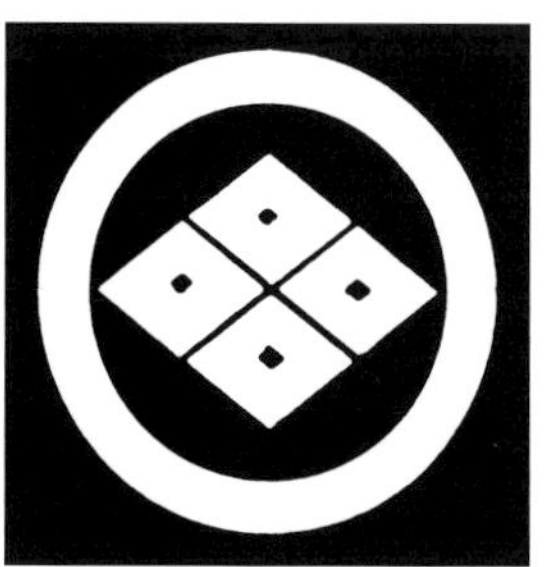

丸に四つ目菱

降り鶴の丸

丸に三つ引き

さまざまな種類の紋が収められた紋帳。

きもの別［紋の入れ方］

黒留袖・黒喪服	日向五つ紋（染め抜き紋）
色留袖	日向一つ紋～五つ紋（染め抜き紋）／日向一つ紋～三つ紋（縫い紋）／デザインの一種と考え、一つ紋～五つ紋（しゃれ紋）
訪問着	日向一つ紋～三つ紋、中陰・陰一つ紋（染め抜き紋）／日向一つ紋、中陰・陰一つ紋（縫い紋）／デザインの一種と考え、一つ紋～三つ紋（しゃれ紋）
色無地	日向一つ紋～三つ紋、中陰・陰一つ紋～三つ紋（染め抜き紋）／日向一つ紋～三つ紋、中陰・陰一つ紋（縫い紋）／デザインの一種と考え、一つ紋～五つ紋（しゃれ紋）
江戸小紋	日向一つ紋、中陰一つ紋（染め抜き紋）／日向一つ紋、中陰一つ紋（縫い紋）／一つ紋（しゃれ紋）
無地紬	中陰一つ紋（染め抜き紋）／中陰・陰一つ紋（縫い紋）／一つ紋（しゃれ紋）

※この紋の入れ方は一般的な目安であり、絶対的なものではありません。
実際には用途や地域、家の考え方などにより異なりますので、あくまでもひとつの参考とお考えください。

第十三章

着るときに必要な物

STEP 1 下着と小物

ステップ1では、きものを着る前、長襦袢を着用するまでに最少限必要な物を挙げてみました。着るときに必要な物の名称を覚えると同時に、本来どのような役目があるのかを知ることで、用いる意味を理解することができるでしょう。自分に合った使いやすい下着や小物を使うことが着崩れを防ぎ、美しい着こなしを約束してくれます。

衿芯

衿の形が崩れないように、長襦袢や半襦袢の半衿に芯として入れるものです。目の細かい薄地の綿織物を用いるほか、生地をバイヤスに裁断したものもあります。近年は、ポリエチレンやナイロンなどの合成樹脂でできた衿芯が多く使われています。

半衿

衿の汚れを防ぐために、あらかじめ地衿の上に掛ける「掛け衿」のひとつ。襦袢（特に長襦袢）の衿に掛け、装飾と汚れ防止を兼ねたものです。今日の半衿の形式は、江戸時代中期頃にできたといわれています。明治から大正時代にかけては、女性のきものの色柄が地味だったため、その分、半衿は総絞りや刺繍入り、友禅染などの華やいだものが好まれたといわれ、これらは現在も用いられています。半衿の素材は縮緬、塩瀬、羽二重、絽や麻などがあります。

肌襦袢

肌に直接着用し、肌の汚れや汗を取るための下着です。素材は肌触りがよく、汗を吸収し、通気性のある晒木綿を用いた単仕立てのものが多く、ガーゼの袷仕立てのものもあります。肌襦袢は裾よけと一緒に用いますが、両方の機能を合わせたワンピース型も好まれています。

裾よけ

腰に巻き付けて使うもので足さばきのよい素材を用います。肌襦袢と共に素肌に着けます。裾よけは裾さばきをよくし、長襦袢の裾の汚れを防ぐために用いられます。

長襦袢

肌襦袢と裾よけの上に着るもので対丈に仕立てます。裾まである襦袢を長襦袢といい、上半身だけの半襦袢（裾よけと共に用いる）もあります。長襦袢の袖丈はきものに合わせ、半衿を掛け、きものの裏の汚れを防ぐと共に保温の役目もします。

生地は綸子、縮緬、羽二重、ポリエステルなどを用います。夏には絽や紗、麻などを使います。礼装用には白地を用いますが、普通のきものには色や柄染のものを用います。袖口や振りからのぞく長襦袢ときものの色との調和は、和服の美しさのひとつといえます。

伊達締め

女性が長襦袢やきものの前を合わせて締める幅の狭い単帯。博多織、正絹無地、絞り、合成繊維、ゴム地などが用いられています。一般に結びやすいように両端が柔らかい地風のものを伊達締めといい、夏用の薄手の紗の織物もあります。

腰紐

着付けに使う紐。腰帯ともいいます。きものを着るとき着崩れしないように形を整えたり、おはしょりをするために結ぶ幅の狭い紐のことです。生地として普通はメリンスが用いられますが、近年は合成繊維や中に芯を入れた幅二〜三センチのくけ紐、しごき風の絹などもあります。幅は五センチ程度が適しています。

足袋

足を覆い包む和装小物。昔はほとんどが革製で、指先が割れていない形でしたが、室町時代以後に現在の形になりました。こはぜも元禄年間から現れ、それ以前は紐で結んだ紐足袋が用いられていました。

女性は白のキャラコ（綿織物）が一般的です。色は白のほか色足袋や柄足袋もあります。かつて足袋は冬は裏地がネル、春秋は木綿、夏は表が麻、裏が薄い木綿というように、裏地により季節を変えていましたが、現代はネルの裏地は少なくなりました。こはぜは三〜四枚が一般的で、日本舞踊などの場合は、五〜六枚のものが用いられています。

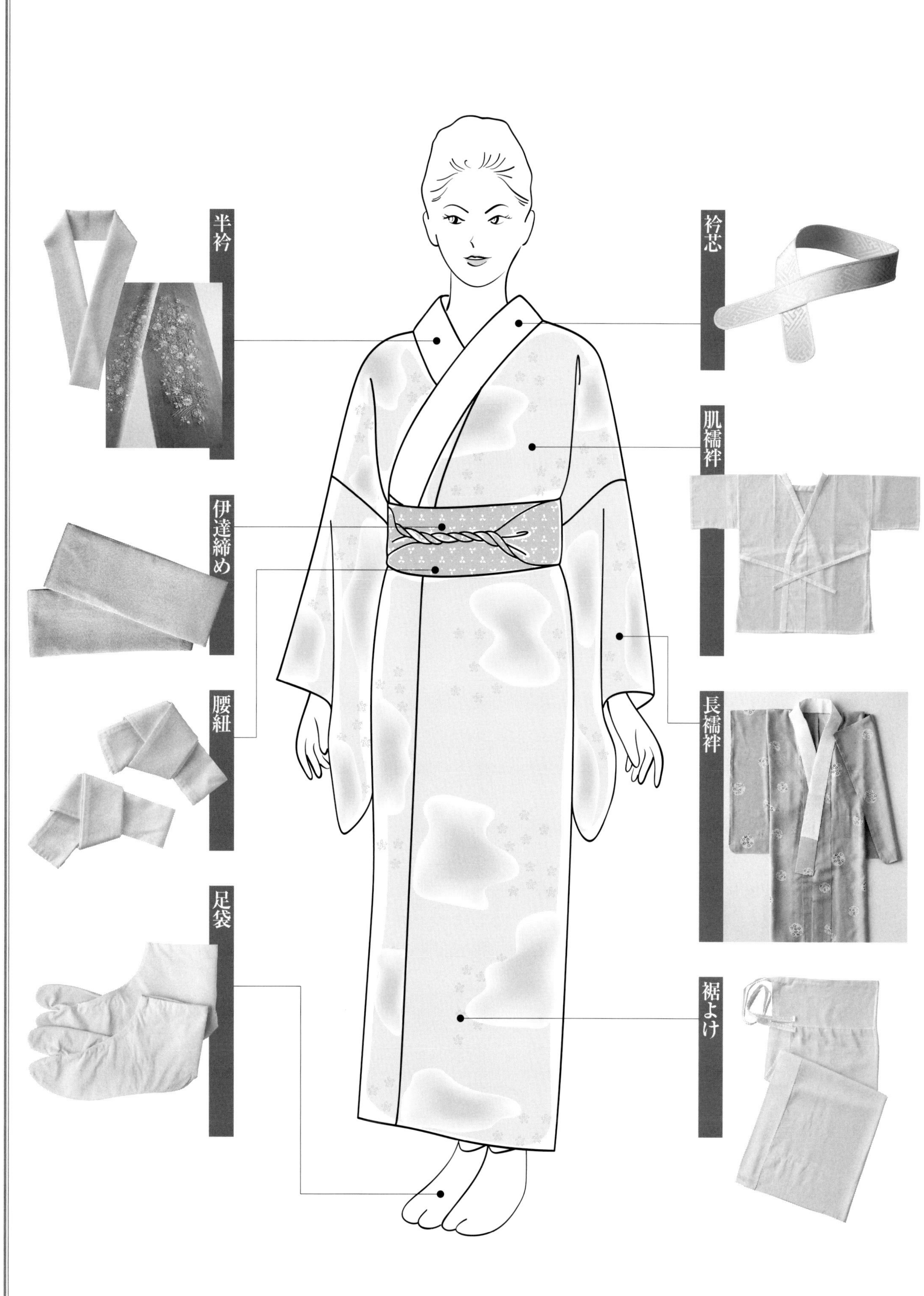
半衿
伊達締め
腰紐
足袋
衿芯
肌襦袢
長襦袢
裾よけ

STEP 2

着る前の準備

長襦袢を着たら、きものを着て帯を結び、帯揚げ、帯締めで着付けを整えます。仕上げに髪飾りを挿し、お出掛けの場にふさわしいバッグやぞうり、扇子なども用意します。季節を先取りし、また季節に合わせた装いこそ、きものの醍醐味。装う日やお出掛けの目的をよく見極めて準備することが大切です。

きもの

帯

帯枕

帯を結ぶときにお太鼓部分の形を整えて締める道具です。帯結びの種類が多くなるにつれ、きものの格や、それぞれの結ぶ形に合わせて、大きさや型を選ぶようになりました。

帯板（前板）

帯を締めるとき、胴周りにしわができないように前に挟む板状のもの。前板ともいいます。布製やプラスチック製のほか、ベルト付きのものもあります。

伊達締め

女性が締める幅の狭い帯（詳細は一四〇頁参照）。

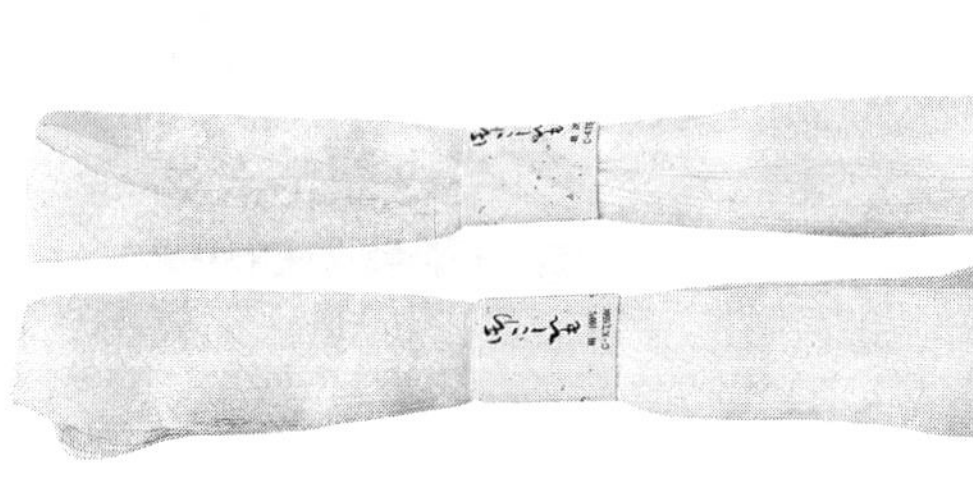

腰紐

着付け用の紐（詳細は一四〇頁参照）。

帯締め

帯の上中央に最後に締める紐です。帯を結ぶ目的のほか装飾的な役割も強く、きものや帯との色や、材質の調和が重要です。

組紐は平たく組んだ「平打」と、丸く組んだ「丸組」とに大きく分けることができます。平打は幅や厚みがあり安定感があります。丸組は細身で結びやすいのが特徴です。

帯揚げ

帯を結ぶときに帯枕の上にかぶせ、前で帯の上端におさめて飾る小布のこと。近年は帯結びの技術が進化し、装飾性が強くなっています。素材は薄地の縮緬、紋綸子、合成繊維、夏用には絽や紗があります。絞り、ぼかし染、模様染、無地などのほかに刺繍や金銀箔を施したものもあります。

バッグ

左は表地に織物を使用したフォーマル用和装バッグ。茶席など多くのシーンに活用できます。結婚式や格のある宴には錦織や佐賀錦のほか金銀を用いた洋装用のものも合います。

ぞうり

原形は藁の草履でしたが、江戸時代に発達し、さらに明治以後に改良されました。現在では礼装から普段まで履ける種類がたくさん揃い、和装履物の主流になっています。

末広

扇子は末広がりの形から末広ともよばれます。黒塗りの骨に金銀の地紙を貼ったもの(中央)が一般的な祝儀扇です。これはフォーマルなきもの全般に使えますが、白骨の祝儀扇は色留袖、訪問着などに用い、黒留袖には用いません。最近は蒔絵の骨(右端)やカジュアルな竹骨のもの(左)などもあり、黒留袖以外なら、きものに合わせて選びます。

衣裳敷き

きものを広げたりたたんだりする際に重宝する和紙の敷物。きものや帯、小物を汚さずに整理することができます。家庭で着付けをするときには、用意しておきたい小物です。

髪飾り

髪飾りには鼈甲や蒔絵、彫金、木、陶磁器のほか、宝石をあしらったものや縮緬地を使ったものなどさまざまな種類があります。きもの姿に変化をつけるアクセサリーです。

履物

装いの最後の仕上げが履物です。きものや帯と調和する、お出掛けの目的に合ったものをどのように選んだらよいでしょうか。ここではぞうりと下駄の一般的な材質や用途を紹介しましょう。

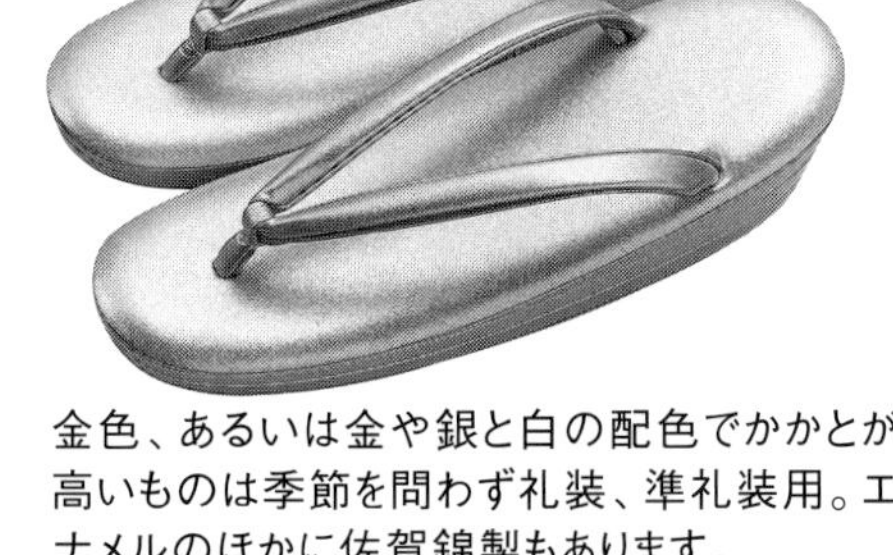

金色、あるいは金や銀と白の配色でかかとが高いものは季節を問わず礼装、準礼装用。エナメルのほかに佐賀錦製もあります。

ぞうり

ぞうりは和装履物の一種で、台の底は歯がなく平らで、鼻緒がすげられています。素材は金銀の帯地や佐賀錦、錦織のほか畳表、エナメルなどがあります。金銀のエナメル製や佐賀錦、錦織などでかかとが高いものは礼・正装に向いています。かかとが低く、台と鼻緒の色が違うものは街着、おしゃれ着に向きます。ただし、かかとが高くても色によって紬などに合わせる場合もあります。

台の巻きが3重になっていて、かかとの高さが約6㎝と高めに作られています。訪問着から小紋の装いに合います。エナメル製。

エナメル製でかかとの高さは約4㎝。爪先部分の台の巻き（側面）は一重と低め。台の色が上品な白の場合は気軽なパーティ向き。

上／ぞうりはかつて畳表が主流でした。その経緯から白っぽい台と鼻緒のものは礼装まで可能という考え方と、おしゃれ着用とする考え方があります。どちらが決まりであるとはいえませんので、場の雰囲気で選びます。上左は鼻緒に金糸を使ったもので格のある装いにも。上右の真田紐の鼻緒はおしゃれ着に似合います。

爪皮付きの雨ぞうり

下駄

下駄の歴史は古く、古墳時代にまでさかのぼれるほどですが、装飾的な広がりをみたのは江戸時代以降です。駒下駄、雨下駄、日和下駄、右近下駄など用途や形、地方によってさまざまな名称を冠した下駄があります。昭和以降はぞうりの発達により、普段用やゆかた用に用途が狭められる傾向にありましたが、最近は見直され、ゆかたのときだけでなく、おしゃれ着に似合う下駄も増えています。

上／一般的な「駒下駄」。女物は丸みを帯びた角形（写真上）と、角がない小判形の2種。鼻緒の頂点にあたる濃色の部分は「前坪」。

右／「駒下駄」の裏部分。2枚の板（歯）の後ろ側手前にすげる「前すげ」とよばれる方法で作られています。

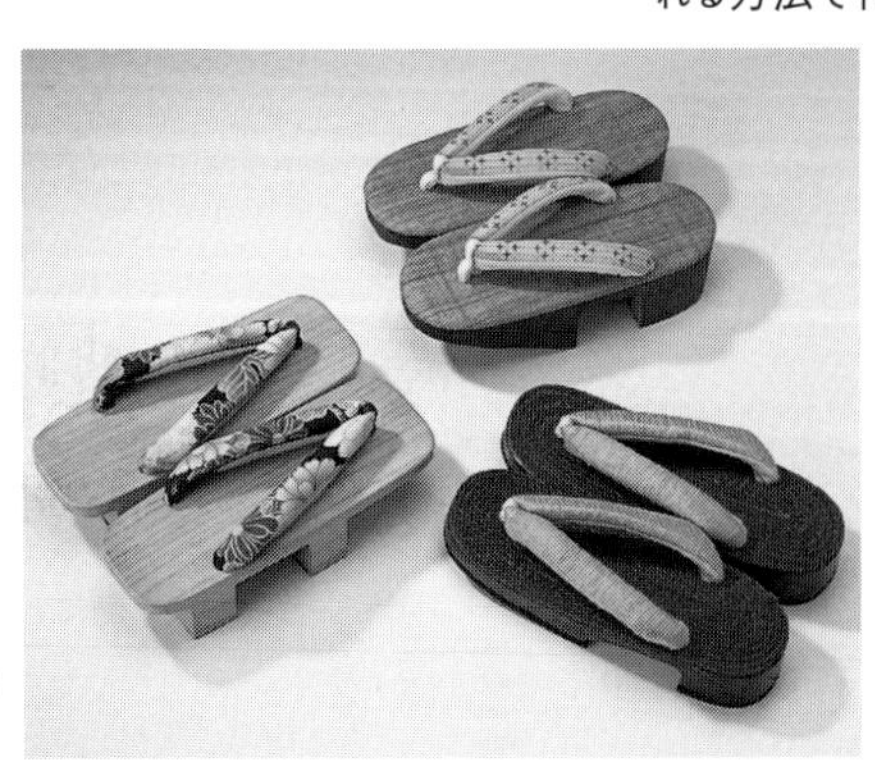

台も鼻緒もさまざまな種類の下駄が登場しています。上の丸みのある下駄は焼桐の台に科布を張ったもの。右下は台に麻が張られたもの。左の鼻緒は古裂風のアンティーク調。

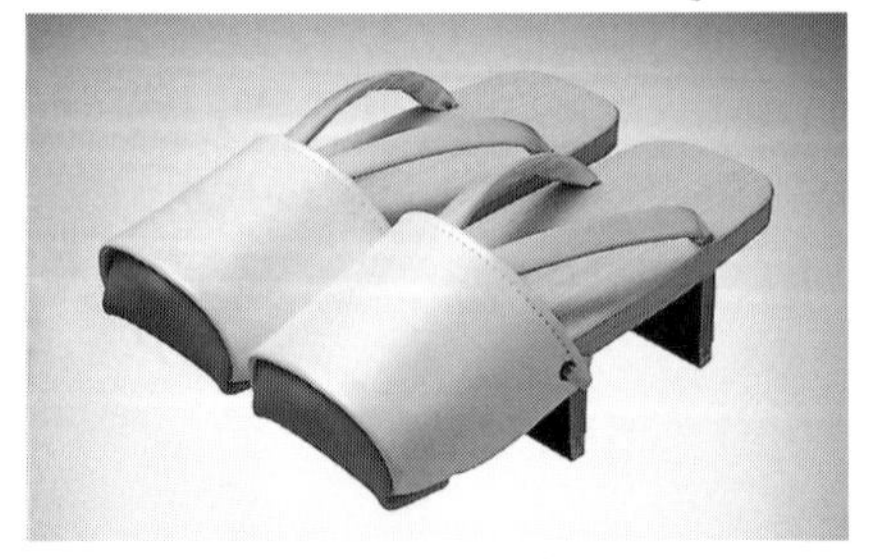

雨下駄。白木の桐下駄は水に濡れるとシミになりやすいので、漆塗りが施されています。着脱できる爪皮（前カバー）が付いています。

columnコラム

帯留の楽しみ

きものの装いの楽しみを広げてくれるのが帯留です。帯留は本来、帯締めの両端に付けた金具のことでしたが、現在は平打の帯締めに装飾的な飾り物を通して用います。素材は鼈甲、蒔絵、彫金、木彫、陶磁器、象牙、七宝、ガラスなどさまざまです。

結婚式など祝儀の場に装う留袖には、プラチナや金台にダイヤ、真珠、ルビー、サファイア、エメラルドなどの宝石が上品にあしらわれたものが最適です。ほかに白鼈甲や金蒔絵も礼装向きです。黒鼈甲や茨布甲（黒い斑点のある鼈甲）、象牙などは基本的にはおしゃれ着向きですが、宝石や貴金属と合わせたものは礼装に用いることができます。

紋付の色無地や訪問着などの場合は、留袖に次いで格の高いきものですから帯留も吟味する必要があります。紋付でない場合は、一般に鼈甲や蒔絵、象牙や彫金、七宝など広い範囲から選ぶことができます。

カジュアルな小紋や紬、大島などのきものには彫金や七宝、象牙、とんぼ玉、ガラスなどのなかから遊び心のあるものを選びます。

無地の結城縮に更紗模様の帯、それに流水に紅葉の龍田川模様の羽織を合わせ、鹿の模様の帯留をアクセントにした物語性のある秋の装いです。帯留は撥鏤という象牙彫刻の技法で製作されたもの。装い全体を情感あふれる帯留を生かしてまとめた、エレガントな取り合わせです。

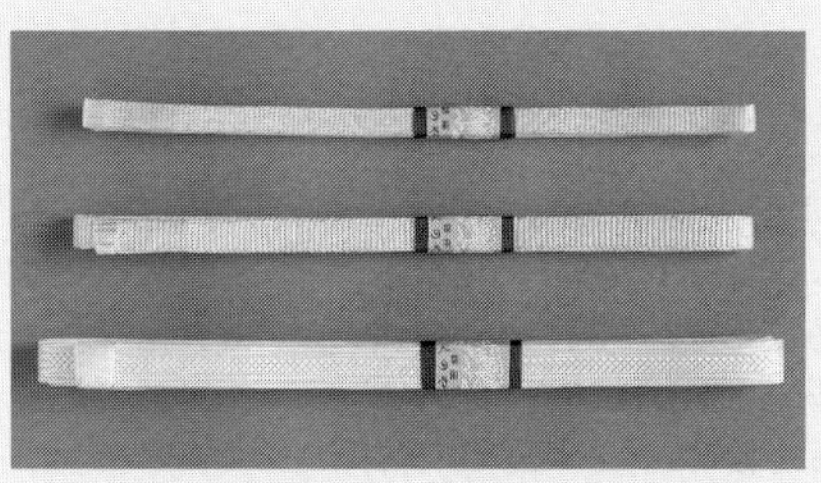

上／現在の帯留は三分紐（写真中）が通るものが主流のため、三分紐を使います。二分五厘紐（上）、四分紐（下）もあります。

締め方①・紐は帯締めと同じ役割があるので、横で結んで後ろに回します。通常の帯締めを流用する場合は、丈が長いので注意を。

締め方②・紐の端を挟み込み、帯留を浮かせ気味にしながら、結び目をお太鼓の中央まで回し、結び目が見えないようにします。

知っていると役立ちます

きものを着るときに必要な物が揃ったら、着付けのときに覚えておきたいポイントを挙げてみました。着付けにはさまざまな方法があり、この限りではありませんが、知識として知っておきましょう。

きれいな衿合わせのコツ

半衿が動かず、長く美しさを保つには、どの位置で合わせるのがよいでしょうか。一般的には喉のくぼみが見える程度に合わせ、バストトップに衿山が掛かるのを目安にすると、衿もとが安定し、美しい着姿になります。このとき、長襦袢の衿先に力布（あるいは紐）を付けておくと腰紐を締めた後にも直しやすく、着崩れを直すときにも役立ちます。

衿がバストトップの位置に当たるように合わせると、きれいな衿もとになります。首の中心下にある喉のくぼみが隠れないようにします。

足袋の素材とこはぜ

足袋の素材はキャラコ（薄地の平織木綿）などの綿一〇〇%が中心で、ほかに紬や麻、御召の生地を使ったもの、綿などに化学繊維を加えたものがあります。袷仕立ての白足袋が一般的ですが、最近はカラフルな染めの色足袋や可愛い柄足袋も増えてきました。留め金具であるこはぜは、三枚か四枚が一般的です。

左／カジュアルな装いに似合う柄足袋。麻の葉や桜などの小紋柄のほか、縞や市松なども若い世代を中心に愛用者が増えています。

右／袷仕立ての白足袋。足袋は一般用のほか、能楽・狂言、歌舞伎など芸能によって異なり、特に能楽用は足をふっくら見せる工夫が凝らされています。

和装用ブラジャーについて

美しく着付けるための一助として、和装用のブラジャーがあると胸の形が整います。特にふくよかな方は前をすっきりと押さえます。和装用のブラジャーは、前ホック式や前ファスナーのものなど多くの種類があります。ホックやファスナーの裏に金具が直接当たらないよう工夫したものや、自分で補整できるようなパッドが付いたものもあります。

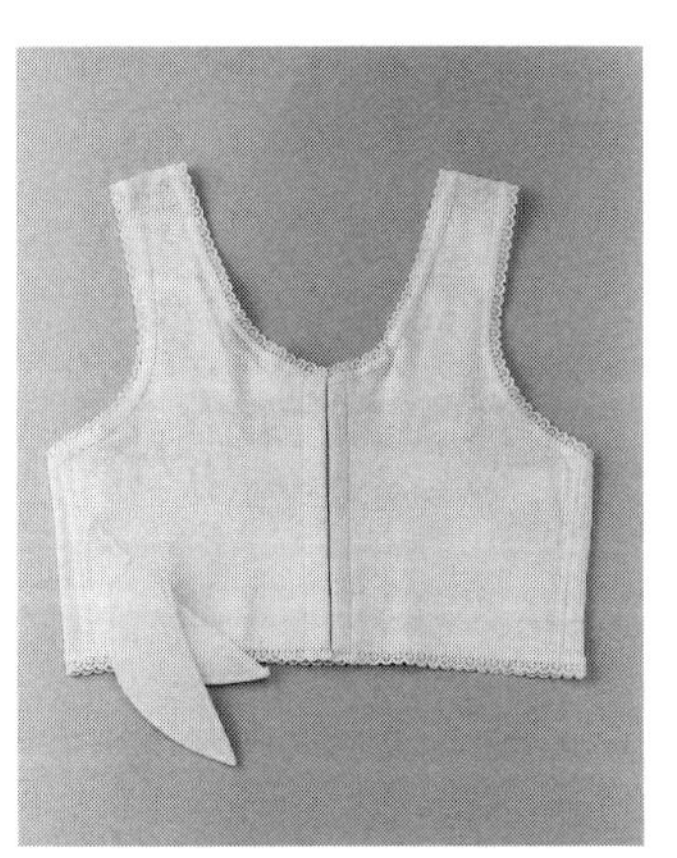

鎖骨補整のパッドが別に付けられた和装ブラジャー。伸縮性の高い生地が使われているので、胸に合わせて調整しやすくなっています。

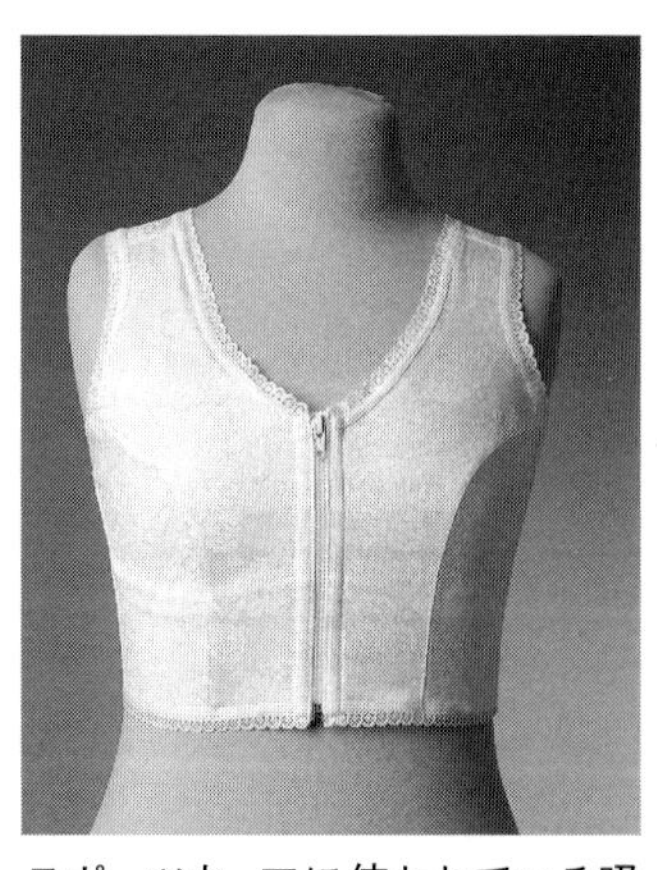

スポーツウェアに使われている吸汗性、速乾性などに優れている素材を使用。ファスナーが肌に触れないように、裏に当て布付き。

衣紋の抜き方の基本寸法

衣紋の抜き方は、首の付け根から後ろの衿山まで、手の指四本（こぶしひとつ分）が入るくらい空けるのが基本です。横や後ろから見た場合、後ろ衿が極端に抜けていないよう気を配ります。衣紋の抜き方は、着る方の好みやきものの種類によって異なりますが、抜きすぎると下品になります。逆に衿が首に付くように詰まりすぎるのも見苦しいものです。

衣紋を抜く場合は、こぶしひとつ入る程度を基本と考えます。着付けは帯の高さとのバランスを見ながら仕上げることが大切です。

抜きすぎている状態

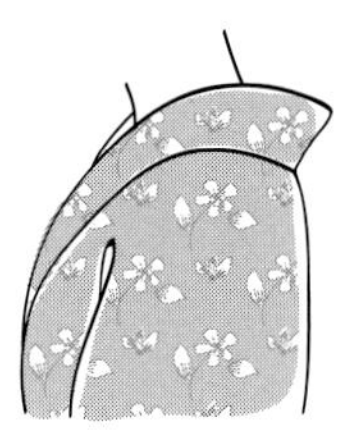

詰まりすぎている状態

着付けの際は正面からだけでなく、衣紋の抜き具合を見ながら横の姿も確認します。格の高いきものは衣紋を多めに抜き、おしゃれ着は衣紋を詰め気味にするのが基本です。

体型補整のポイント

着付けの際に覚えておきたい、体型を整えるポイントはウエスト、肩、胸、ヒップです。

ウエストは体の脇に厚みを付けることが目的です。タオルなら横に二〜三等分に折りたたむか、吸湿性のある市販品の補整具を利用して。肩は鎖骨やバストとのきれいなラインを保つことが目的です。ガーゼや日本手拭いを使うか、市販の補整肌着を。胸はふくらみを押さえるために和装用ブラジャーなどを。また、ウエストとヒップトップの間にくぼみがある場合は、お太鼓のたれが上がりやすいので補整が必要です。

これらの補整については、手持ちの布を用いたり、市販の肌着を利用するなど決まりはありませんが、楽にできる方法を選びます。

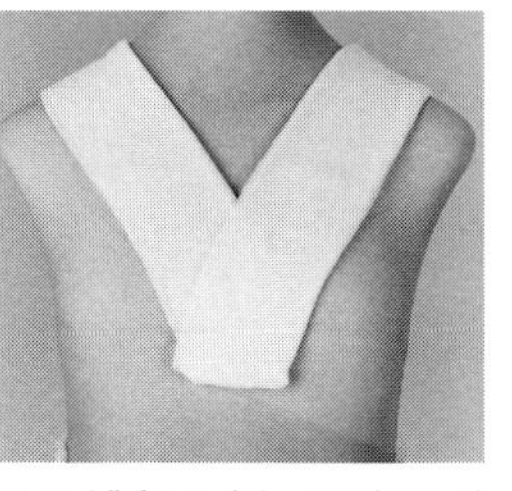

肩の補整の例。写真はガーゼ手拭いを細くV字にして当てたものです。肩のラインと鎖骨の凹凸、胸と肩の間のくぼみ、バストの谷間の3点をカバーします。人により、バストと肩の間が極端にくぼんでいる場合は、コットンなどを入れて調整する場合もあります。

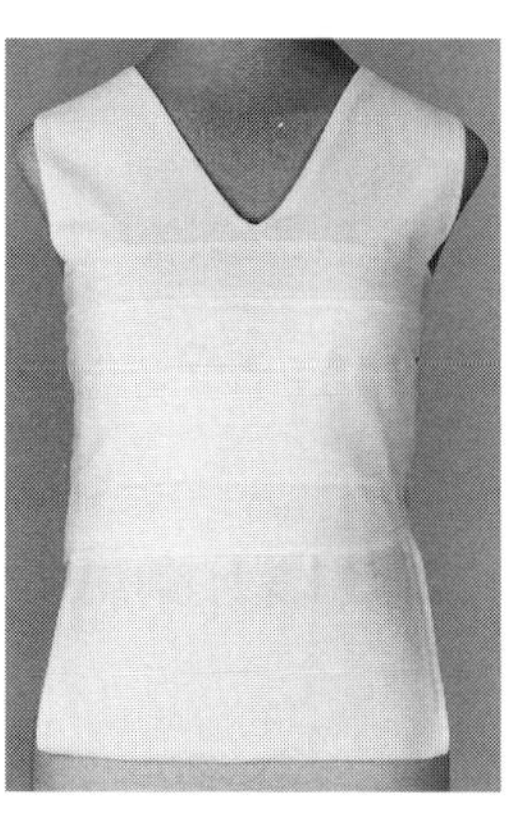

胸のふくらみを押さえる力布を付けた肌着を使用した例。右頁に挙げた和装ブラジャーも適します。

columnコラム

融通性の高い布「風呂敷」事始め

風呂敷は古来より、ものを包むことを目的とした方形の布帛です。奈良時代は「裹（つつみ）」、平安時代は「衣幞（ころもつつみ）」、南北朝では「平包（ひらつつみ）」、江戸時代になって「風呂敷」とよばれるようになりました。

「風呂」は蒸気浴のことで、拭きもの、敷きもの、包み布兼用布として用いられました。「湯」の場合は「湯風呂敷」とよばれ、湯具やきものを包んで運搬に用いました。

江戸中期になると商業の発達にともない、商品を包むことに使われ、流通も活発になり、素材も木綿や麻を用いた大風呂敷が使われるようになりました。

現在、風呂敷はものを包んだり、掛けたり、敷いたり、覆ったりなど、多目的な好みによって使用され、ゴミ公害や自然破壊を防止する「くらしの布」として、また慶弔のお返しギフト品としても使用されています。

第十四章

図解　各部の名称

きものの各部の名称

きものの部位をさす名称は、独特の呼び名をもつものが多くあります。聞きなれない言葉もありますが、身頃、袖、衿は覚えておきましょう。

女性のきもの（袷）

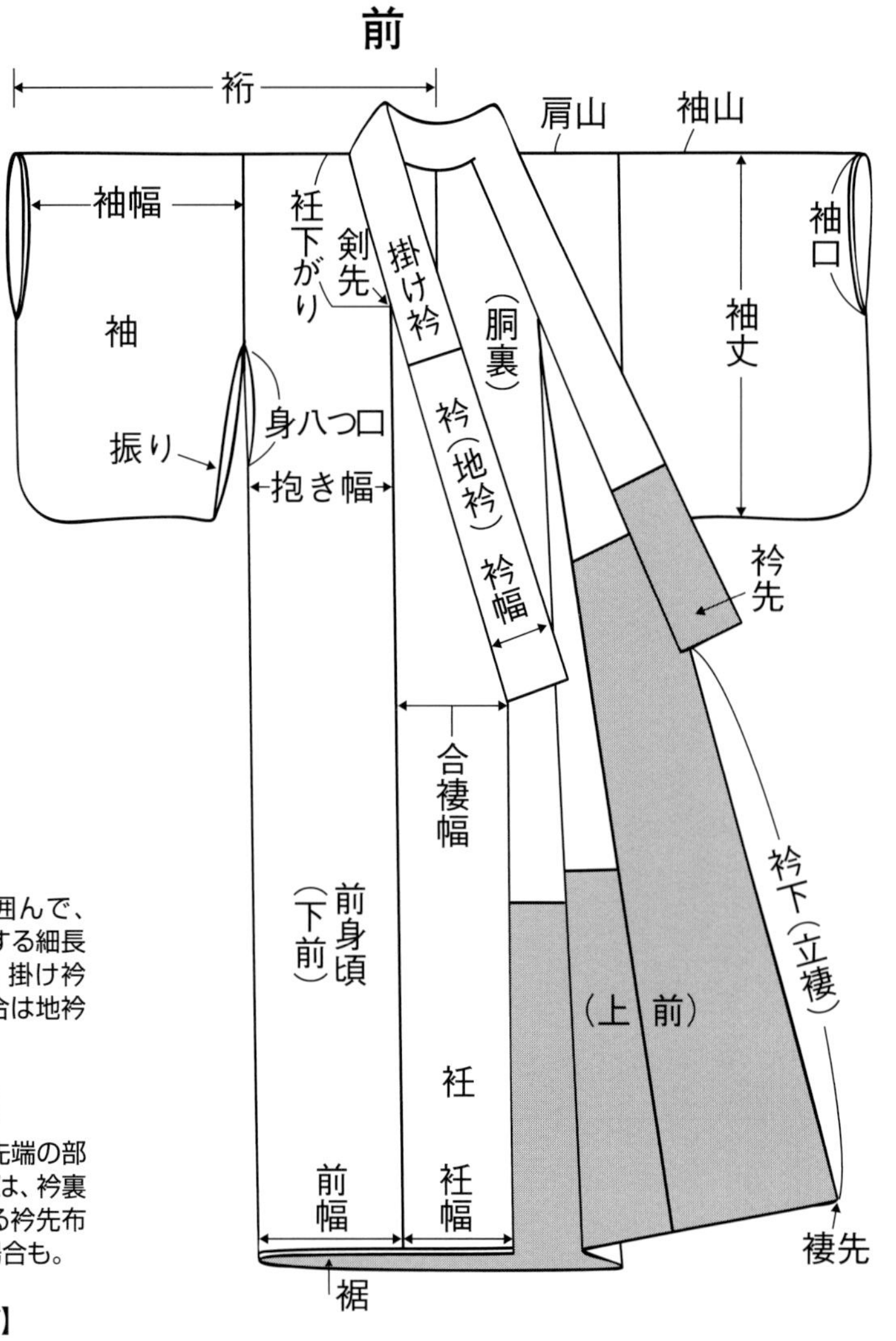

前
裄
肩山
袖山
袖幅
衽下がり
剣先
掛け衿
（胴裏）
袖口
袖丈
袖
身八つ口
衿（地衿）
振り
抱き幅
衿幅
衿先
合褄幅
衿下（立褄）
前身頃（下前）
（上前）
衽
前幅
衽幅
褄先
裾

衿【えり】
首のまわりを囲んで、前胸元で交差する細長い部分のこと。掛け衿と区別する場合は地衿ともいいます。

衿先【えりさき】
きものの衿の先端の部分のこと。または、衿裏の下端につける衿先布のことをさす場合も。

衿幅【えりはば】
衿の幅のこと。

掛け衿【かけえり】
共衿ともいいます。衿の汚れを防ぐために、地衿の上にさらにつけた衿のこと。

衿下【えりした】
きものの衿先から褄先までの間のこと。立褄、褄下ともよばれます。

袖幅【そではば】
袖の幅。袖と身頃が接続する袖付けから袖口の先までの長さのこと。

袖口【そでぐち】
きものの袖から腕を出すために開いた部分。

肩山【かたやま】
肩の一番高い部分。前身頃と後身頃の折り目の山のこと。

袖丈【そでたけ】
袖の長さのこと。袖山から袖下までの長さ。

袖山【そでやま】
袖の一番上の部分、袖の前部と後部の折り目のところ（山）のこと。

振り【ふり】
袖付けから袖下までの、開いた部分のこと。

前幅【まえはば】
前身頃の裾の幅のこと。またはその寸法のこと。

上前【うわまえ】
きものを着て前を合わせたときに上になる部分。左身頃の前身の部分と左衽のこと。

下前【したまえ】
きものを着るときに下側になる部分。右前身頃と右衽のこと。

前身頃【まえみごろ】
きものの前部の身頃のこと。袖と衽の間の、肩から裾までの部分をいい、右前身頃と左前身頃があります。

衽【おくみ】
前身頃に縫いつける半幅の細長い布のこと。

衽下がり【おくみさがり】
きものの肩山から衽先までの寸法、およびその部分のこと。

裾【すそ】
きものの腰にあたる部分より下全体。またはきものの下の縁のこと。

身八つ口【みやつくち】
きものの身頃の脇の開き、またはその寸法のこと。

褄先【つまさき】
褄の先端のこと。衿下と裾の出会う角のこと。

合褄幅【あいづまはば】
きものの衿先の付け止まりでの衽の幅のこと。

剣先【けんさき】
衽の上端で、肩山にもっとも近いところで剣のように先のとがったところのこと。

抱き幅【だきはば】
身八つ口の下の位置から衽付けの縫い目までの横幅をいう。

衿形の種類

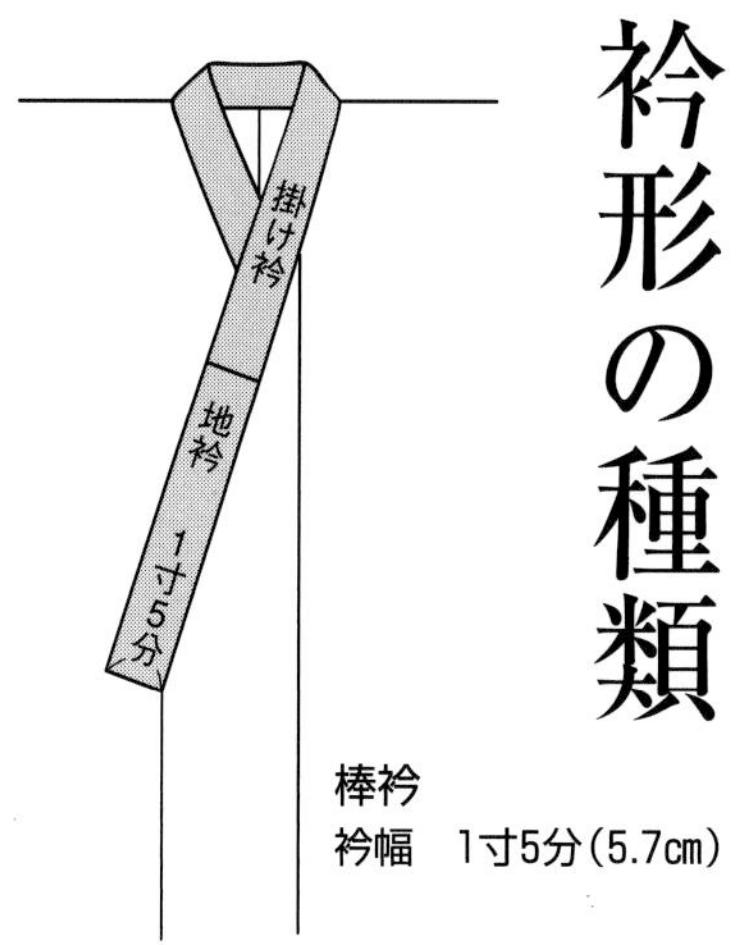

棒衿
衿幅　1寸5分（5.7㎝）

棒衿【ぼうえり】

背中心から衿先まで同じ衿幅に仕立てるもの。ゆかたや子供用のきもの、男ものに使われます。

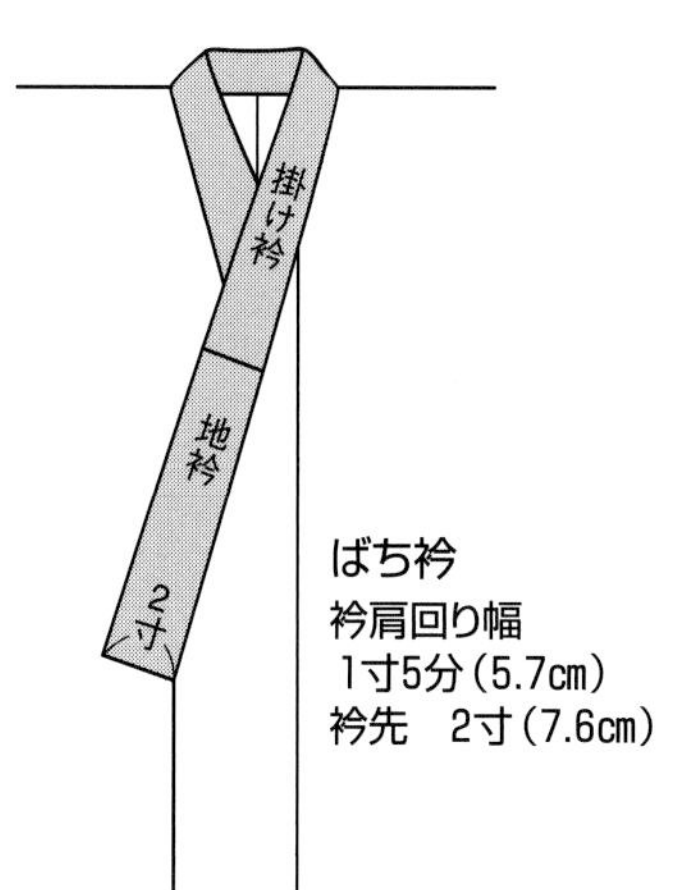

ばち衿
衿肩回り幅
1寸5分（5.7㎝）
衿先　2寸（7.6㎝）

ばち衿【ばちえり】

衿肩回りから衿先の方へ、自然に幅広くなっていくように仕立てられた衿。ゆかたやウールなどの普段着によく使われます。

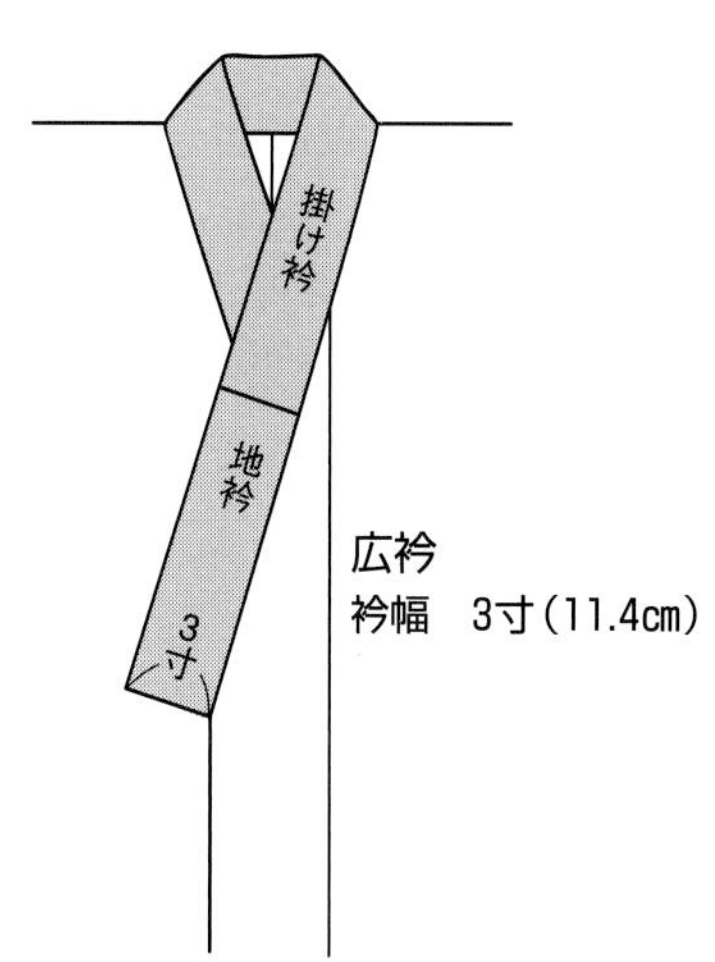

広衿
衿幅　3寸（11.4㎝）

広衿【ひろえり】

衿幅が他の衿の2倍あり、着るときに半分に折ります。衿幅の自由がきき、衿山がふっくらするとともに、衿幅の自由がききます。

後

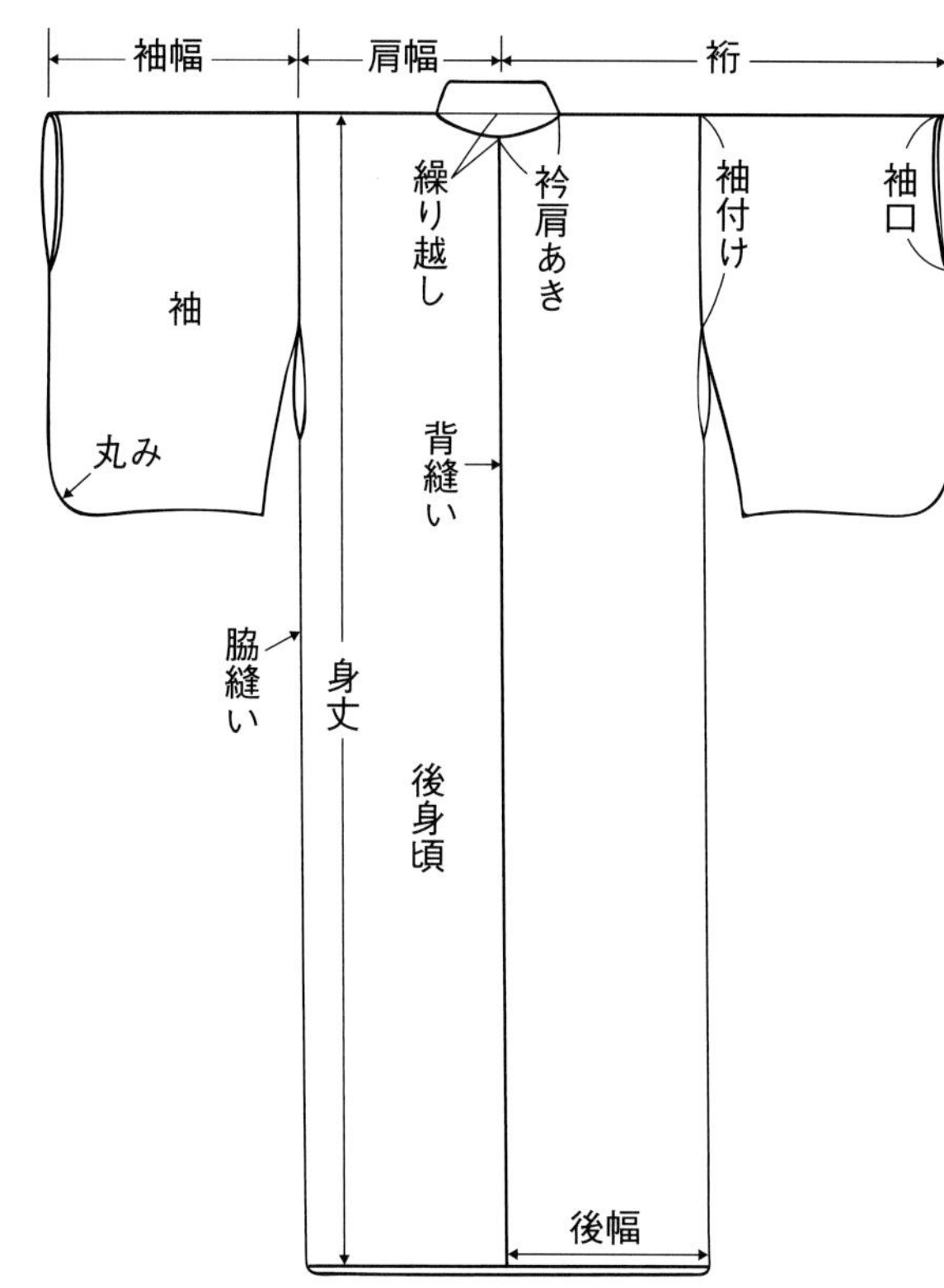

袖付け【そでつけ】

袖と身頃が接続する部分のこと。

後幅【うしろはば】

後身頃のでき上がり幅のこと。背縫いから脇縫いまでの間の裾の寸法。

背縫い【せぬい】

左右の後身頃の中央になるところを縫い合わせた縫い目のこと。

裄【ゆき】

きものの背縫いの最上部から、肩山を通り袖口までの寸法。肩幅に袖幅を加えた長さ。

身丈【みたけ】

きものの身頃の丈の長さのこと。肩山から裾までの長さ。背中心の衿付けから裾までとする場合もあります。

肩幅【かたはば】

身頃の背縫いから袖付けまでの幅のこと。またはその寸法。

丸み【まるみ】

袖の下端の丸みのこと。

後身頃【うしろみごろ】

きものの身頃で、肩山から後側の部分。

衿肩あき【えりかたあき】

きものの肩に衿をつけるために、あらかじめ裁ってあけたところ。

繰り越し【くりこし】

衿を抜いて着るためにとる肩山と衿肩あき裁切り位置との寸法の差。およびその部分。

脇縫い【わきぬい】

きものの両脇にある、前身頃と後身頃を縫い合わせた縫い目。

きものの裏

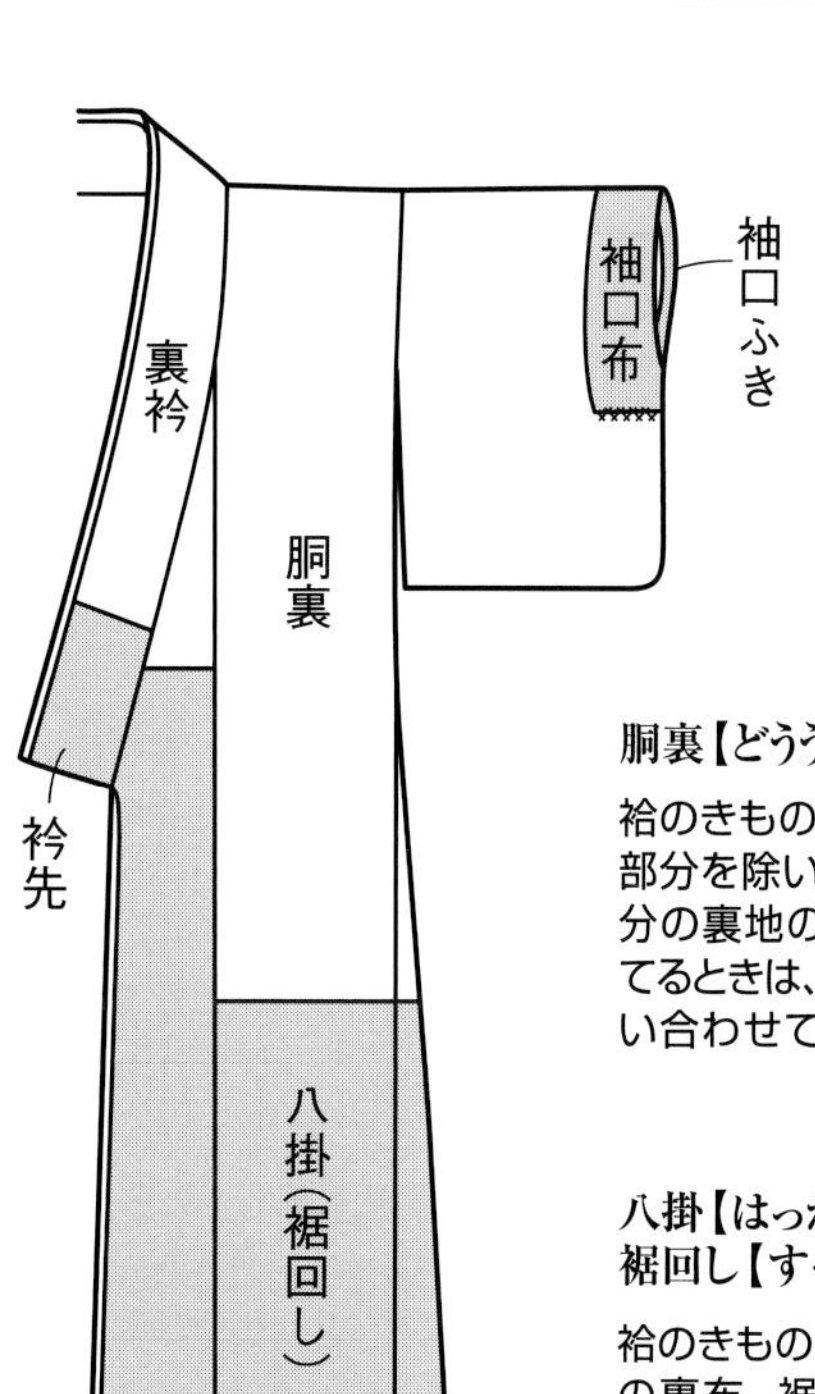

（裏）

胴裏【どううら】

袷のきものの裾回しの部分を除いた、胴の部分の裏地のこと。仕立てるときは、裾回しと縫い合わせて用います。

八掛【はっかけ】
裾回し【すそまわし】

袷のきものの裾や袖口の裏布。裾取り、裾裏ともいいます。

裏衿【うらえり】

きものの衿の裏側に使う衿布のこと。

袖口布【そでぐちぬの】

きものの袖口の裏につける布のこと。

袖口ふき【そでぐちふき】

きものの袖口の縁で、裏布を表布より出た形に仕立てられている部分のこと。

男性のきもの

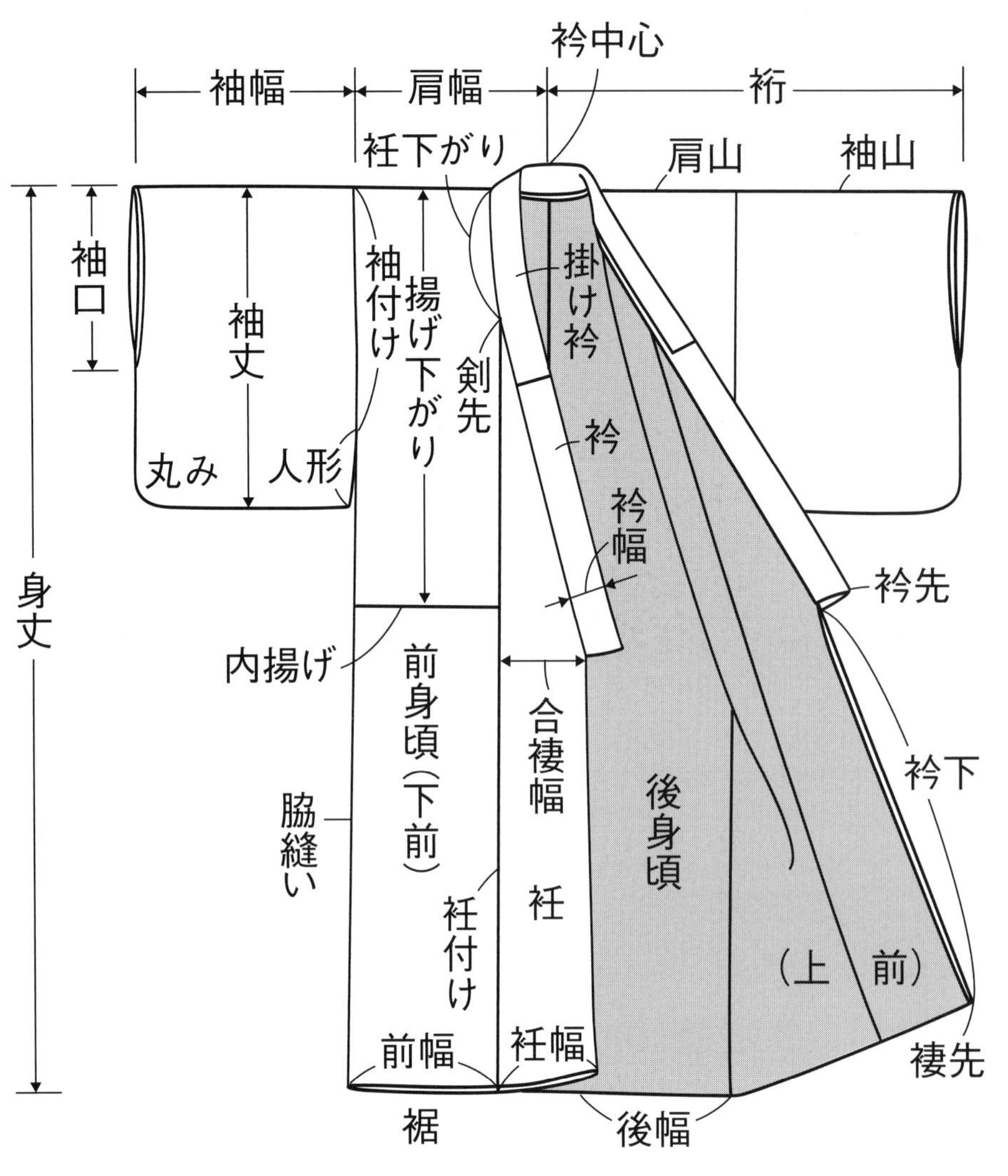

衿【えり】
首のまわりを囲んで、前胸元で交差する細長い部分のこと。

掛け衿【かけえり】
衿の汚れを防ぐために、きものの本衿の上にさらにつけた衿のこと。共衿ともいいます。

衿幅【えりはば】
衿の幅のこと。

袖山【そでやま】
袖の一番上の部分、袖の前部と後部の折り目のところ（山）のこと。

衿先【えりさき】
きものの衿の下側の部分のこと。または、衿裏の下端につける衿先布のことをさす場合も。

衿下【えりした】
きものの衿先から褄先までの間のこと。立褄、褄下ともよばれます。

内揚げ【うちあげ】
帯の下になる位置に、きものの内側にあらかじめ施しておく縫込み。

上前【うわまえ】
きものを着て前を合わせたときに上になる部分。左身頃の前身の部分と左衽のこと。

袖口【そでぐち】
きものの袖から腕を出すために開いた部分。

袖幅【そではば】
袖の幅。袖と身頃が接続する袖付けから袖口の先までの長さのこと。

袖丈【そでたけ】
袖の長さのこと。袖山から袖下までの長さ。

下前【したまえ】
きものを着るときに下側になる部分。右前身と右衽の部分をさします。

前身頃【まえみごろ】
きものの前部の身頃のこと。袖と衽の間の、肩から裾までの部分をいい、右前身頃と左前身頃があります。

後身頃【うしろみごろ】
きものの身頃で、肩山から後側の部分。

裄【ゆき】
きものの背縫いの最上部から、肩山を通り袖口までの寸法。肩幅に袖幅を加えた長さ。

人形【にんぎょう】
男性のきものの袖付け止まりから袖下までの間をさす。

揚げ下がり【あげさがり】
肩山から内揚げまでの部分。または寸法。

衽【おくみ】
前身頃に縫いつける半幅の細長い布のこと。

衽下がり【おくみさがり】
きものの肩山から衽先までの寸法、およびその部分のこと。

裾【すそ】
きものの腰にあたる部分より下全体。またはきものの下の縁のこと。

褄先【つまさき】
褄の先端のこと。衿下と裾の出会う角のこと。

合褄幅【あいづまはば】
きものの衿先の付け止まりでの衽の幅のこと。

前幅【まえはば】
前身頃の裾の幅のこと。またはその寸法のこと。

後幅【うしろはば】
後身頃のでき上がり幅のこと。背縫いから脇縫いまでの間の寸法。

脇縫い【わきぬい】
きものの両脇にある、前身頃と後身頃を縫い合わせた縫い目。

column コラム

身丈と着丈について

きもの身頃の長さは、仕立てる丈を「身丈」、着つける丈を「着丈」といいます。男性のきものでは、着丈と身丈は、ほぼ同寸ですが、女性の場合は、着丈と身丈は違います。

女性の羽織

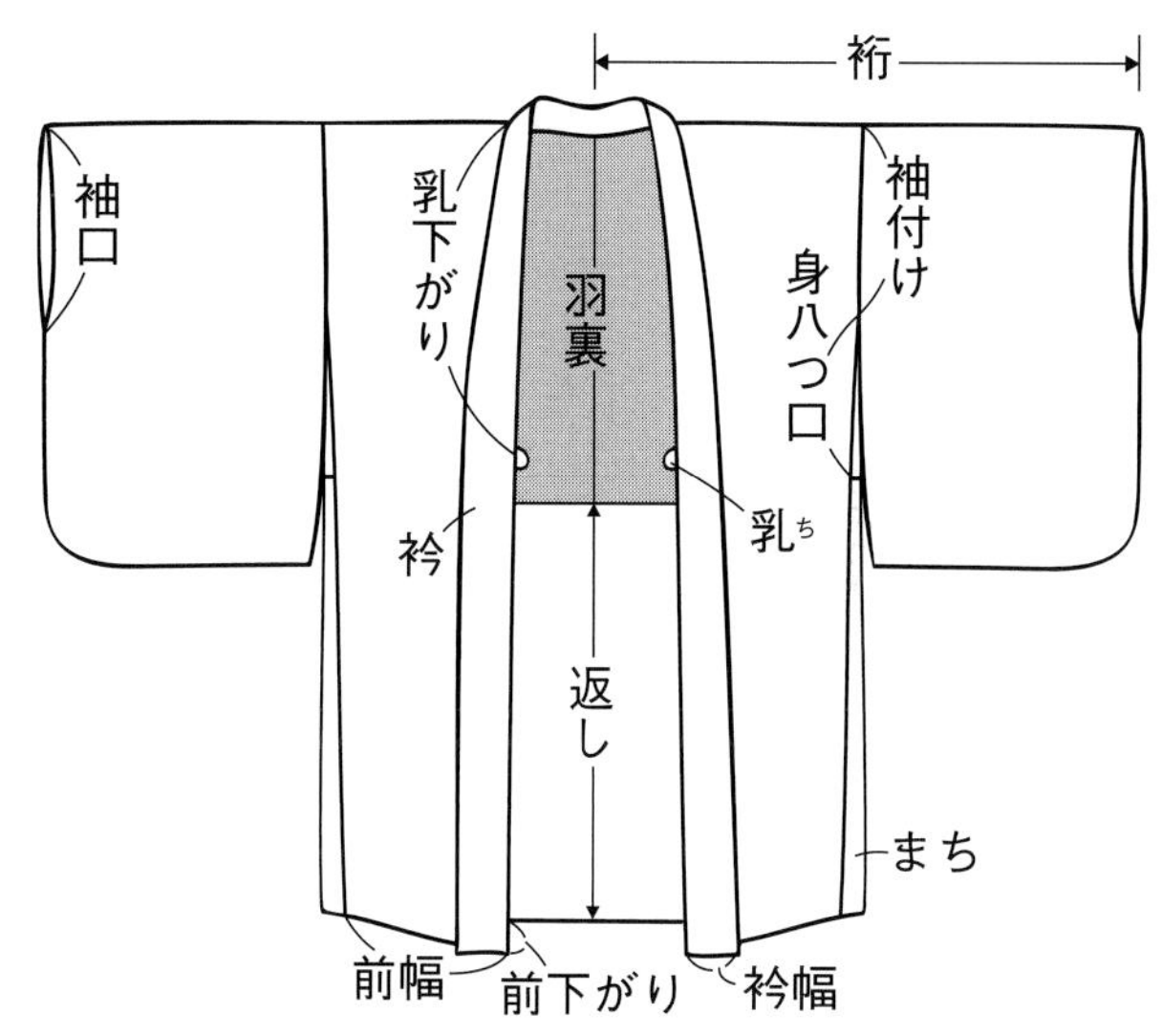

乳【ち】

羽織の紐を通すために衿につけてある、小さい輪のこと。

乳下がり【ちさがり】

肩山から、羽織の紐をつける乳の位置までの長さのこと。

羽裏【はうら】

袷の羽織の裏地に用いる布地のこと。

返し
【かえし】

裾で後身頃を引き返して、内側に折り込んだ部分のこと。

まち

羽織の前後の身頃の間につける布のこと。

前下がり【まえさがり】

前身丈の裾部分で、脇から衿付けに向かって斜めに下げて仕立てます。この部分、及び寸法のこと。

袖口【そでぐち】

きものの袖から腕を出すために開いた部分。

袖付け【そでつけ】

袖と身頃が接続する部分のこと。

前幅【まえはば】

前身頃の裾の幅のこと。またはその寸法のこと。

衿幅【えりはば】

衿の幅のこと。

身八つ口【みやつくち】

身頃の脇の開き、またはその寸法。

男性の羽織

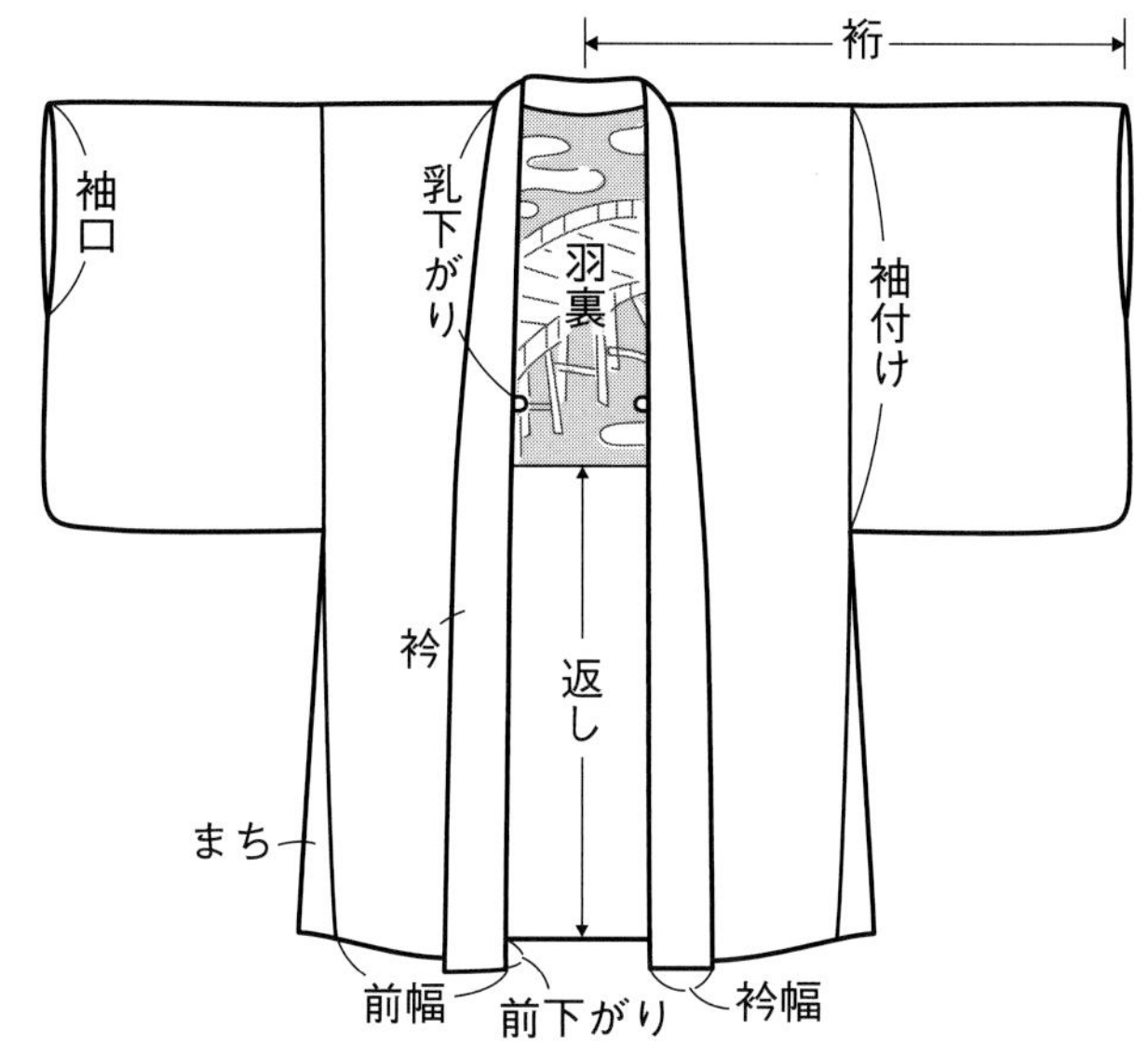

乳【ち】

羽織の紐を通すために衿につけてある、小さい輪のこと。

乳下がり【ちさがり】

肩山から、羽織の紐をつける乳の位置までの長さのこと。

羽裏【はうら】

袷の羽織の裏地に用いる布地のこと。

返し
【かえし】

裾で後身頃を引き返して、内側に折り込んだ部分のこと。

まち

羽織の前後の身頃の間につける布のこと。

前下がり【まえさがり】

前身丈の裾部分で、脇から衿付けに向かって斜めに下げて仕立てます。この部分、及び寸法のこと。

袖口【そでぐち】

きものの袖から腕を出すために開いた部分。

袖付け【そでつけ】

袖と身頃が接続する部分のこと。

前幅【まえはば】

前身頃の裾の幅のこと。またはその寸法のこと。

衿幅【えりはば】

衿の幅のこと。

女性のコート

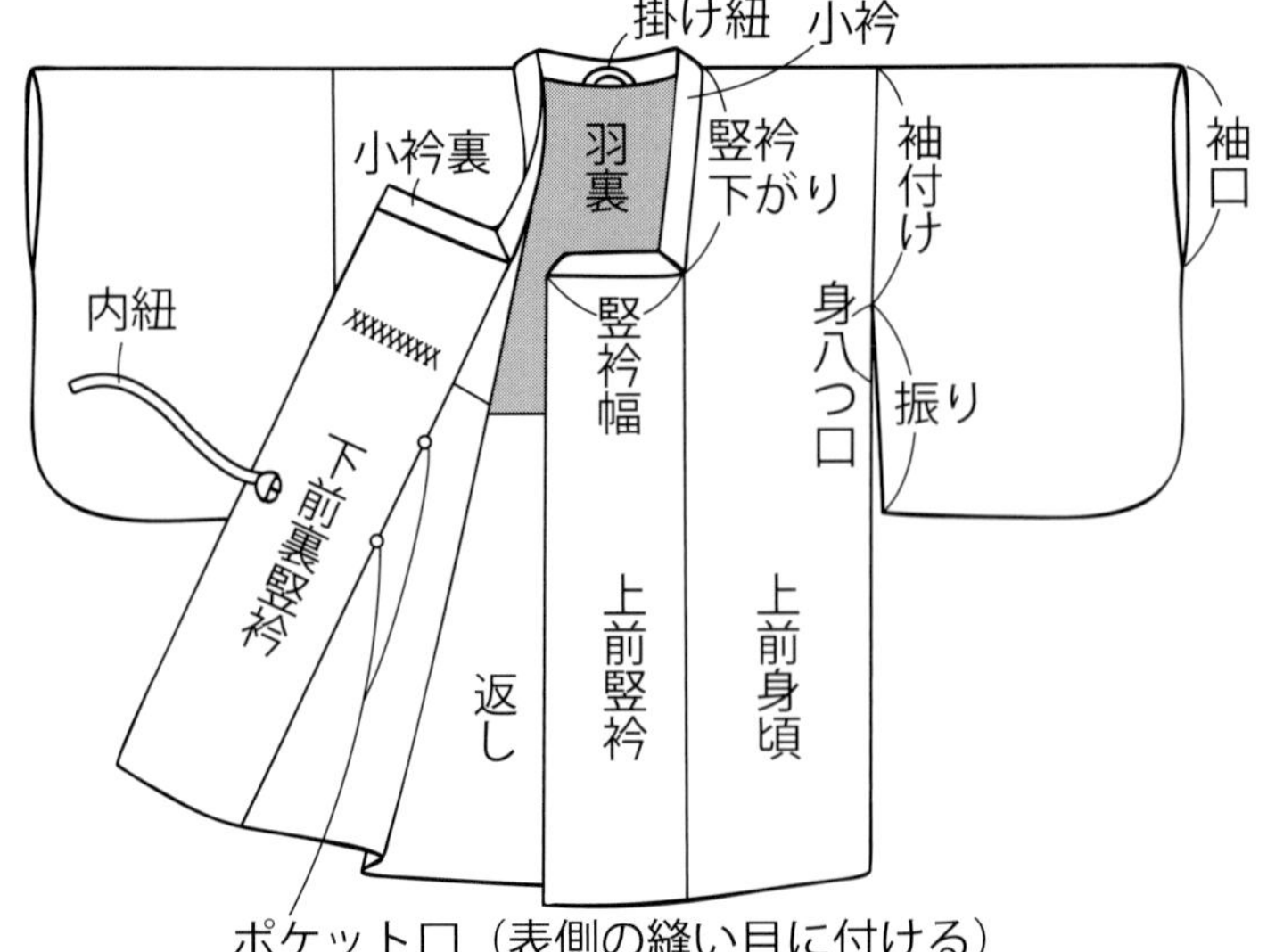

返し
【かえし】
裾で身頃を引き返して、内側に折り込んだ部分のこと。

小衿【こえり】
首のまわりを囲む細長い部分のこと。

掛け紐【かけひも】
掛けるためにつける紐。

内紐【うちひも】
コートの内側で、乱れないように結ぶ紐。

竪衿下がり
【たてえりさがり】
肩山から竪衿の付くまでの間のこと。

竪衿幅【たてえりはば】
左右の身頃の内側で、体の中心で重なる竪衿の幅のこと。

上前竪衿
【うわまえたてえり】
上前身頃の内側に付く、着たときに上になる部分。

下前竪衿
【したまえたてえり】
下前身頃の内側に付く、着たときに下になる部分。

身八つ口【みやつくち】
身頃の脇の開き、またはその寸法。

振り【ふり】
袖付けから袖下までの、開いた部分のこと。

羽裏【はうら】
コートの裏地に用いる布地のことも羽裏とよびます。

コートの衿型

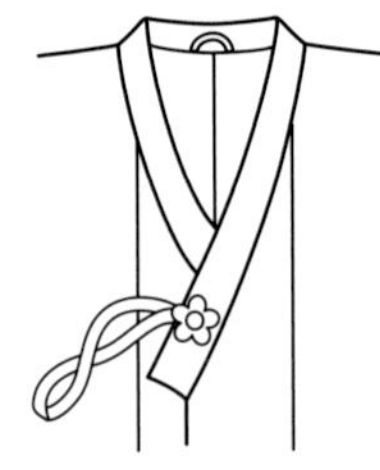

きもの衿【きものえり】
きものと同じような衿がついたもの。

被布衿【ひふえり】
衿肩に丸く仕立てた小衿がついたもの。

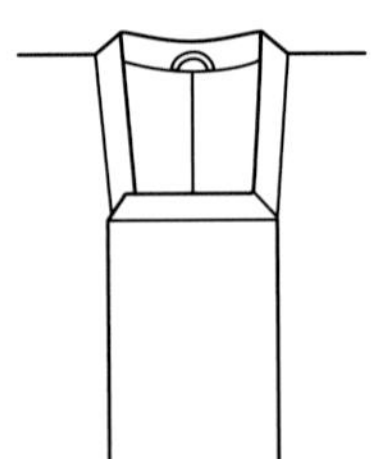

道行衿【みちゆきえり】
衿あきを四角にして、衿を額縁のような形につけたもの。現在多く用いられている形。

千代田衿【ちよだえり】
衿付け線がなだらかな曲線になった衿。いろいろな変形があります。

道中衿【どうちゅうえり】
きもののような打ち合わせになった衿のもの。

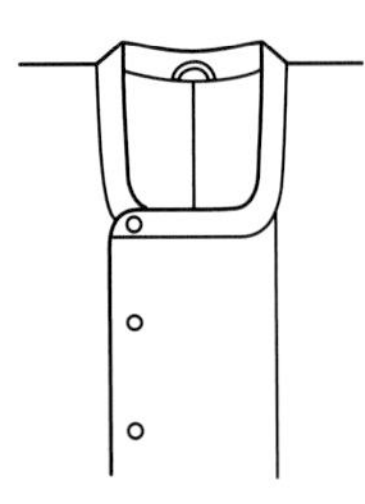

都衿【みやこえり】
衿あきを四角にするが、角を曲線にして仕立てたもの。

帯の名称

全通柄［ぜんつうがら］

帯の端から端まで、表側全体を通して模様があるもののこと。

手先 ／ たれ先

六通柄［ろくつうがら］

袋帯もなごや帯も、全体のうちの約六割に模様をつけたもののこと。

手先 ／ 腹文(はらもん)(前柄) ／ 太鼓柄 ／ たれ先

太鼓柄［たいこがら］

結んだときに見える、腹文と太鼓柄の部分のみに模様があるもののこと。

手先 ／ 腹文(前柄) ／ 太鼓柄 ／ たれ先

長襦袢の仕立て方

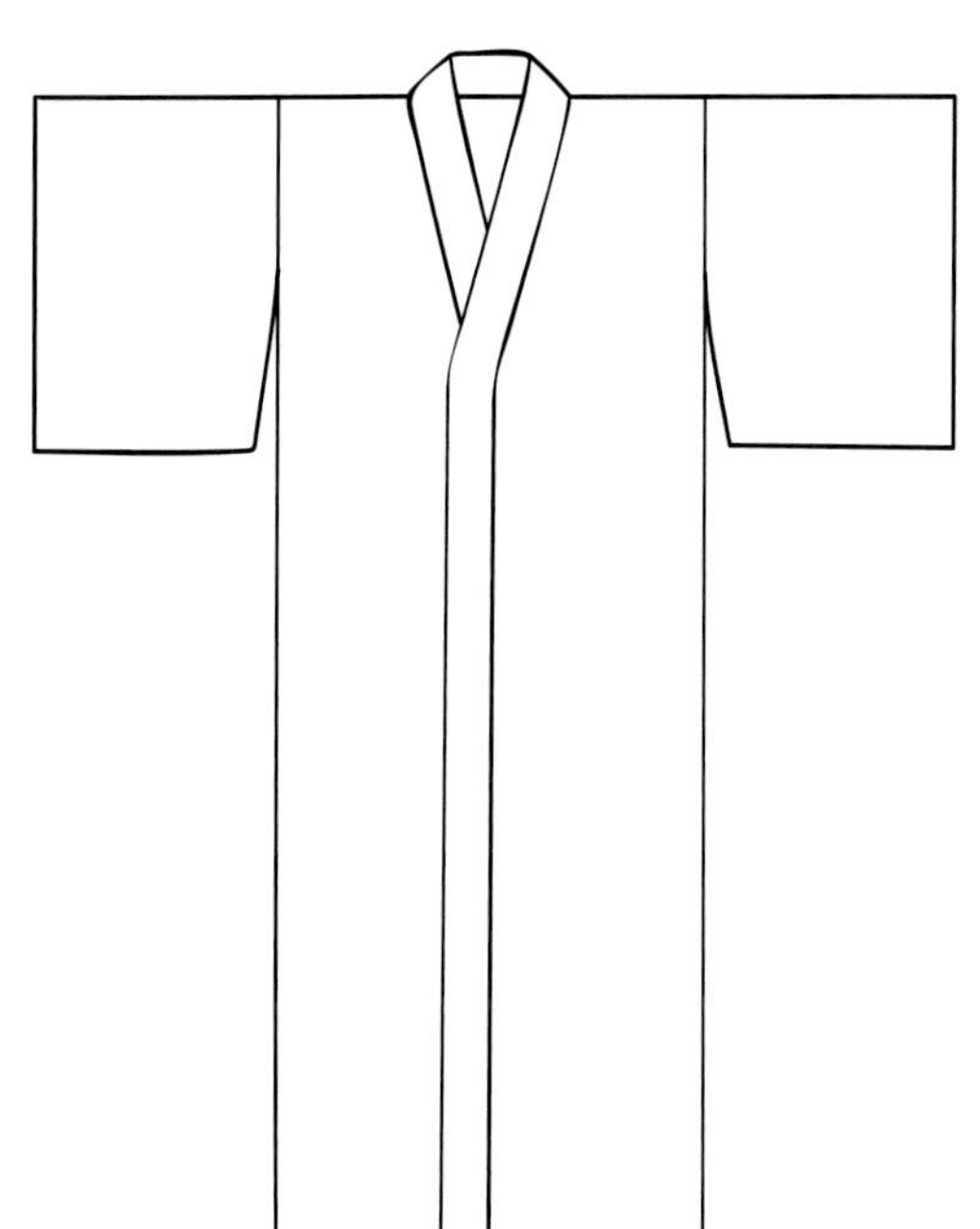

関東仕立て【かんとうじたて】

衿肩回りから裾まで一本の衿を通した仕立て方。別名、通し衿仕立て。

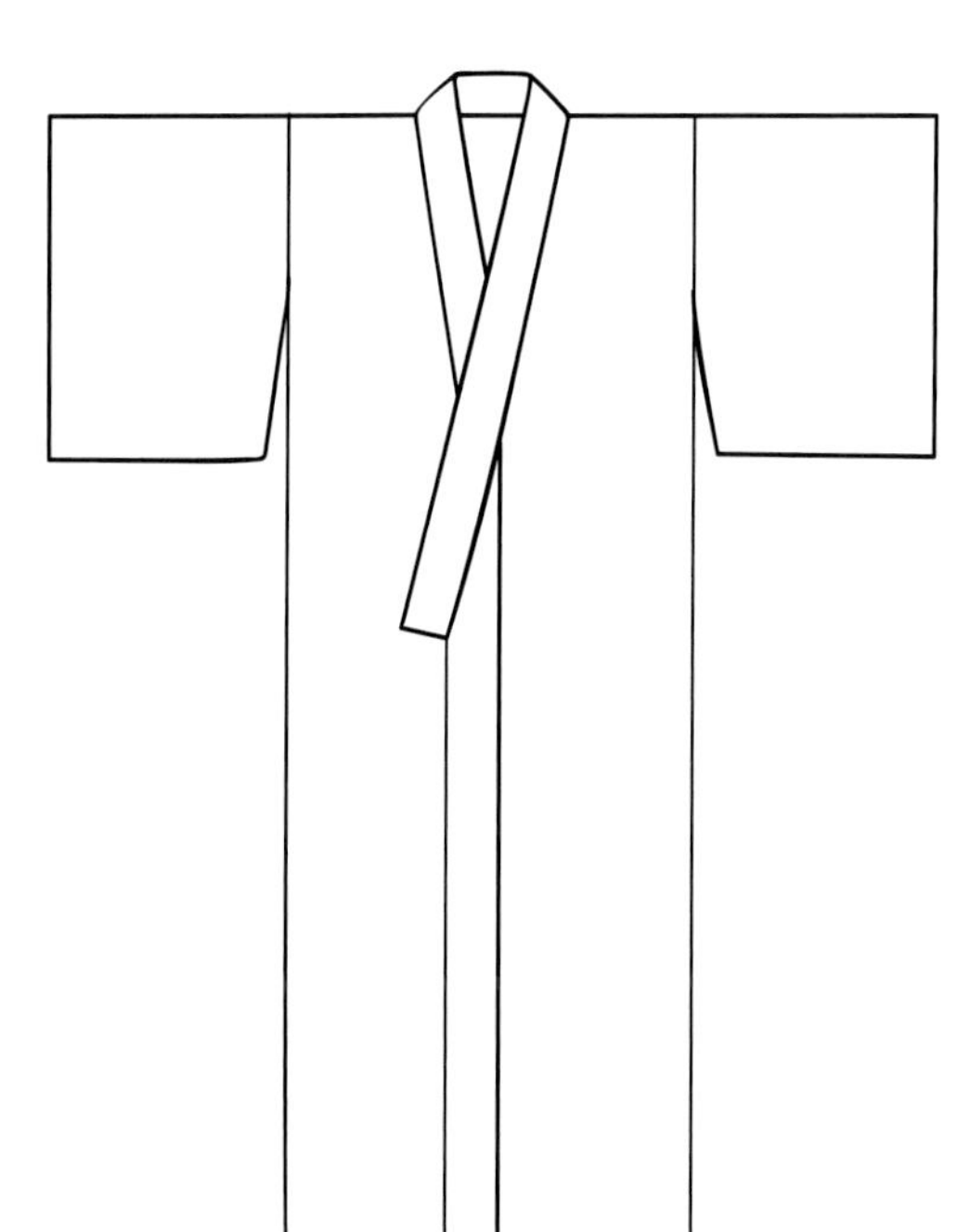

関西仕立て【かんさいじたて】

別衿を付けた仕立て方。着やすいので、現在の長襦袢では一般的。

第十五章

収納と手入れ

着用後の手入れと収納

きものや帯、長襦袢は和装ハンガーに掛けてひと晩おき、温もりと湿気をとります。

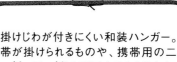

掛けじわが付きにくい和装ハンガー。帯が掛けられるものや、携帯用の二つ折、三つ折にできるものもあります。

帯締めの房がバラバラになったら、蒸気を当ててなじませた後、約6cmの白い和紙や半紙でしっかり巻きます。

ぞうりは裏の湿気を取るため立てて陰干しを。柔らかな布で埃を取り、エナメルは履物クリーナーで拭くときれいに。

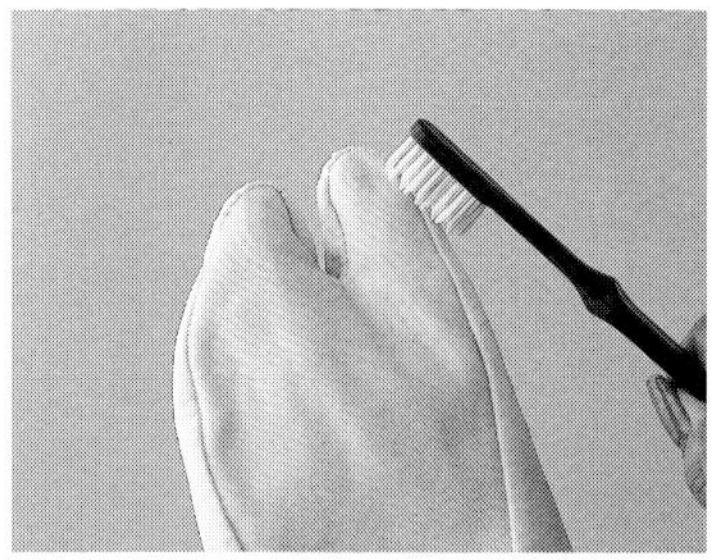

足袋のつま先などの汚れは、洗剤を歯ブラシに付け、こすってから洗います。こはぜの反対側の先を留めて干します。

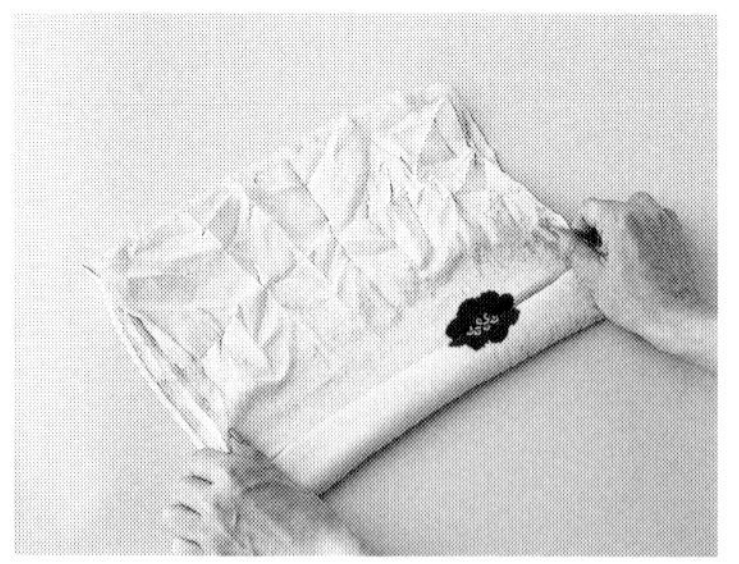

帯揚げもしばらく干して湿気を取ります。しわが目立つときは、二つ折にした後、しわを伸ばしながら巻きます。

着たあとの手入れに細かい心配りをすることで、いつまでもきものや帯を美しく保つことができます。ここでは簡単な手入れ法や整理・収納について紹介します。

◆きものの手入れ

きものは脱いだらすぐ和装ハンガーに掛け、ひと晩ほど陰干しし、湿気を取ります。同時にしみや汚れも点検します。しみや汚れを見つけたら、その部分に糸印を付け、化粧品や飲み物、調味料などの具体的な説明を付けて専門店に頼みます。素人の処置はかえってしみが広がってしまうことがあるので、手を加えないほうが賢明です。しみなどがなければ、たたみます。

◆帯と長襦袢の手入れ

帯はほどいてすぐ、温もりの残っているうちにたたくようにしてしわを伸ばし、長襦袢も陰干し後、たたみます。

◆整理と収納

手入れの済んだきものや帯

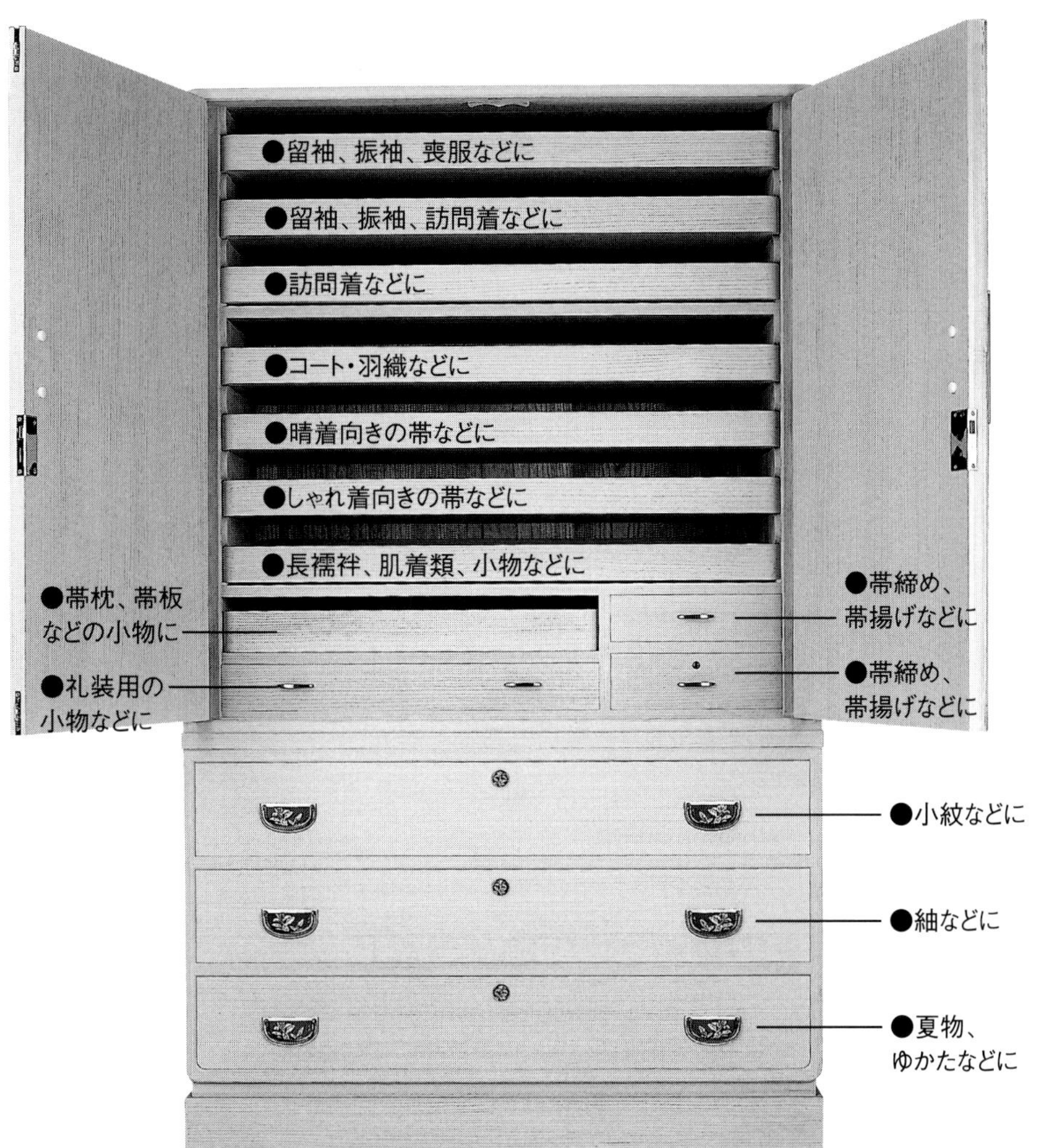

きものや帯などの収納に適した衣装箪笥。着る機会が少ないものを最上段にし、よく着るものは使いやすい位置に収納します。上に一般的な箪笥を例に、収納法の目安を挙げてみました。

帯締めを引き出しに収納するときは、底に糊抜きした白木綿の布やうこんの布などを敷き、房を揃えて収めます。

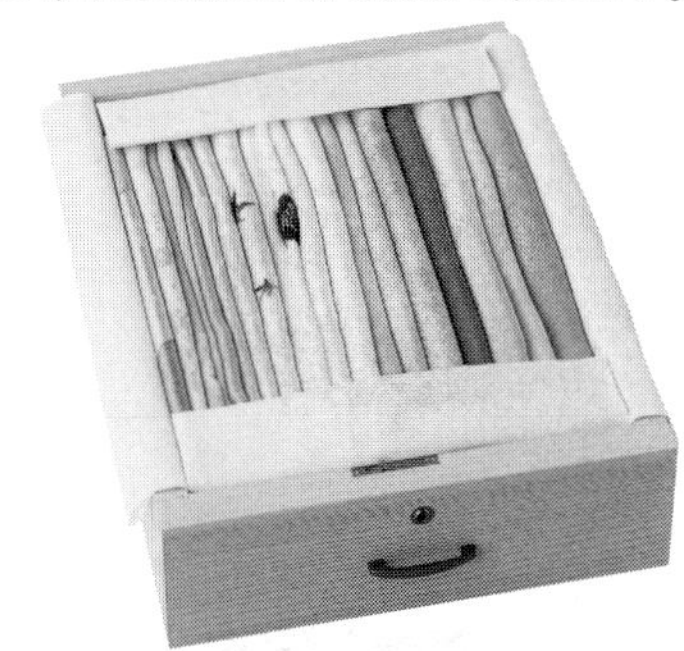

帯揚げは普通は四つ折か、巻いた状態ですが、引き出しなら箱の深さに揃え、白木綿の布を敷いて入れます。

帯締め用に作られた桐の二段重ね箱。房を紙で巻くときは紐に近い部分で巻いて房のほうにずらすとしっかり巻けます。

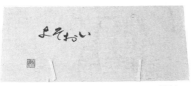

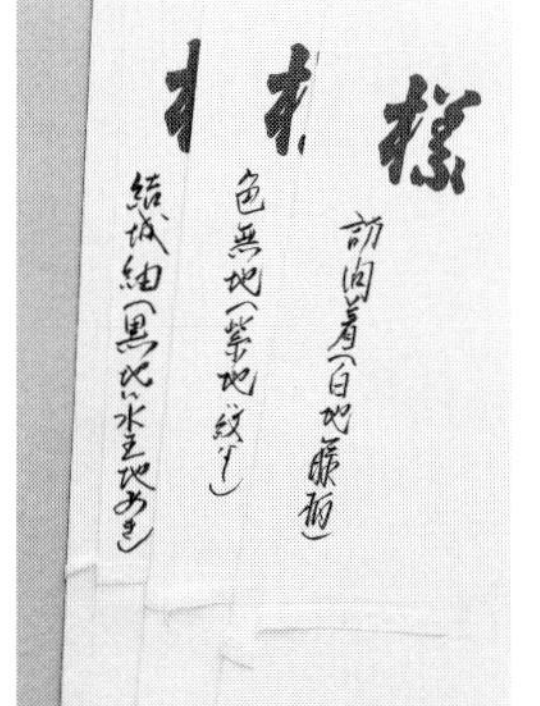

畳紙には一枚一枚にどんなきものかがわかるように、きものの種類や素材、色柄を書いておくと探す折に便利。

たたんだきものや帯などを収納する畳紙(たとうし)は、一般には厚手の和紙が用いられています。きものが見える窓付きが便利。

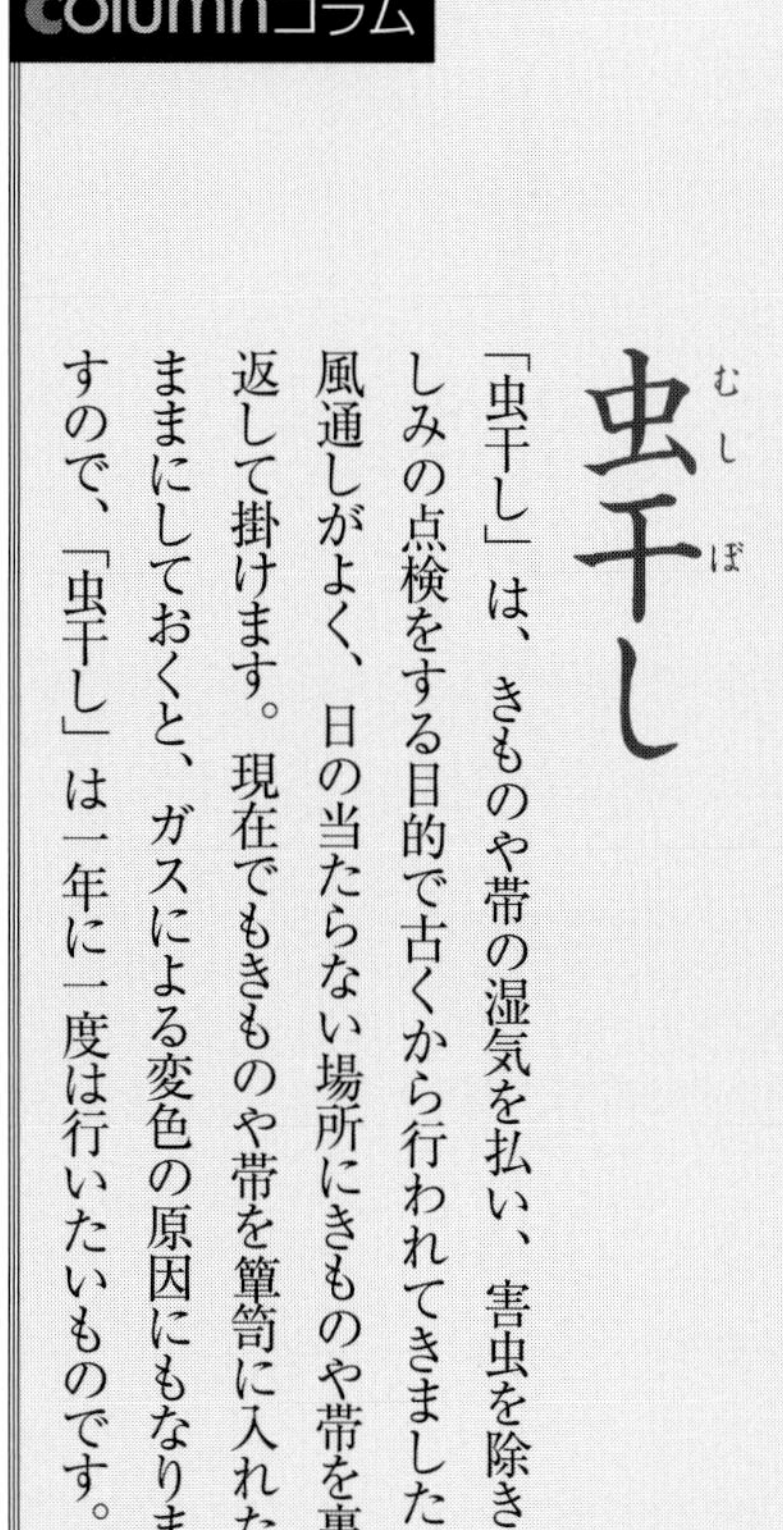

columnコラム

虫干し(むしぼし)

「虫干し」は、きものや帯の湿気を払い、害虫を除き、しみの点検をする目的で古くから行われてきました。風通しがよく、日の当たらない場所にきものや帯を裏返して掛けます。現在でもきものや帯を簞笥に入れたままにしておくと、ガスによる変色の原因にもなりますので、「虫干し」は一年に一度は行いたいものです。

は、畳紙(たとうし)に包んで収納します。きものの素材のうち、最も虫が付きやすいのがウールです。ウールと絹物は別の引き出しに収納します。桐箪笥があれば、絹のものは防虫剤は少なくてもよいでしょう。防虫剤は混合すると化学反応を起こしますので、一種類に決めて使います。金銀箔や金銀糸は防虫剤に反応して変色するなどの事故があるので、特に注意が必要です。帯はビニール袋から出して保管・収納します。ぞうりを下駄箱に入れる場合は、割り箸の上にのせて裏の湿気を取ります。

きものや帯のたたみ方

きものや帯、羽織などには、それぞれの種類に適するたたみ方があります。箪笥の大きさにもよりますが、きものはできるだけ大きくたたむほうが余分なしわができません。紋や箔、刺繍のところには白絹布や和紙などを当て、きものが傷まないようにしてたたみます。

きものの本だたみ

「本だたみ」は最も基本となるたたみ方です。染め、織りを問わず、ほとんどのきものはこの方法で保管します。余計なしわを作らないように注意してたたみます。男物も同じです。

1 衿を左にしてきものを平らに広げ、脇の縫い目で折ります。下前の衽（おくみ）を衽線で折り返します。

2 上前の衿と衽を下前に合わせて重ねます。このとき、背縫いの衿から少し下Cと衿肩の角ABから、衿を内側に倒して折ります（3がその詳細）。

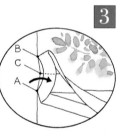

3 Cの位置から内側に折り、衿肩の両角ABを三角に折ります。Cが背縫いに続きます。衿は平らに重ねます。

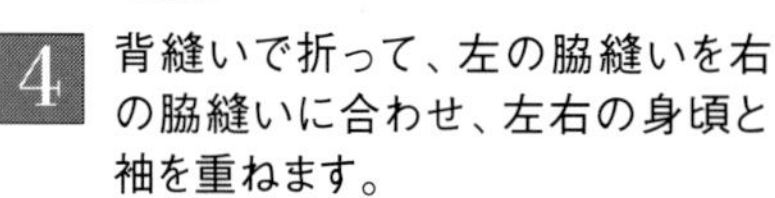

4 背縫いで折って、左の脇縫いを右の脇縫いに合わせ、左右の身頃と袖を重ねます。

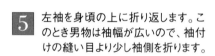

5 左袖を身頃の上に折り返します。このとき男物は袖幅が広いので、袖付けの縫い目より少し袖側を折ります。

6

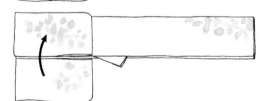

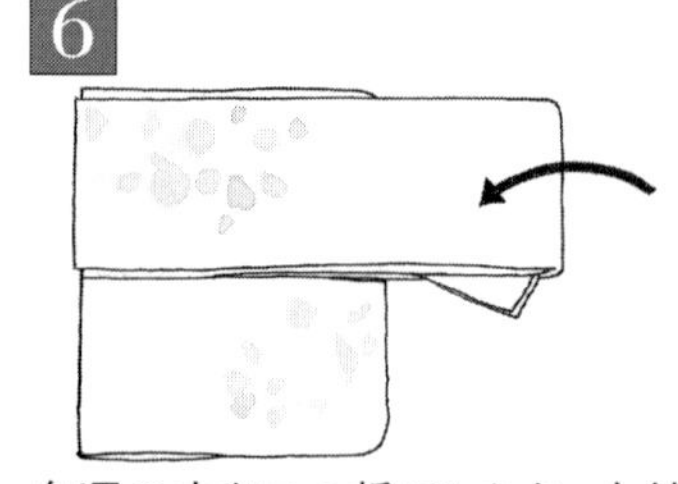

身頃の丈を二つ折にします。右袖は手前にあります。

7

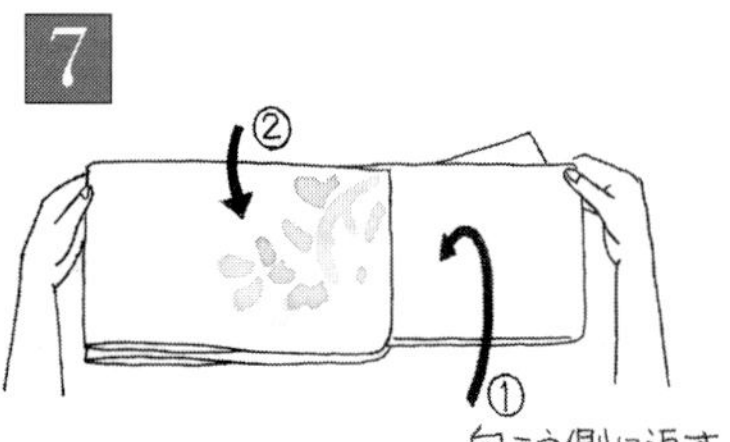

きものを持ちかえて向こう側に返し、右袖を身頃の上に重ねます。こうすると畳紙に入れやすくなります。

きものの夜着(よぎ)だたみ

留袖のように比翼付きのきものや、豪華な刺繍や箔を施した振袖など、模様に折り目を付けたくないものに適したたたみ方です。丈を折るときは、白い布や紙を棒状に丸めた芯を折山に当てて折ると、しわが付きにくくなります。

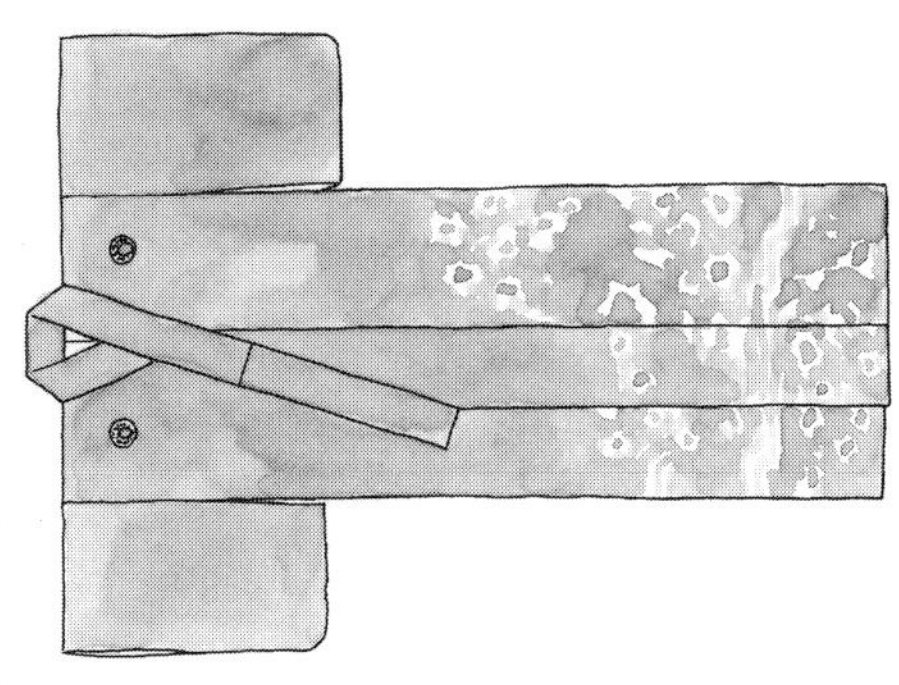

1 衿を左にして広げ、両脇縫いで身頃を折って重ねます。下前にも豪華な模様があれば、薄紙を当てておきます。

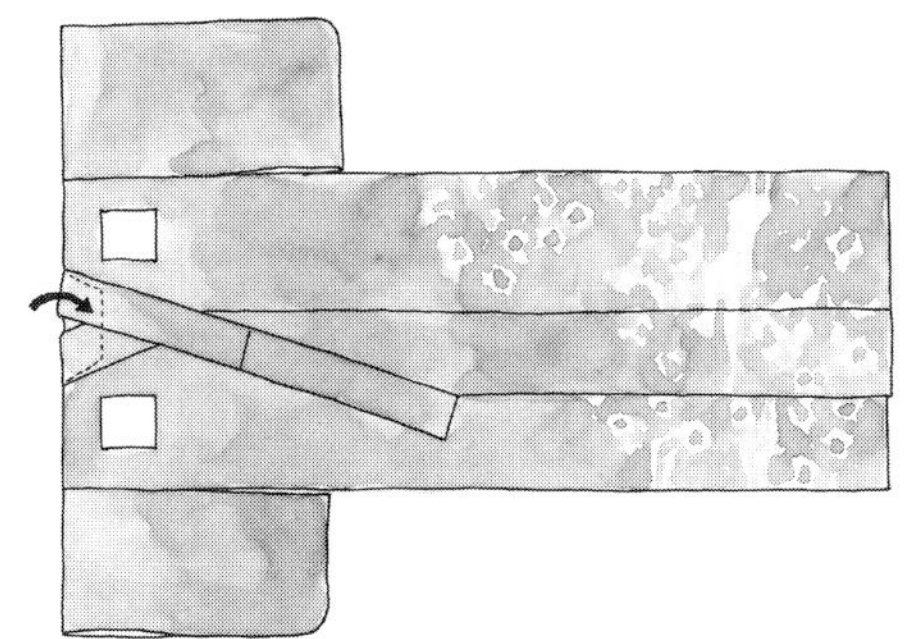

2 衿付け線から衿を内側に倒して折ります。紋があれば、薄紙を当てて汚れを防ぎます。

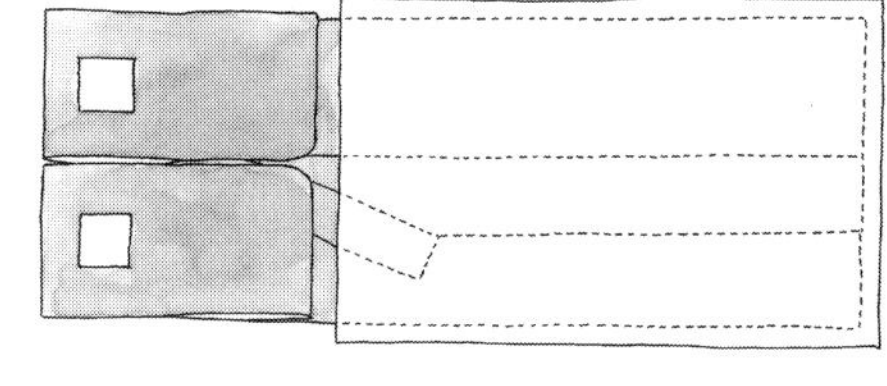

3 両袖を身頃に折り重ねます。袖の紋にも当て紙を忘れずに。模様全体を覆うように薄紙を当てます。布なら糊を落とした白い木綿などを使います。

4 白い布や紙を丸めて芯を作り（市販品もあり）、折り目に当てて、丈を二つ折にします。

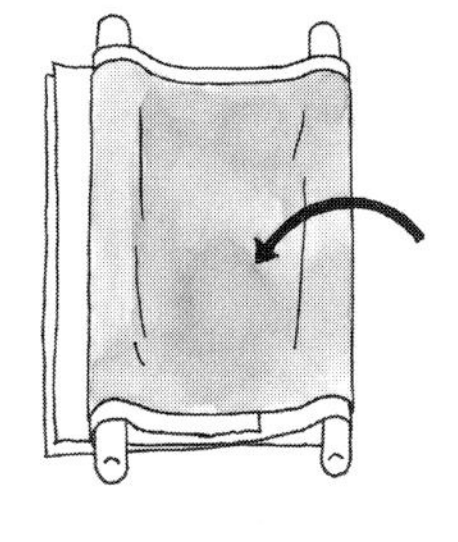

5 後裾の模様にも薄紙を当ててから芯を挟み、さらに二つ折にします。

長襦袢(ながじゅばん)

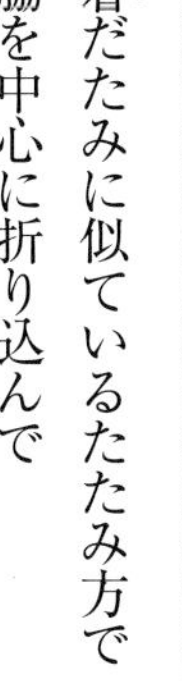

夜着(よぎ)だたみに似ているたたみ方で両脇を中心に折り込んで小さめにたたみます。長襦袢はたたみじわをあまり気にしなくてもよい分小さくたためます。下図は関東仕立ての例ですが、たたみ方は関西仕立ても同じです。

＊長襦袢の仕立て方には次の二種類がある。「関東仕立て」は通し衿仕立てにしたもの。「関西仕立て」は別衿仕立てを指し、深く打ち合わせができるので、はだけにくい。現在の長襦袢の仕立て方の主流。

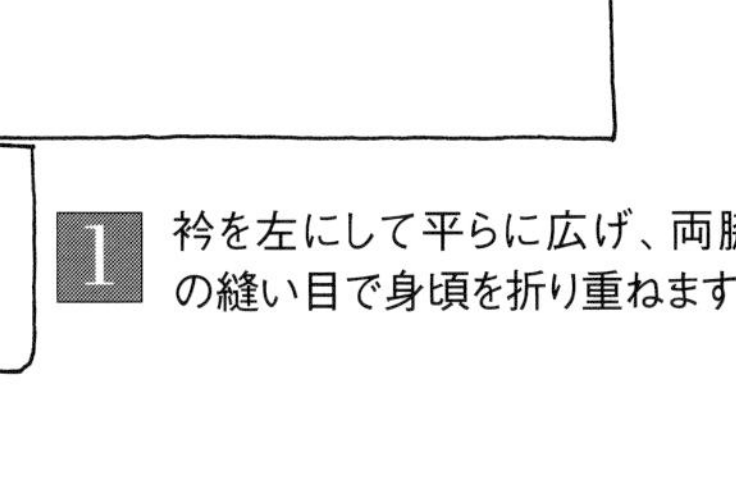

1 衿を左にして平らに広げ、両脇の縫い目で身頃を折り重ねます。

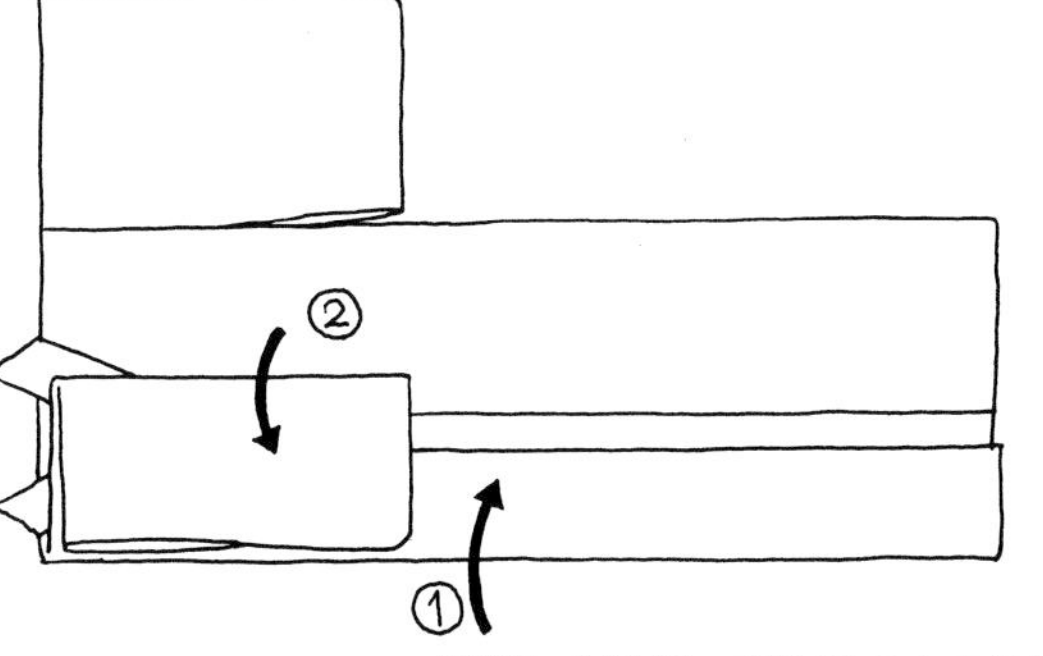

2 右脇縫いが身幅の中央に重なるように折り、袖口から袖幅の三分の二あたりで袖を折り返します。

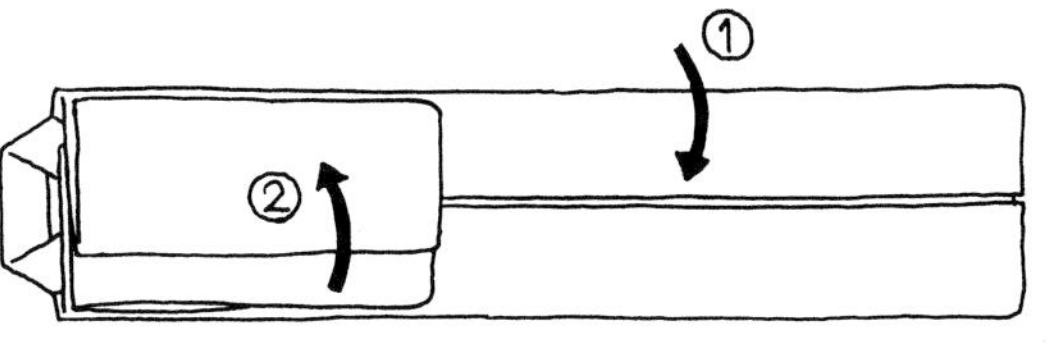

3 左側も同様に折り、左袖を右袖の上に折り重ねます。

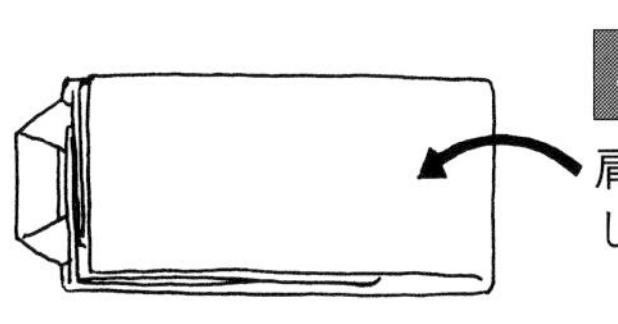

4 肩山から少し下に裾がくるようにして、丈を二つに折ります。

コート

最も一般的な道行衿のコートのたたみ方を紹介します。コートをたたむときはスナップを外しておくとしわがよりにくく、きれいにたためます。

なお、ほかの衿形の場合は、これを基本に工夫してください。

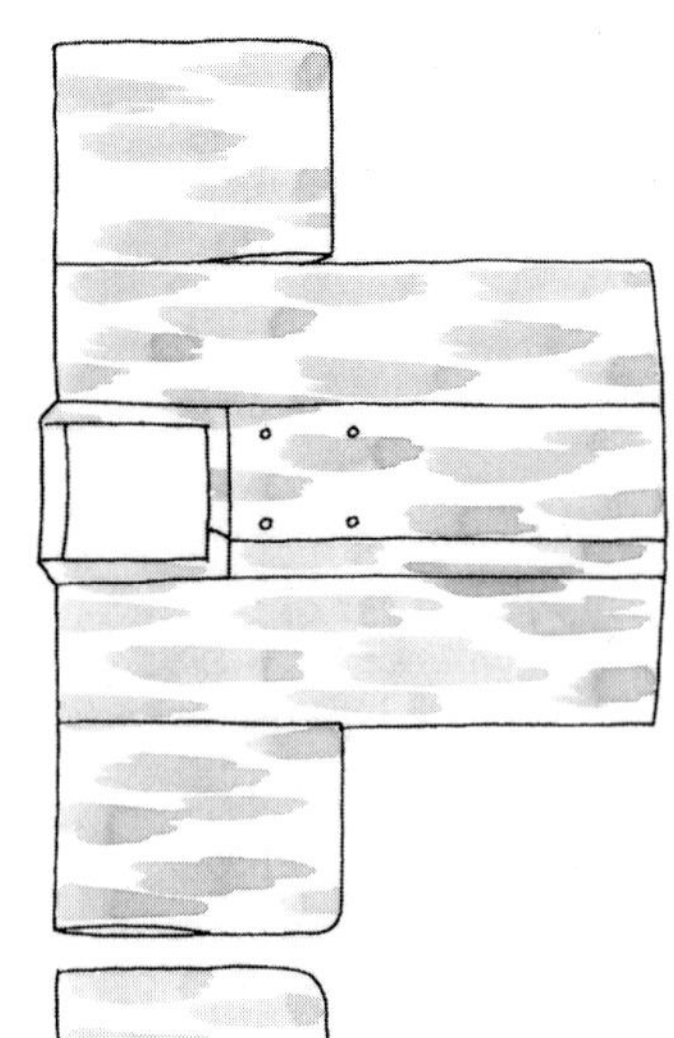

1
スナップを外してから袖を左にして平らに広げ、身頃を両脇縫いで折ります。飾り紐が付いていれば薄紙で包みます。

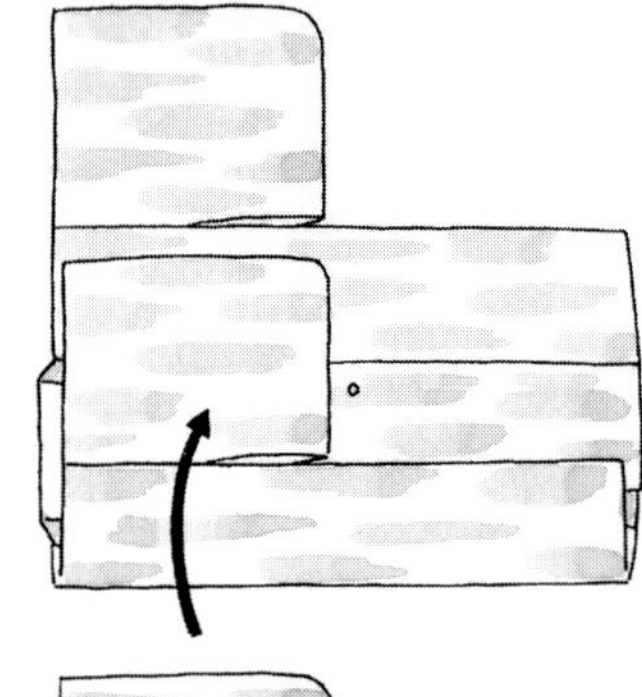

2
右脇縫いを背縫いに合わせるように、身頃を折ります。

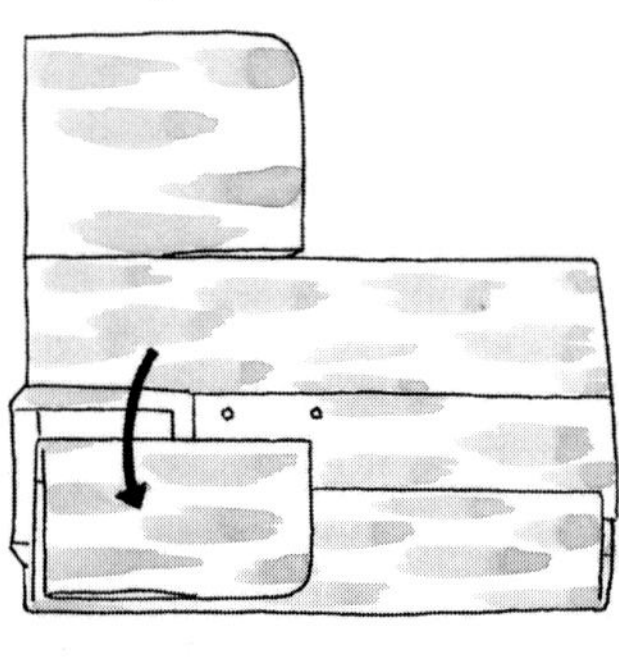

3
右袖口が**2**の折り山線に合うように袖を折り返します。

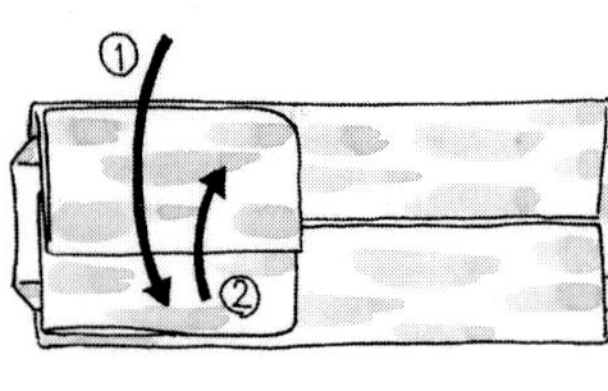

4
左側も同様に折り、左袖を右袖の上に重ねます。

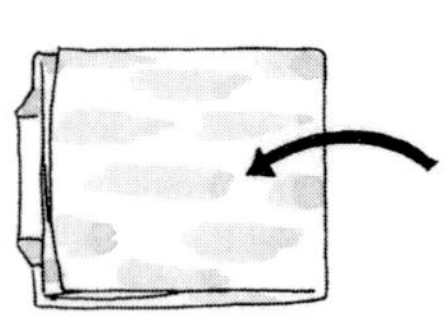

5
袖丈に合わせて、丈を折り返します。

羽織

羽織は男女、子供用などすべて同じたたみ方です。衿の部分が厚めなので、衿の横に厚めの白紙か白木綿などを挟み、衿の厚みでしわができないようにします。

羽織紐は、女性の一般的な組紐なら付けたままで。

男性の、鐶で付けるタイプは鐶とともに外しておきます。

1
袖を左にして平らに広げ、両脇を襠幅中心で折ります。衿は衿付け線から内側に倒して折ります。

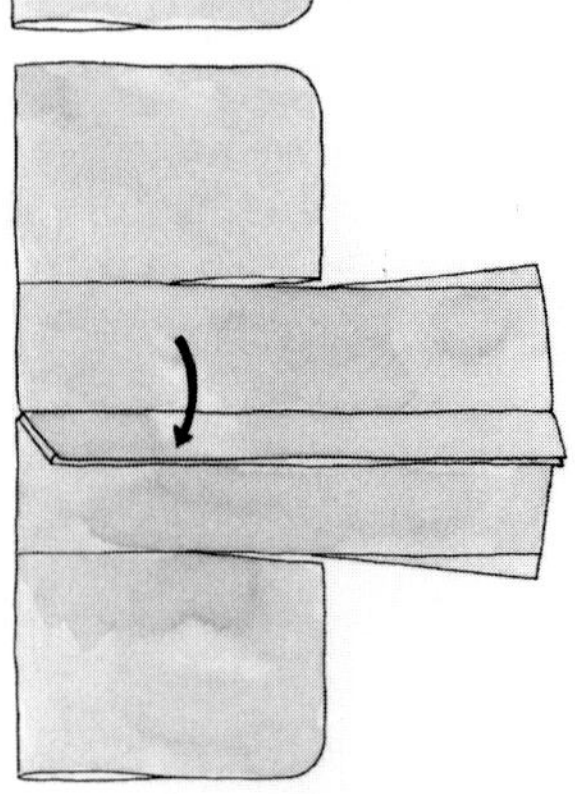

2
左衿を右衿に重ねます。

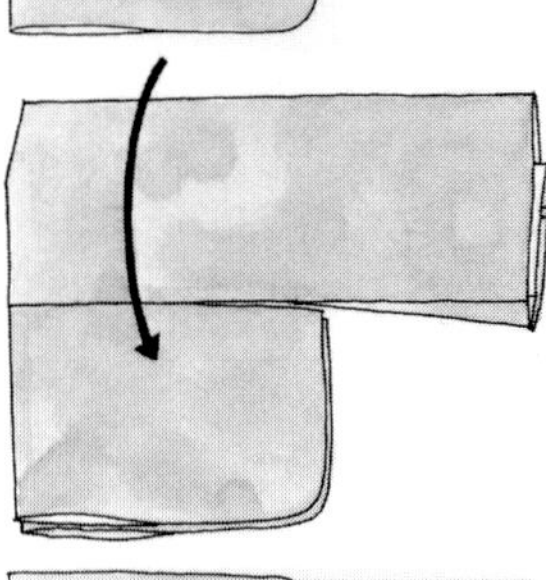

3
背縫いで折って、両脇線が揃うように身頃と袖を重ねます。衿部分の厚みでしわができないよう、また衿の横に段差ができないよう、白い紙を挟むとよいでしょう。

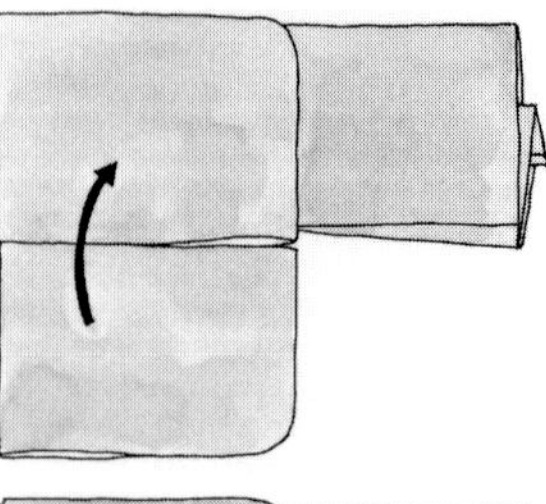

4
袖を片方ずつ、それぞれの身頃側に折り返します。男ものは袖幅が広いので、袖付けの縫い目より少し袖側を折ります。

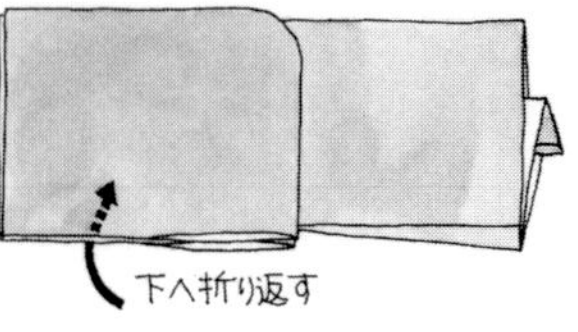

5
衿が厚いので、羽織丈は折らないほうがよいのですが、場合により、袖丈に合わせて丈を折り返します。できれば折り目に芯を挟みます。

袋帯

袋帯にはいくつかのたたみ方がありますが、最も大切なのは、前柄と太鼓柄に折り目を付けないことです。下に挙げたのは八ツ山に折る方法ですが、ほかに「屏風だたみ」などがあります。

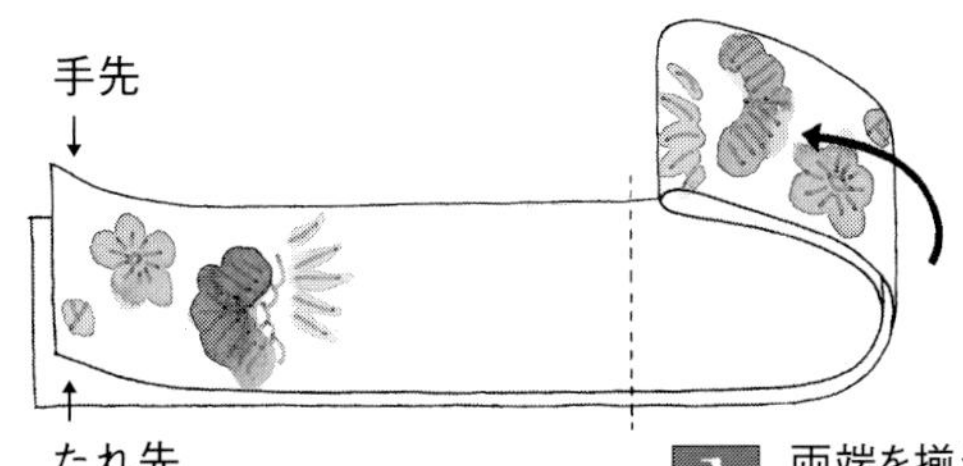

1 両端を揃えて二つ折にしてから、もう一度二つ折にします。

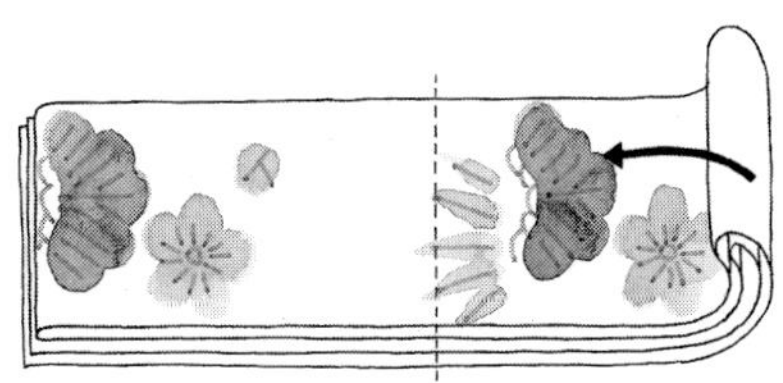

2 さらに二つ折にします。

3 折り目に白い布や紙を丸めた芯を挟むと、より安心です。

なごや帯

なごや仕立ての帯は太鼓と胴の部分の幅が違いますので、たたんだときに厚みが平均になるように折ると余分なしわが付きません。開き仕立ての場合は、袋帯と同様にたたみます。

1 太鼓の表側を下に、たれを右にして置きます。胴帯と太鼓の境を三角に開いて折り、胴帯を太鼓の裏に重ねます。

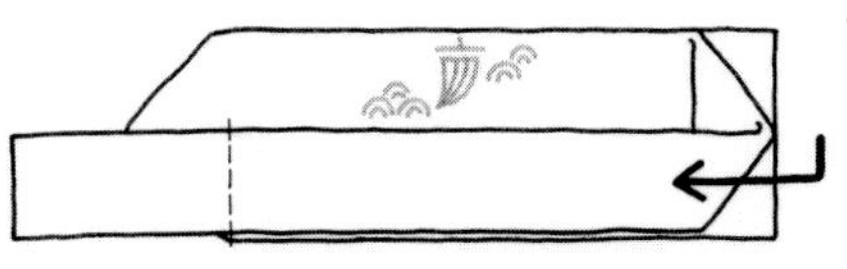

2 胴帯をたれの端で三角に折り返し、太鼓の上で胴帯を並べます。

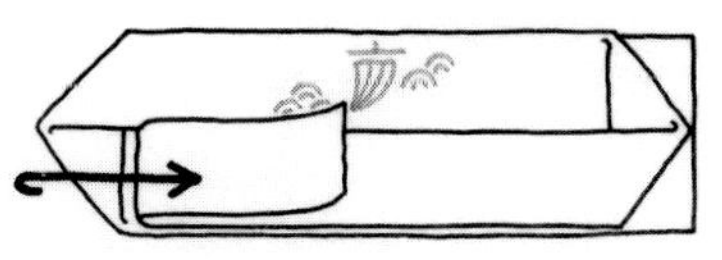

3 左に伸ばした胴帯を、太鼓と胴帯の境の位置で折り返します。

4 左の三角の部分とたれ側を折り返します。

袴

袴は折り目がきれいに付いていることが大切です。ここでは男性の袴の「石だたみ」を紹介します。

＊1のとき、物差しなどを当ててひだを乱さないように折ります。

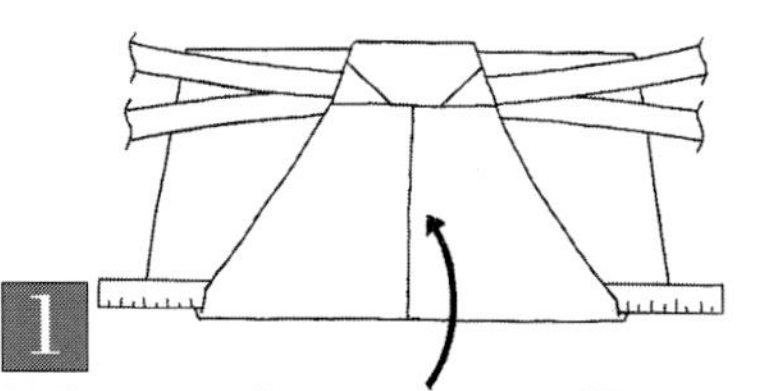

1 前後のひだを整えて平らに置き、裾から三分の一で丈を折り下げ、次に腰板から三分の一で折り上げて重ねます。

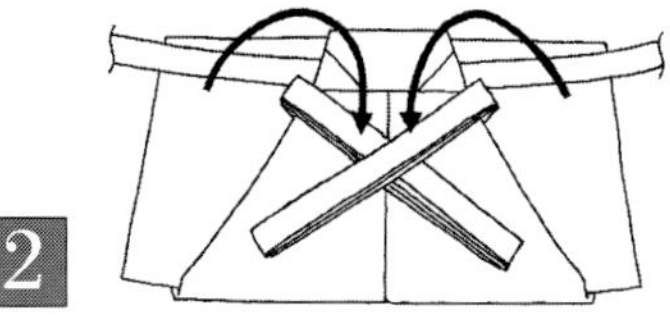

2 前紐は四～五つ折にして、右が上になるように交差させます。

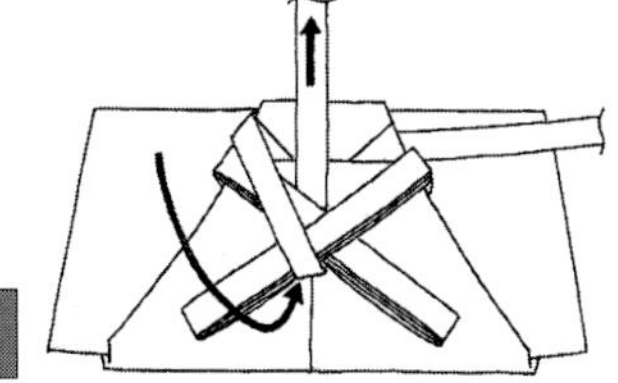

3 自分から見て左側の後ろ紐を、前紐の交差点の下で手前から上にくぐらせます。

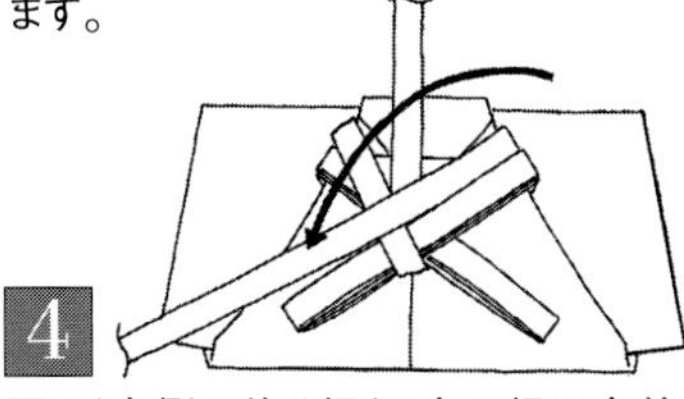

4 同じく右側の後ろ紐を3本の紐の交差点の上に重ねます。

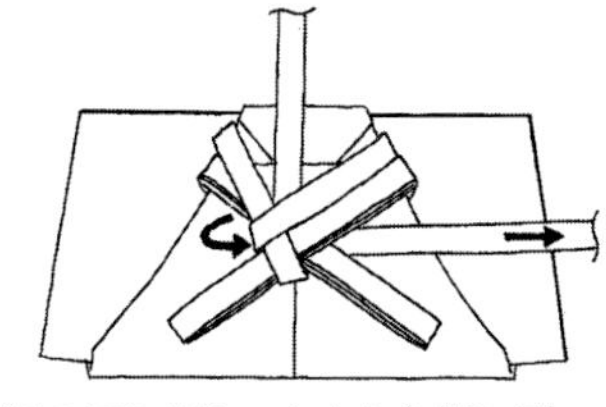

5 3本の紐の下に通し、左から右側に引き出します。

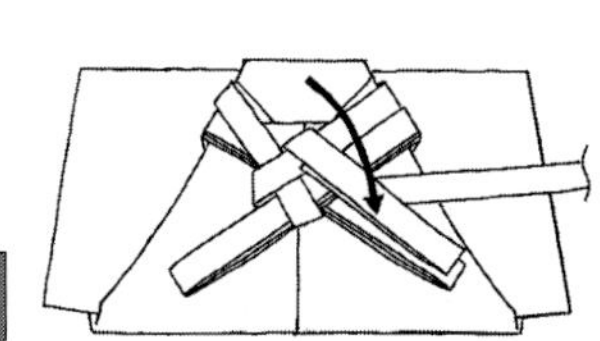

6 上に引き出した左側の後ろ紐を、残りの長さの半分に折り、交差点で右下に折り返します。

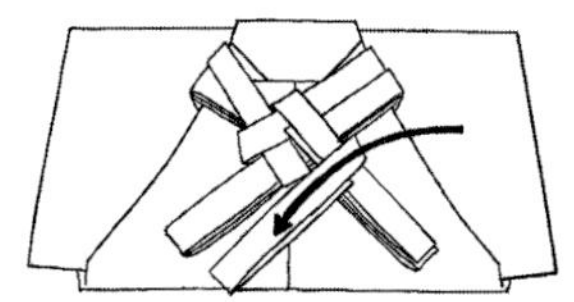

7 右側の後ろ紐も、残りの長さを半分に折り、交差点で左下に折り返します。

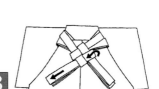

8 折り返した先を、左側の後ろ紐の輪に通します。

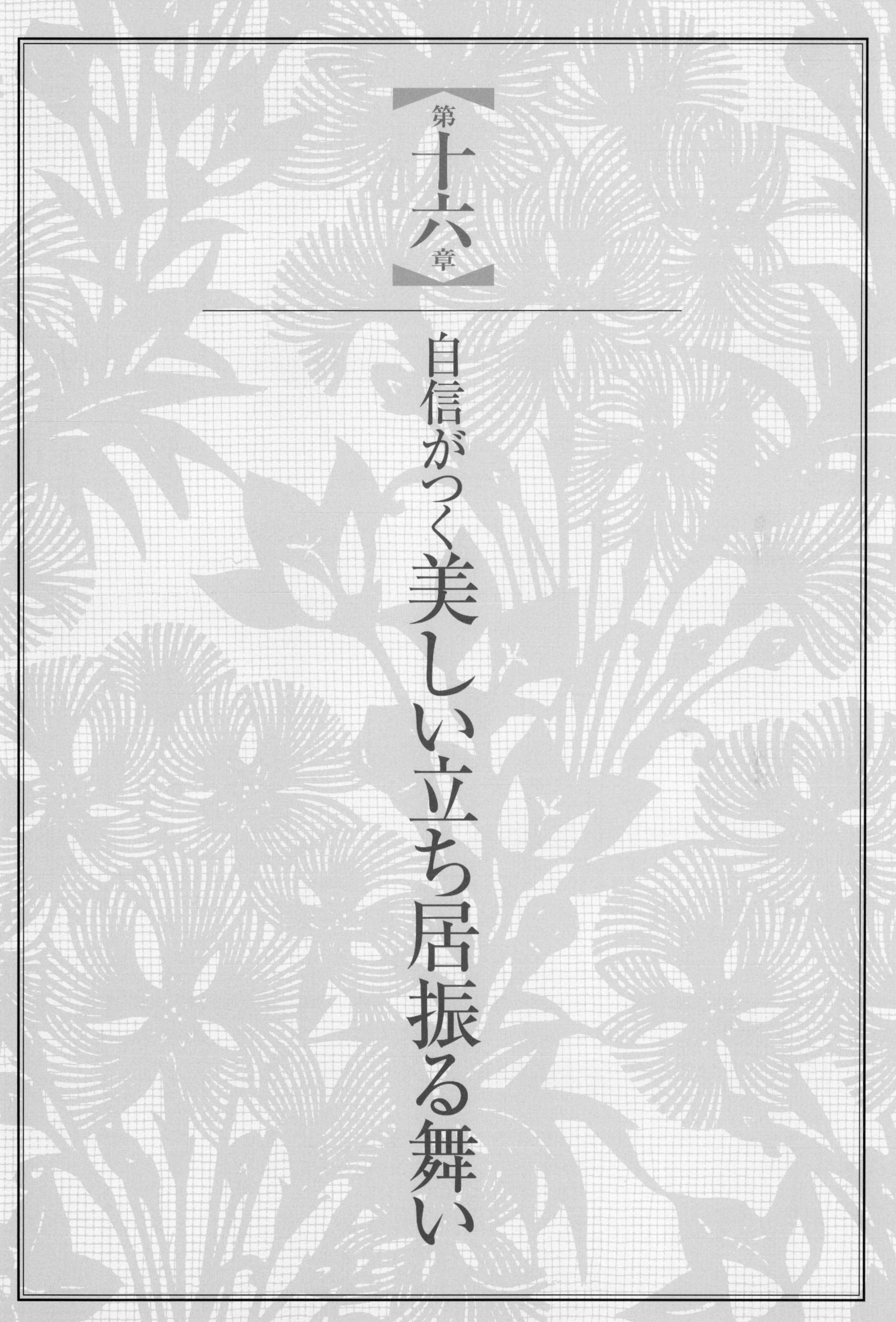

第十六章

自信がつく美しい立ち居振る舞い

きものの立ち居振る舞い

きものでは、洋服とは違う裾（すそ）や袂（たもと）の扱い、帯などに気を配りましょう。さりげない気配りで立ち居振る舞いが美しく見えると共に、汚れの防止にもつながります。ここでは基本的な動作の注意点や、着崩れの対処法を取り上げます。

階段で

1 上りでは、右手で上前と下前を5cmほどつまんで少し持ち上げ、爪先で上ります。

2 降りるときも、上前と下前を右手で5cmくらいつまみ、爪先から降ります。

振袖の場合

振袖の場合は、右手で両方の袖の袂と、上前を一緒に持ちます。バッグは左手で持ちます。

イスに座る

1 右手で上前を少し引き、左手で太もものあたりを前から後ろになで、膝の裏のたるみをなくします。

2 帯をつぶさないように、もたれずに浅めに座り、膝の後ろのしわを整え直します。

裾と袂の扱いに気を配りましょう

きものの立ち居振る舞いといっても、特に難しいことはありません。例えば、洋服でもハイヒールやミニスカートのときは、動作に少し気を配るのと同じことです。洋服とは違う長い裾や袂、背中の帯結びの膨らみなどにちょっとした気配りをすることで、姿が美しく見えるのはもちろん、動作もスムーズに行えます。また、美しい立ち居振る舞いは、きものに汚れやひどいしわを付けない予防にもなります。

階段の上り降りでは、とにかく裾を擦らないように注意します。振袖では長い袖にも配慮が必要です。裾を持ち上げる際は、足首やふくらはぎが丸見えにならないように気をつけます。

車に乗る

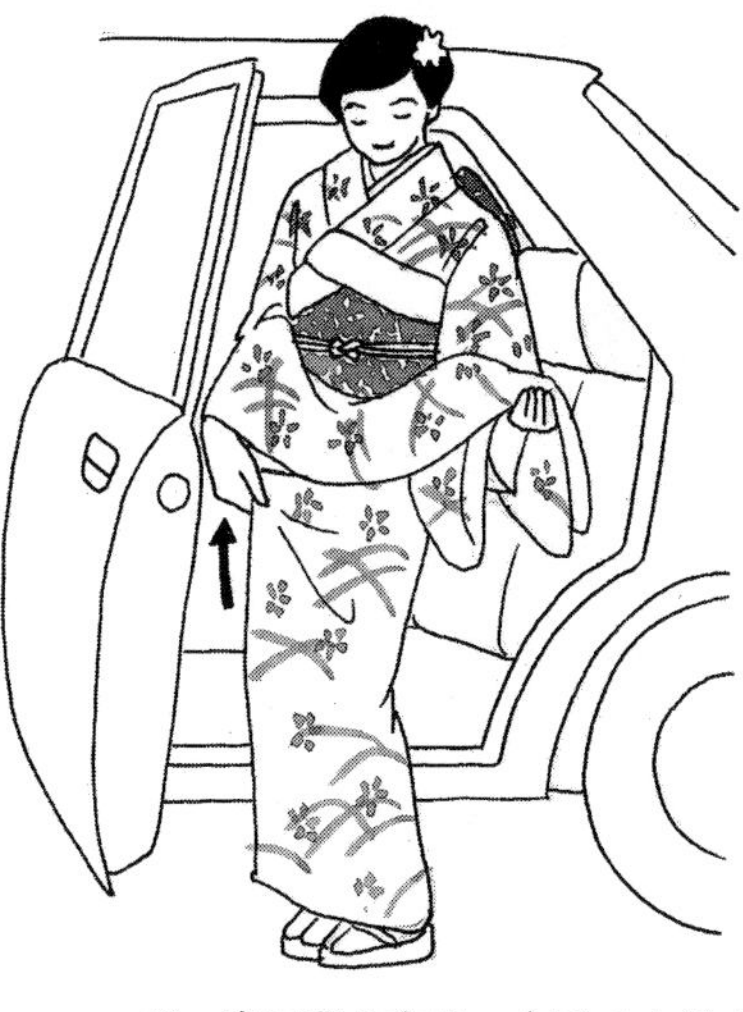

1 車に背を向け、右手で上前を少し引き上げます（振袖では、先に袂を左手で持ちます）。

2 座席に腰をおろし、頭を車内に入れてから、両足を浮かせて体を回して車に入ります。

3 帯をつぶさないように浅く座ります。降りるときは逆の順に。裾を汚さないように注意。

雨の日の車の乗り降り

雨の日は、車の濡れたボディにきものが触れてしまわないように注意を。雨の日は次の方法で乗り込むことをおすすめします。

まず頭をかがめて車内に入り、上前を少し引き上げてから、またいで車内に乗り込むようにします。

電車の中

つり皮

つり皮につかまるときや、物を取るときに、無造作に手を上げると腕が出てしまい、あまり美しくありません。空いている側の手を袖口に添えるようにするときれいです。

座る

袖を膝の上で重ねると、隣の人の邪魔になりません。帯をつぶさないように、もたれずに浅く腰掛けます。

パーティで

食事のとき

普通ナプキンは膝に置きますが、汚れが心配ならば、帯揚げの上からはさみましょう。

乾杯や何か物を取るために手を伸ばすときは、もう一方の手を袖口に添えるようにするとよいでしょう。腕がむき出しになったり、袂の汚れを防ぎます。

扇の扱い

手にしていないときは、前帯の左側、帯のひと巻きめとふた巻きめの間に、2〜3㎝出して挿します。

扇（末広）は、立ち姿の挨拶では右手で根もとを持ち、左手の親指を上に、そのほかの指を下に添えます。

お手洗いで

トイレのとき

振袖の場合

振袖は袂にも注意を。図のように軽く結んでから、裾をたくし上げれば、袖は裾に包み込まれます。

1 袂の中央を帯締めにはさみます。トイレが狭い場合は、パウダールームで。

2 きもの→長襦袢→裾よけの順にめくり上げ、胸のあたりまで引き上げます。

手を洗う

手を洗うときは、水が飛び散らないように。袂が邪魔なら帯締めなどに挟んでおきます。

ハンカチをあごや衿元にはさんでおくと衿汚れを防げます。手洗い後は手を拭いても。

トイレで着崩れをチェック

どんなにきちんと着ていても、外出などで長時間きものを着ていると、多少の着崩れが出てきてしまうものです。トイレに入ったときに着姿を見直し、着崩れがあればこのときに直すとよいでしょう。

トイレに入る場合、きものをあまり着慣れていない方は、広めの個室や、洋式を選ぶようにするとよいでしょう。また、トイレのあとなどは、帯のたれがめくれていることがよくあります。最後にたれをチェックしましょう。

水はきもののしみの原因になります。手を洗うときは、水はねに注意すると同時に、袂が洗面台の縁などに付かないように気をつけましょう。

和室では

1 右足を少し引き、右手で上前を少し引き上げます。

2 左手で上前の太ももあたりを押さえて腰を落とし、右手で上前をなでながら膝をつきます。

3 膝の間をこぶしひとつ分ほど開けて両膝をつき、膝の裏を左右に引いてすっきりさせます。

4 両足の間に腰が収まるように座り、両膝をやや浮かせて上前裾の乱れを整え座り直します。

和室での上座、下座の見分け方

和室では、床の間の前、つまり床の間を背にして座る場所が上座、入り口に近くなるほど下座です。床の間を背にして、床の間の前に横一列に並ぶときは、床の間に向かっていちばん右端もしくは中央が最上位です。

床の間のない場合は、出入り口から遠い位置、台所や寝室の見えない位置、窓や庭などが見える位置を上座とします。

訪問者は客間に通されたら、一応ふすまのそばに座り、主人の入室を待ち、上座を勧められたら「失礼します」とひと言ことわってから移ります。

座ぶとんに座る

1 座布団の両端の中ほどにこぶしをつき、体を浮かせてひと息にのるか、片膝ずつにじるようにして座ります。

2 座布団にのったら、前を残さないように目いっぱいに座り、両手を軽く重ね合わせます。

着崩れたときの対処

最初はきちんと着付けができていても、外出などで長時間きものを着ていると、どうしても多少は着崩れしてくるもの。よく起こりやすい着崩れの対処方法をお教えします。

衿が崩れたら

下前の衿もとが崩れてきたら、衿を右手でなで下げ、身八つ口から左手を入れて、衿を引いて直します。

上前部分の衿もとが崩れた場合は、おはしょりの衿先部分を引いて整えます。

後ろ裾が下がった

後ろ裾が落ちてきたときは、後ろのおはしょりを持ち上げて、腰紐の上に引き上げます。

下前の裾が下がった

階段を上るときなどに、下前の裾を踏んでしまうと、下前の裾が上前の下から出てしまうことがよくあります。その場合は、上前をめくり、下がった下前を腰紐の下に押し込みます。

着崩れを防ぐためには

着崩れの原因は、補整の方法に問題がある場合や、腰紐の締め方が悪かったときなど、さまざまな理由が考えられます。しかし、立ち居振る舞いに気をつけて、エレガントに振る舞うことで、防ぐことのできる着崩れもあるのです。

着崩れを気にしすぎても、せっかくのきものでのお出掛けを楽しめなくなってしまいます。着崩れは自分でも直せます。ポイントをここで覚えておきましょう。あとは何度も着ているうちにだんだん慣れてくるものです。

外出先などでうまく着崩れが直せない人や、きものに慣れていない初心者は、緊急として安全ピンを利用してもよいでしょう。

通過儀礼と装い

人の一生には幾つかの節目があり、その節目ごとに儀式が行われます。これを民俗学で「通過儀礼」といいます。各々の儀式は、日本の民族衣装であるきもので装い、形式を保ちながら今日まで続いています。儀式の衣服の決まりは奈良時代から存在していました。戦争などで一時中断した儀式もありますが、戦後改めて復活した儀式や、新たに変化した装い方もあります。ここでは「宮参り」から「葬儀」まで、儀式の起こりや意味、装いについて考えてみます。

宮参り

（具体的な装い方については四章参照）

「宮参り」は無事な出産の御礼として、また赤ちゃんが健やかに育つようにとの願いを込めて、氏神様や守護神に母子ともども参詣する風習です。この風習や参詣の日時は、時代や階級、地方によって異なっています。

平安時代は、子供が誕生してから五十日めに「五十日の祝」をし、嬰児に餅をちぎって含ませる習慣がありました。『源氏物語』や『紫式部日記』にも「五十日の祝」のことが記されています。

室町時代からは「宮参り」とよばれるようになります。産着は白を着せますが、七日め、または九日めに色物に変えました。これを「色直し」といい、この後三十七日を過ぎてから吉日を選んで母子ともに神社へ参詣しました。

昭和に入り、戦後も「宮参り」の儀式は定着しています。都会では生後一カ月め（男児三十一日め、女児三十三日め）に行われています。これは出産後、母子ともに健康になり、外出にも無理がなくなった頃になります。赤ちゃんには祝着を掛け、祖母が抱いて、母親と一緒にお参りします。祖母が抱くという風習は、産後の母体への思いやりから生まれたものといわれています。

七五三

（具体的な装い方については四章参照）

平安時代から七歳、五歳、三歳の別々に行われてきた儀式を三つまとめて行うようになったのが「七五三」です。

三歳児の祝いの起こりは「髪置の儀」です。平安時代は男女とも誕生して七日めに産毛を剃り、三歳までは坊主頭でした。三歳の春から髪を伸ばし始めます。子供を碁盤の上にのせ、髪置親を立て、白い菅糸で作ったかづらをかぶせて「髪置の儀」をし、それから髪を伸ばし始めるのです。女児は最初はおかっぱに、やがて前髪が伸びてくると振り分けに、その後おすべらかしにし、以後、夫に先立たれることでもなければ生涯髪を切らなかったといわれます。

五歳児の祝いは、平安時代、公家階級で行われていた「袴着の儀（着袴の儀）」が原型となったものです。男女ともに三～四歳から六～七歳のときに初めて袴を着ける儀式です。子供が動かないように碁盤の上に立たせ、腰結いの役の人が袴を着けました。平安時代は吉日でしたが、室町時代に十一月十五日に定められました。江戸時代以後は男子のみの風習になりました。

七歳児の祝いは、「帯解の儀（帯直し）」が原型になったもので、「紐落とし」ともいいますが、平安時代にはこの祝いはありませんでした。鎌倉時代に入り、子供はきものに紐を付けて着ていましたが、この紐を取って帯を結ぶ儀式が始まります。「帯解の儀」となったのは室町時代からです。当初は男女とも九歳で行われていましたが、江戸末期からは男児五歳、女児七歳となり、武家も庶民も十一月十五日に定められました。「七五三」の起源はおよそこのようなものですが、現在も十一月十五日を中心に、全国の社寺でお参りされています。

一九七十年頃から一時期、テレビのヒーローに影響された装いが多く見られたことがありますが、近年は女子はきものに祝帯（結び上がりの帯）、男子は羽織・袴とオーソドックスなものに落ち着いてきました。

十三参り

（具体的な装い方については四章参照）

「十三参り」は今から二百三十年ほど前の安永二年（一七七三）、京都・嵐山の法輪寺で行われたのが始まりといわれています。「虚空蔵さん」と京都の人々から親しまれている「虚空蔵菩薩」は、「災厄をのぞき、智福を与え、二世の願いを成就せしめん」と説いています。十三歳は昔の男子の「元服」の時期にあたり、女子も少女から大人の女性へと変化していく時期で、人生において初めての厄年にあたります。心理的にも大きな変動期なので、この時期に厄難を取り除くと共に、力強く生きていくための智恵と健康な心身を授けていただくことを願う大切な儀式です。

現在は四月十三日前後に「十三参り」の法要が行われています。京都では、法輪寺から渡月橋を渡るまでに振り向くと、授かった智恵をもとに返してしまうといって、渡月橋を渡るまでは振り返らない風習があります。

最近、全国の虚空蔵菩薩をいただく社寺で「十三参り」が復活しているほか、人生のひとつの区切りとして、親子で近くの社寺に参拝する家族も増えています。

成人式

（具体的な装い方については一章を参照）

成人式は昔の「元服」にあたります。「元服」は奈良時代に始められたもので、男児が大人となったことを表すために服を改め、髪を結い、頭に冠を加える儀式です。平安時代の『源氏物語』の「桐壺」の章には、十二歳の光源氏が束帯を着けた「元服」の凛々しい姿が描かれています。また鎌倉時代の『平家物語』にも、高倉天皇が十五歳で元服の儀式を行った様子が書かれています。平安時代の公家は十二～十三歳で元服し、鎌倉時代になると十五～十六歳と少しずつ遅くなっていきました。

平安時代、女子の成人式にあたる儀式を「裳着」といいました。公家の正装を「唐衣・裳姿（十二単）」といいますが、「裳」とは腰から下、後ろにひだをとった白絹を引いた衣のことで、この裳を初めて着ける儀式が「裳着」です。「裳着」は十二～十四歳くらいに行われ、それまでの子供の衣服から大人の正装を身につけるようになります。

『源氏物語』の「梅枝」の章には、明石の姫君の「裳着」の儀式が、「行幸」の章には玉鬘の君の儀式の段取りの様子が詳しく描かれています。

「裳着」の日が近づくと、親戚や知人から祝いの品が届けられ、女子の成人の儀式も、男子の「元服」に負けないほどのお披露目がなされました。「裳着」が済むと、娘たちの結婚の段取りが親たちの間で進められていきます。公家社会では親の思惑が強かったため、判断力も少なく社会の諸事にうとい少女たちは、十二～十三歳で人生を決められてしまったともいえます。

昭和に入り、戦後すぐの昭和二十三年七月二十日に国民の祝日が制定され、昭和二十四年一月十五日から、その日が成人の日として国民の祝日になりました。一月十五日に定められたのは、宮中や公家では「元服」が一月五日までに、武家では一月十一日の鏡開きの日に行われたので、それらを避け、元日に近いおめでたい日、ということで一月十五日に決められました。近年は一月の第二月曜が成人の日となっています。

現在は精神的にも肉体的にも社会人として認められる二十歳を成人とし、成人式が行われています。成人式は、子が親から自立し、親は子に依存する甘えを捨てるよい機会です。また、若い女性が、日本の民族衣装であるきものに触れ、自分で晴着を選ぶ最初の機会といえます。

成人式のきものは、まず第一に、自分の個性に合った好きな地色のきものを選びます。もし地色が地味な場合は、重ね衿や帯揚げ、帯締めなどで若さを演出しましょう。振袖の袖丈は昭和五十年くらいまでは中振袖（袖丈が約八十㌢程度）が多かったのですが、現在は床に届くほどの長い袖が定着しています。帯は袋帯で晴れやかな変わり結びに。帯締めは太めの金銀糸を織り込んだものを。帯揚げは絞りのものを合わせましょう。

結婚式

（具体的な装い方については一章参照）

「結婚式」は人生の節目となる通過儀礼のなかでも、最も華やかな儀式です。

平安時代は男女とも早婚で、婿入り婚でした。公家の結婚の形態は、男性が女性の元へ三夜通って契りを結び、三日めに通ってきたら、そこではじめて「三日夜餅の儀」と盃事を行って正式に夫婦となったのです。祝宴の間、花嫁の衣装は小袿姿でした。濃紫の袴に白小袖、白袿の上には二陪織物（二重組織を用いた織物。平安時代に生まれた日本独自の技法で、室町時代まで有職織物に用いられた）の濃蘇芳、葡萄、松重などの色目の小袿を着用しました。

鎌倉時代になると、男女とも衣服が簡略化されます。女性の衣装も濃紫の袴に白小袖、その上から色物の袿や小袿を重ねたと思われます。

室町時代から、婚礼は嫁入り婚に変わっていきます。足利氏は礼儀を重んじたため婚礼の儀式が複雑になり、服装も整然としたものになりました。室町時代の『鼠草紙絵巻』の鼠の嫁入り風景では、着ているものはみな白装束です。白は無色で潔白を表すと同時に、神聖、清浄を表すものとして吉凶ともに使われました。この頃は白小袖の上に白間着を着て白の細帯を締め、白打掛を着ました。緋の袴を着け、被衣をかぶります。中流以下の人々は小袖に帯をして礼装としていました。平安時代から、婚礼の祝宴は三日三晩行われていましたが、四日めから色物のきものに取り替える風習が起こり、これが「色直し」となりました。

戦国時代をへて桃山時代には織物が盛んになり、中国からの技術導入もあって刺繍や、金銀糸の加工も発達しました。婚礼衣装は室町時代の風習を踏襲していましたが、一般には打掛は着ることがなく、小袖に細帯でした。

江戸時代に入ると宮中では「唐衣・裳姿（十二単）」が復活し、びん出し（両横にびんを張る髪型）のおすべらかしができます。江戸時代の花嫁は白装束の打掛姿に被衣をかぶりましたが、中期以後、被衣は綿帽子になります。また元禄の頃に役者が始めた揚帽子（角隠し）が一般に流行し、やがて花嫁の被りものになっていきます。桃山時代まで四日間もあった祝宴は、江戸時代になると一日で結婚式と披露宴を行うようになります。

江戸末期には、黒や赤の打掛が見られるようになり、胸もとに挟んでいた懐紙は七つ道具を入れる筥迫に変わりました。

明治になると白装束に反発する気風が起こり、黒、赤、白の三枚重ねの花嫁衣装に変わってきます。一般には黒振袖の裾模様に丸帯、頭は島田髷に角隠しになりました。黒地の裾模様は縮緬や羽二重が多く使われています。この時代から生地は友禅や柔らかい素材になっていきます。

明治・大正と花嫁衣装は黒の裾模様に島田髷でしたが、昭和に入り、戦争前後には衣装は簡略化され、黒留袖と洋髪という時代もありました。その後、昭和三十年頃から打掛が復活し、最近は白の打掛のほか赤、朱などさまざまな色があります。

葬儀

（具体的な装い方については一章参照）

通過儀礼の締めくくりは弔事です。喪

column コラム

きものの習わし

知っているようで案外知らないのが、きものにまつわる行事や着付けの慣習です。ここでは「右前・左前の衿合わせ」や「振袖・留袖の起こりと着付け」について学びましょう。

右前・左前の衿合わせ

きものの衿合わせが現在のように右前になったのはいつ頃からでしょうか。

奈良時代、元正天皇の養老三年（七一九）二月三日に出された衣服令の中に、次のような一文があります。「初令天下百姓右襟（天下百姓をして衿を右にせしむ）『続日本紀』」。つまり天皇から百姓まで、衿合わせをするときは、右衿を先に合わせなさいということです。それまでの、埴輪に見られたような左前の着方（左衿を先に合わせる）は、この衣服令を境に、右衿を先に合わせるように変わっていきました。

現在、私たちがきものを右前に着るという慣習は、実は千三百年も昔に出された衣服令にその由来があり、私たちの祖先は長きにわたってこの右前に着る方法を守り続けてきたことがわかります。

振袖・留袖の起こりと着付け

振袖や留袖はいつ頃から、どのような着方をしていたのでしょうか。

江戸時代、娘は振り（袖付けから袖下までの空き）のあるきものを着ていました。つまり振袖です。結婚すると、袖丈を約三十〜四十㌢ほど短くして振りを縫い留めました。当時はそう服はもともと白装束で、出棺は夜行われました。平安時代、高貴な人々の葬儀・葬送は白で統一され、縁者や伴人は白麻布の衣服で、葬列の左右を「歩障」という白布で行列を覆って歩いたと記されています（『新修有職故実』江馬務著）。

平安時代の『源氏物語』の「葵」の章に、終焉の様が描かれています。葵の上が亡くなった後、四十九日間は服喪とし、光源氏も妻の死を悼んで灰色のきもので過ごします。四十九日というのは、人が死んでから次の生を受けるまでの期間とされ、七日ごとに法要をして祈りました。

仏教が飛鳥時代（欽明天皇の頃・六世紀初頭）に渡来して以来、通夜、葬儀、初七日、四十九日、忌明けという一連の形態は、仏教を根底にした通過儀礼なので、現在と大きな差異はありませんが、装束にはいくらかの違いがあります。

白装束の葬儀は現在も日本の各地に残っていますが、江戸末期から明治には男性が黒紋付に黒袴でしたので、女性も大正から昭和にかけて次第に黒装束になっていきました。男性は式服として黒紋付・羽織・袴の装いが既にあったことに加え、外国人の黒喪服の影響もあり、女性も黒喪服を着るようになりました。現在は白装束で葬儀をする地方、黒装束の地方、黒上着に白下重ねをする地方の三通りに分けられるようです。

式服の重ね着は、重ねることの煩わしさや不幸が重なることを嫌い、黒上着のみ着用するようになったようです。北海道や東北では重ね着の習慣が残っています。東京や大阪などの大都市や関西以西では白下重ねを略し、黒のきものと白の長襦袢を着用し、黒共帯（黒のなごや帯）を締めます。地方により、喪主が白裃、参列者も白装束というところもあるようです。

告別式には正式に喪服を着ますが、通夜や年忌にはいわゆる半喪（中喪）の装いになります。人が亡くなってから二十四時間は法的にも宗教的にも死者とみなしません。そのため、通夜に早々に喪服を着ていくのは失礼にあたります。通夜や法事は色無地のきものに黒共帯、黒の帯締めと帯揚げ（白でもよい）、白無地紋綸子の長襦袢がふさわしい装いです。

告別式は黒の縮緬の喪服に黒共帯、黒の帯締め、黒の帯揚げ、白無地紋綸子の長襦袢を。告別式、通夜、法事ともに、ぞうりとバッグは黒を使います。なお最近は法事に白共帯（白のなごや帯）を用いるところもあります。

（参考文献／市田ひろみ著『改定新版・京の着つけと帯結び』講談社刊）

した身八つ口のないきものを留袖とよんだのです。

江戸前期の俳諧師で浮世草子作家でもあった井原西鶴（一六四二～一六九三）の『俗つれづれ』によると、「十九の秋には留袖を着た」とあります。つまり、縁づくと否とにかかわらず十九、二十歳になると、大人の衣服として留袖を着たのです。

現在、留袖というと、ミセスの礼装として、黒留袖、色留袖の二通りがあり、五つ紋付の裾模様のきものを指しますが、江戸時代の留袖は、縞もあれば無地もあり、友禅もあれば紬もあり、実にさまざまでした。つまり、留袖は、きものの形の呼び名であったわけです。江戸時代初期の留袖は、帯幅が次第に広くなると共に袖丈が長くなっていきます。そうなると、長い袖付けが不自由になり、江戸中期以降は、身八つ口を設けるようになりました。

現在の留袖は、袖丈一尺三～四寸（約五十～五十五センチ）で五つ紋付裾模様です。装うときは白下着を重ねるか、または比翼仕立てにします。式服に重ね着する習慣は、平安時代の唐衣・裳姿（十二単）に見られるように、礼装として大層な重ね着をしたものが、時代と共に五枚になり、三枚になり、そして上着と下着の二枚重ねになりました。今や、その二枚重ねさえ、二枚重ねに見える比翼仕立てが主流になっています。

江戸末期から明治にかけての花嫁衣装も、黒、赤、白の三枚重ねでしたが、これも三枚重ねから二枚重ねに、そして比翼仕立てになっています。

婚礼衣装（掛け下振袖、色直し大振袖）、留袖（黒留袖、色留袖）、喪服、男子紋服などの式服に季節を問わず重ね着をするということは、儀式に威儀を正し、衣服に重厚味を演出するものとして、日本人の暮らしに定着しています。

＊比翼仕立て……袷のきものの衿、裾、袖口、振りなどに下着の布を重ねて縫い付け、二枚重ねを着たように見せる仕立て方。

は行

ま行

や行

ら行

わ行

さ行

た行

な行

あ行

か行

きもの文化検定審議会
（五十音順・敬称略）

座長　千　玄室　裏千家大宗匠
委員　池坊専好　華道家元池坊　次期家元
委員　コシノジュンコ　ファッションデザイナー
委員　内藤邦男　(一財)大日本蚕糸会会頭
委員　冷泉貴実子　(公財)冷泉家時雨亭文庫常務理事

監修：（五十音順・敬称略）

市田ひろみ　服飾評論家・日本和装師会会長
大橋英士　㈱新装大橋代表取締役会長
小笠原ゆり　元文部省初中局視学監
清水とき　(一財)国際文化きもの学会理事長
富山弘基　染織研究家
羽田　登　染色作家
早坂伊織　着物伝承家
藤井健三　染織研究家
牧野俊一　(一社)日本和裁士会顧問
安田多賀子　小笠原流礼法三十二世 直伝総師範

検定委員会
委員長　髙田啓史

教本委員会
（順不同・敬称略）
委員長　寺村㐂右衛門
副委員長　酒井貞治
委員　加納荘五郎　髙田啓史　橋村彰太

取材協力　産地組合

米沢織物工業協同組合
置賜紬伝統織物協同組合連合会
福島県織物同業会
茨城県本場結城紬織物協同組合
茨城県結城郡織物協同組合
栃木県本場結城紬織物協同組合
足利繊維協同組合
群馬県生絹織物協同組合
伊勢崎織物工業組合
桐生織物協同組合
長野県織物工業組合
埼玉県絹人繊織物工業組合
秩父織物商工組合
黄八丈織物協同組合
東京都工芸染色協同組合
東京都染色工業協同組合
八王子織物工業組合
村山織物協同組合
小千谷織物同業協同組合
十日町織物工業協同組合
塩沢織物工業協同組合
五泉織物工業協同組合
城端織物工業協同組合
協同組合加賀染振興協会
石川県牛首紬生産振興協同組合
加賀市織物協同組合
小松織物工業協同組合
福井県絹織物工業協同組合
春江ちりめん協同組合
岐阜県絹人繊織物工業組合
愛知県絞工業組合
名古屋友禅黒紋付協同組合連合会
浜縮緬工業協同組合
滋賀県麻織物工業協同組合
西陣織工業組合
京都友禅協同組合
京都工芸染匠協同組合
京鹿の子絞振興協同組合
京黒紋付染協同組合連合会
京都彩芸美術協同組合
京都引染工業協同組合
京都手描友禅協同組合
京都誂友禅工業協同組合
京都裏絹工業協同組合
丹後織物工業組合
兵庫県絹人絹織物工業組合
鳥取県弓浜絣協同組合
備後絣工業組合
阿波しじら織協同組合
博多織工業組合
久留米絣組合連合会
本場大島紬織物協同組合
鹿児島県絹織物工業組合
本場奄美大島紬協同組合
都城絹織物事業協同組合
那覇伝統織物事業協同組合
琉球びんがた事業協同組合
琉球絣事業協同組合
読谷山花織事業協同組合
喜如嘉芭蕉布事業協同組合
久米島紬事業協同組合
宮古織物事業協同組合
石垣市織物事業協同組合
竹富町織物事業協同組合
与那国町伝統織物協同組合

「きもの文化検定」実施要項

試験の概要

1. **名称**　きもの文化検定
2. **主催**　一般社団法人全日本きもの振興会
3. **後援**　経済産業省・農林水産省・文化庁
4. **監修**　きもの文化検定審議会
5. **企画実行**　きもの文化検定委員会
6. **検定内容**

等級	内容	合格基準
5級	きものに関する一般常識・初級知識／公式教本Ⅰから90%以上を出題／5級・4級は同一試験問題とする。	60%以上 70%未満正解
4級		70%以上正解
3級	きものに関する中級知識／公式教本Ⅰ及びⅡから90%以上を出題	70%以上正解
準2級	きものに関する上級知識／公式教本Ⅰ及びⅡから70%以上を出題／準2級・2級は同一試験問題とする。	60%以上 70%未満正解
2級		70%以上正解
準1級	きものに関する専門知識の習得／きものに関する全ての範囲から出題／準1級・1級は同一試験問題とする。	60%以上 70%未満正解
1級		70%以上正解

※平成23年度開催の第6回試験より、2級・1級受験者中、得点が60%以上70%未満正解の方を2級・1級合格に準じ、「準2級」「準1級」として認定します。過去の受験者には、遡及しません。

7. **受験課程**　5級から受験し、合格をもって順次上位級を受験してください。
8. **受験資格**　学歴・年齢・性別・国籍は問いません。(但し、受験会場に赴き受験可能な方。)
2級については、3級認定番号所持者が、1級については、2級認定番号所持者が受験できます。
9. **公式教本**　公式教本Ⅰ「きものの基本」(5級～1級対応)公式教本Ⅱ「きもののたのしみ」(3級～1級対応)
10. **試験方式**　5～3級：四肢択一方式　2級：文言選択・記述方式　1級：文言(語彙)記述と文章記述方式
11. **合格基準**　上記6(検定内容)の合格基準によります。
12. **併願**　①5・4級と3級の併願ができます。
但し、4級が不合格の場合は、3級の得点にかかわらず3級の受験は無効となります。
②3級、2級、1級の併願はできません。
13. **合格証**　合格者には、「合格認定証」を交付します。
14. **その他**　5・4級と3級試験ではCBT方式の試験を実施しています。CBTとは、コンピューターを使った試験方式で、全国47都道府県の約300か所のテストセンターでいつでも受験することができます。
試験の詳細につきましては、「きもの文化検定」ホームページをご覧ください。

※教本のこれまでの版からの改訂箇所は下記ホームページに掲載されています。

■「きもの文化検定」のお申込み・お問い合わせは

きもの文化検定事務センター　TEL.075-353-1102　FAX.075-353-1103
〒600-8009 京都市下京区四条通室町東入函谷鉾町78番地　京都経済センター6階 (一社)全日本きもの振興会内
https://www.kimono-kentei.com　E-mail:info@kimono-kentei.com

撮影　NAOKI(カバー・表紙・P.6～P.11)
表紙モデル　春香
ヘア・メイク　山本貞夫
着付け　相澤美智子
撮影協力　アニヴェルセル表参道
型紙製作　釜我敏子
本誌撮影　秋元 讓　飯島敏裕　池谷友秀　池田 保
伊藤千晴　後 勝彦　江尻翼司　蛭子 真
大倉舜二　奥村康人　海田俊二　片野吉健
川島正典　川名秀幸　川西善樹　杵島 隆
木村 慎　小寺浩之　斉藤 亢　ササキヨシヒロ
重田仲太郎　島村龍太郎　曽根善範　高橋 昇
立木三朗　塚本博昭　NAOKI　中村カズ
中村 淳　永田忠彦　林 秀憲　日高一哉
藤井秀樹　細谷秀樹　松村 誠　寺村貞亮
静物スタイリング　石山美津江
執筆　藤井健三(P.78～83)
市田ひろみ(P.172～175)
地図　スタジオDoumo
イラスト　大楽里美　松本 剛

きもの文化検定公式教本Ⅰ
『きものの基本』　九訂版
一般社団法人 全日本きもの振興会 編
2024年　5月10日　第2刷発行

発行人　ニコラ・フロケ
発行　株式会社 ハースト婦人画報社
〒107-0062 東京都港区南青山3-8-38 クローバー南青山5階
www.hearst.co.jp
編集人　村山亜沙美
取材・構成　美しいキモノ編集部・笹川茂実・林 みち子
デザイン　岡デザインオフィス
印刷所　図書印刷株式会社